Kohlhammer

Die Herausgeberinnen und der Herausgeber

Die Psychologin **Dr. habil. Cora Titz** ist als wissenschaftliche Mitarbeiterin am Deutschen Institut für Internationale Pädagogische Forschung (DIPF) tätig. 2005 promovierte sie in Göttingen und habilitierte 2011 an der Goethe-Universität in Frankfurt am Main. Ihr derzeitiger Arbeitsschwerpunkt ist die wissenschaftliche Auseinandersetzung mit Konzepten des Sprach- und Schriftspracherwerbs.

Dr. Sabrina Geyer ist wissenschaftliche Mitarbeiterin an der Goethe-Universität Frankfurt sowie am Deutschen Institut für Internationale pädagogische Forschung (DIPF). Die Schwerpunkte ihrer wissenschaftlichen Arbeit sind der kindliche Erst- und Zweitspracherwerb, die Sprachdiagnostik und Sprachförderung für ein- und mehrsprachige Kinder in Kita und Grundschule sowie die Professionalisierung pädagogischer Fachkräfte.

Dr. Anna Ropeter ist als wissenschaftliche Mitarbeiterin am Deutschen Institut für Internationale Pädagogische Forschung tätig. Von 2007 bis 2011 promovierte sie an der Ruprecht-Karls-Universität Heidelberg im Bereich der Säuglings- und Kleinkindforschung. Sie ist außerdem als Psychologin im Sozialpädiatrischen Zentrum Frankfurt Mitte tätig.

Hanna Wagner studierte Psychologie, Politikwissenschaften und Pädagogik in Göttingen. Seit 2008 ist sie wissenschaftliche Mitarbeiterin am Deutschen Institut für Internationale Pädagogische Forschung (DIPF) in Frankfurt am Main. Ihre Arbeitsschwerpunkte sind die Diagnostik und Förderung des kindlichen Sprach- und Schriftspracherwerbs sowie die Beratung von Bildungseinrichtungen. Zusätzlich ist sie in der systemischen Familienberatung und -therapie tätig.

Susanne Weber studierte Psychologie in Göttingen. Seit 2009 ist sie wissenschaftliche Mitarbeiterin am Deutschen Institut für Internationale Pädagogische Forschung (DIPF). Ihre Arbeitsschwerpunkte liegen im Bereich der Diagnostik und Förderung des kindlichen Sprach- und Schriftspracherwerbs.

Der Psychologe **Prof. Dr. Marcus Hasselhorn** ist als Bildungsforscher und geschäftsführender Direktor des Deutschen Instituts für Internationale Pädagogische Forschung (DIPF) in Frankfurt am Main tätig. Dort leitet er die Abteilung für Bildung und Entwicklung. Seine Arbeitsschwerpunkte sind die Ontogenese individueller Voraussetzungen erfolgreichen Lernens, Lern- und Leistungsstörungen, Pädagogisch-psychologische Diagnostik sowie die Veränderbarkeit und Beeinflussbarkeit kognitiver Lernvoraussetzungen.

Titz, Geyer,
Ropeter, Wagner,
Weber, Hasselhorn (Hrsg.)

Konzepte zur Sprach- und Schriftsprachförderung: Praxiserfahrungen

Verlag W. Kohlhammer

1. Auflage 2019

Gesamtherstellung: W. Kohlhammer GmbH, Stuttgart

Print:
ISBN 978-3-17-034480-8

E-Book-Formate:
pdf: ISBN 978-3-17-034481-5
epub: ISBN 978-3-17-034482-2
mobi: ISBN 978-3-17-034483-9

Vorwort der Herausgeberinnen und Herausgeber

Bildung durch Sprache und Schrift (BiSS) ist eine gemeinsame Initiative von Bund und Ländern. Ihr liegt eine Vereinbarung zwischen dem Bundesministerium für Bildung und Forschung (BMBF), dem Bundesministerium für Familie, Senioren, Frauen und Jugend (BMFSFJ), der Kultusministerkonferenz (KMK) und der Jugend- und Familienministerkonferenz der Länder (JFMK) zugrunde. 2013 startete BiSS als eine bildungsetappenübergreifende Initiative zur Verbesserung der Sprachförderung, Sprachdiagnostik und Leseförderung. Seitdem entwickelten bundesweit über hundert Verbünde aus je drei bis zehn Kindertageseinrichtungen und/oder Schulen entlang thematischer Module ihre Konzepte der Sprachbildung, Sprach- und Leseförderung weiter. Ein für die wissenschaftliche Ausgestaltung und Gesamtkoordination von BiSS verantwortliches Trägerkonsortium unterstützt die Durchführung der Initiative. Verantwortlich für dieses wissenschaftliche Trägerkonsortium sind Michael Becker-Mrotzek und Hans-Joachim Roth (Mercator-Institut für Sprachförderung und Deutsch als Zweitsprache der Universität zu Köln), Marcus Hasselhorn (Deutsches Institut für Internationale Pädagogische Forschung, DIPF) und Petra Stanat (Humboldt-Universität zu Berlin in Kooperation mit dem Institut zur Qualitätsentwicklung im Bildungswesen, IQB).

Der vorliegende Band ist der dritte einer sechsbändigen Herausgeberreihe »Bildung durch Sprache und Schrift«. In diesem Band werden Praxiserfahrungen dargestellt, die in der Arbeit mit Konzepten zur Sprach- und Schriftsprachförderung im Rahmen der Bund-Länder-Initiative BiSS gesammelt wurden. Sie illustrieren, wie in der Praxis Konzepte entwickelt, umgesetzt, angepasst und überprüft werden. Autorinnen und Autoren aus BiSS-Verbünden des Elementar- und des Schulbereichs erläutern, welche Ziele die Verbünde mit ihren (schrift-)sprachbildenden und -fördernden Ansätzen verfolgen und wie sie diese Ziele erreichen wollen. Wichtige Hilfsmittel auf dem Weg zur Zielerreichung sind die verwendeten Werkzeuge (Tools), die die Verbünde beispielsweise in den Bereichen Diagnostik, Förderung und Professionalisierung einsetzen. Eine zentrale Frage ist, was die Agierenden in der Praxis als Erfolgsanzeichen ihrer Arbeit einschätzen; auch darauf gehen die Autorinnen und Autoren der Kapitel ein. Die Verbünde bestehen aus einem Netzwerk zusammenarbeitender Einrichtungen, deren Kooperationsstruktur ebenfalls thematisiert wird: Wie arbeiten verschiedene, voneinander unabhängige Einrichtungen, die lokal getrennt sind, gemeinsam an einem Konzept und seiner Implementierung? Umsetzungsbeispiele aus der Verbundarbeit illustrieren anschaulich, wie die Verbundkonzepte umgesetzt werden. Im ersten Teil des Bandes wird in drei Kapiteln die Arbeit von BiSS-Verbünden aus dem Elementarbereich dargestellt, der zweite Teil des Buches beschreibt Praxiserfahrungen mit Konzepten der Sprach- und Schriftsprachförderung im Primar- und Sekundarbereich.

Inhalt

Teil I: Praxiserfahrungen im Elementarbereich

Teil eins dieses Bandes stellt in drei Kapiteln Praxiserfahrungen mit Konzepten der Sprach- und Schriftsprachförderung vor, die in der Initiative »Bildung durch Sprache und Schrift« (BiSS) in verschiedenen Bundesländern im Elementarbereich gesammelt wurden. In den drei Kapiteln wird die konkrete Umsetzung von Professionalisierungskonzepten zur gezielten alltagsintegrierten sprachlichen Bildung beschrieben. Wie werden gemeinsam mit verschiedenen Akteuren in und mit den Kitas diese Professionalisierungskonzepte entwickelt, umgesetzt, angepasst und überprüft? Wer sind die Agierenden und wie arbeiten die Einrichtungen zusammen?

Kapitel eins von Gisela Kammermeyer, Sarah King, Patricia Goebel, Angie Lämmerhirt, Anja Leber, Astrid Metz, Angelika Papillion-Piller und Susanna Roux beschreibt das Konzept »Mit Kindern im Gespräch«, das in drei Bundesländern (Rheinland-Pfalz, Nordrhein-Westfalen und Baden-Württemberg) in je einem BiSS-Verbund mit drei bis zehn Kitas bzw. Schulen unter dem Namen »gezielte alltagsintegrierte Sprachbildung in Schlüsselsituationen« umgesetzt wurde. In diesen Verbünden ging es darum, den Fachkräften Kompetenzen zu vermitteln, mit denen sie im Kita-Alltag die Sprachentwicklung der Kinder durch qualitativ hochwertige sprachliche Äußerungen anregen können. Inhaltlich vermittelt das Konzept Kompetenzen zu Sprachförderstrategien und zum Erkennen und Nutzen von Schlüsselsituationen, in denen eine solche Sprachförderung stattfinden kann. Methodisch setzt der Ansatz auf das Konzept des situierten Lernens, also ein Lernen direkt in Umgebungen und Situationen, in denen das zu lernende Verhalten benötigt wird. Dieses situierte Lernen verspricht einen Transfer von theoretisch vermitteltem Wissen in Kompetenzen, die von den Fachkräften im Alltag eingesetzt werden können.

Kapitel zwei von Christine Steinmetzer und Sarah Girlich informiert darüber, wie in Zusammenarbeit zwischen dem *Landeskompetenzzentrum zur Sprachförderung an Kindertageseinrichtungen in Sachsen* (LakoS) und sechs Leipziger Kitas ein Curriculum entwickelt und erprobt wurde, das pädagogische Fachkräfte in der Anwendung von Strategien alltagsintegrierter sprachlicher Bildung (für Kinder unter und über drei Jahren) unterstützt. Die im Curriculum vermittelten Kompetenzen wurden in den Kitas erprobt und im Nachhinein gemeinsam reflektiert. Ein wichtiger Aspekt des Konzepts ist der Transfer: Es geht darum, wie es gelingen kann, theoretisch vermitteltes Wissen in Kompetenzen umzuwandeln, die im Kita-Alltag von den pädagogischen Fachkräften eingesetzt werden können. Dies wird durch Praxisaufgaben und eine Bereitstellung zeitlicher Ressourcen durch die Einrichtungen sowie einen Praxisaustausch zu erreichen versucht.

Im dritten Kapitel stellen Christa Kieferle und Eva Reichert-Garschhammer ein Professionalisierungskonzept vor, das in Bayern innerhalb dreier BiSS-Verbünde in Zusammenarbeit zwischen zwölf Kitas und dem IFP (Staatsinstitut für Frühpädagogik) durchgeführt wurde. Das Konzept dient dazu, die Kompetenzen pädagogischer Fachkräfte im Erkennen des Sprachstandes von Kindern und eines daran anknüpfenden sprachlichen Inputs zu erweitern. Die Fachkräfte sollen befähigt werden, eine optimale sprach- und literacy-anregende Umgebung bereitzustellen. Diese Professionalisierung hat als dreiphasiges Begleitkonzept eine *Inputphase*, in der theoretisches Wissen, Workshops und Praxisaufgaben zur alltagsintegrierten sprachlichen Bildung im Fokus stehen, eine *Phase des Voneinander-Lernens*, in der Einrichtungen sich gegenseitig Beispiele guter Praxis demonstrieren, sowie eine auf die Zukunft ausgerichtete *Phase professioneller Lerngemeinschaften*, in der die Akteure auch nach Abschluss der BiSS-Initiative im Austausch bleiben und z. B. thematisch passende Blended-Learning-Angebote bearbeiten.

Kapitel 1: »Mit Kindern im Gespräch« – Qualifizierungskonzept zur Sprachbildung und Sprachförderung von Kindern in Kindertageseinrichtungen.[1] Verbund »Gezielte alltagsintegrierte Sprachbildung in Schlüsselsituationen in Rheinland-Pfalz, Nordrhein-Westfalen und Baden-Württemberg«

Gisela Kammermeyer, Sarah King, Patricia Goebel, Angie Lämmerhirt, Anja Leber, Astrid Metz, Angelika Papillion-Piller & Susanna Roux

Das Qualifizierungskonzept »Mit Kindern im Gespräch« fokussiert auf die Verbesserung der Interaktionsqualität. Ziel ist es, die pädagogischen Fachkräfte beim Erwerb von Sprachförderstrategien, bestehend aus Frage- und Modellierungsstrategien, Strategien zur Konzeptentwicklung und Rückmeldestrategien zu unterstützen. Diese Strategien werden in Schlüsselsituationen im pädagogischen Alltag (Lesesituationen, Routinesituationen, gezielte Aktivitäten, Symbol- und Rollenspiele und spontane Sprechanlässe) angewandt. Im Mittelpunkt steht dabei, die Kinder zum Denken und Sprechen und so zu langanhaltenden Gesprächen anzuregen. Methodisch baut das Qualifizierungskonzept auf dem Konzept des »Situierten Lernens« auf, mit dessen Hilfe der Transfer von der Qualifizierung in den Kita-Alltag erleichtert wird. Dieser Ansatz ist gekennzeichnet durch das Herstellen authentischer Situationen, das Betrachten verschiedener Perspektiven, die Berücksichtigung des Kontextes, kognitive Aktivierung und kooperatives Lernen. Der Kern des Qualifizierungskonzepts stellt die Identifizierung gelingender Situationen im Rahmen von Videoanalysen dar. Beschrieben wird auch die konkrete Umsetzung des Konzepts (struktureller Rahmen, Ablauf der Qualifizierung, Aufbau der Module, Struktur der Bausteine, ausgewählte Materialien).

1 Das Qualifizierungskonzept wurde in drei Bänden für U3, Kita und Grundschule im Auer Verlag veröffentlicht. Der Beitrag stellt eine Kurzform des Kita-Bandes dar und übernimmt zentrale Teile wörtlich.

Einleitung

Mittlerweile gibt es eine breite Übereinstimmung in Forschung und Praxis, dass für die Sprachentwicklung der sprachliche Input eine entscheidende Rolle spielt. Mehrfach belegt ist jedoch auch, dass dessen Qualität in deutschen Kindertagesstätten eher gering ausgeprägt ist (vgl. Kammermeyer, Roux & Stuck, 2017; von Suchodoletz, Fäsche, Gunzenhauser & Hamre, 2014; Wildgruber, Wertfein, Wirts, Kammermeier & Danay, 2016). Um diese Qualität zu verbessern, werden Qualifizierungskonzepte benötigt. Erfolgversprechend erscheinen solche, die sich direkt auf den sprachlichen Input beziehen. Im Rahmen der Bund-Länder-Initiative »Bildung durch Sprache und Schrift (BiSS)« wurde ein solches Qualifizierungskonzept mit dem Namen »Mit Kindern im Gespräch« für die gezielte alltagsintegrierte Sprachbildung entwickelt. Durch die Unterstützung der Ministerien in Rheinland-Pfalz, Nordrhein-Westfalen und Baden-Württemberg war es möglich, dieses Konzept in verschiedenen Umsetzungsvarianten mit den Teilnehmenden zu erproben. Mit Hilfe der Rückmeldungen der Teilnehmenden wurde das Qualifizierungskonzept in vier Verbünden (einem Zusammenschluss von drei bis zehn Kitas und/oder Schulen) in den genannten Bundesländern weiterentwickelt, es wird derzeit im Rahmen von BiSS summativ evaluiert. In Rheinland-Pfalz wird »Mit Kindern im Gespräch« gemeinsam mit Grundschullehrkräften durchgeführt und im Primarbereich auch formativ evaluiert.

1 Worum geht es im Qualifizierungskonzept »Mit Kindern im Gespräch?«

Im Folgenden werden das Ziel und die theoretischen Grundlagen des Qualifizierungskonzepts präsentiert. Der inhaltliche Fokus auf Sprachförderstrategien und Schlüsselsituationen wird daran anschließend ausführlich dargestellt. Der methodische Fokus Situiertes Lernen wird zum einen im Überblick beschrieben, zum anderen wird differenziert auf die Videoanalyse eingegangen.

1.1 Ziel

»Mit Kindern im Gespräch« ist ein Qualifizierungskonzept mit Fokus auf die Verbesserung der Interaktionsqualität für die durchgängige Sprachbildung und Sprachförderung von Kindern unter drei Jahren (Kammermeyer et al., 2017c), von Kindern in der Kita (Kammermeyer et al., 2017b) und von Kindern in der Grundschule (Kammermeyer et al., 2017a). Ziel ist es, pädagogische Fachkräfte beim Erwerb von Sprachförderstrategien und deren Anwendung in Schlüsselsituationen im Alltag von Kindertageseinrichtungen und Grundschulen zu unterstützen. Im Mittelpunkt steht dabei, die Kinder mit den erworbenen Sprachförderstrategien zum Sprechen und Denken anzuregen und so langanhaltende und intensive Gespräche zu fördern. Dies wird durch eine dreifache Fokussierung erreicht: inhaltlich auf Sprachförderstrategien sowie Schlüsselsituationen und methodisch auf den Ansatz des Situierten Lernens. Zentrales Kennzeichen des Qualifizierungskonzepts ist, dass es vorrangig um den Erwerb von konkreten Handlungskompetenzen geht und weniger um die Veränderung von Orientierungen (z. B. Bild vom Kind) sowie den Aufbau von Fachwissen (z. B. zu Sprachentwicklungsstörungen). Das Konzept »Mit Kindern im Gespräch« zielt sowohl auf sprachliche Bildung als auch auf zusätzliche Sprachförderung ab (Kammermeyer & Roux, 2013). Der Begriff »Sprachförderstrategien« wurde gewählt, weil er im Elementarbereich gebräuchlicher ist als »Sprachlehrstrategien«.

1.2 Theoretische Grundlagen

Das Qualifizierungskonzept legt seinen Schwerpunkt auf die Verbesserung der Interaktionsqualität. Es baut damit theoretisch zum einen auf dem Process-Person-Context-Time-Model (»PPCT-Modell«) von Bronfenbrenner und Morris (2006) und zum anderen auf der Entwicklungstheorie von Vygotsky (1987; vgl. Bodrova & Leong, 1996) auf.

Im theoretischen Modell von Bronfenbrenner und Morris (2006) wird davon ausgegangen, dass Einflussfaktoren, die direkt in der Interaktion mit Kindern sichtbar sind (wie z. B. der Einsatz von Sprachförderstrategien durch eine pädagogische Fachkraft), sich stärker auf die (sprachliche) Entwicklung auswirken als solche, die eher im weiteren Umfeld der Sprachbildungsaktivitäten zu finden sind (wie z. B. Gruppengröße, Fachkraft-Kind-Schlüssel, Qualifikation bzw. bisherige Erfahrungen der pädagogischen Fachkraft). Dies bedeutet beispielsweise, dass die Qualifikation einer pädagogischen Fachkraft (z. B. ein Bachelor-Abschluss) nur indirekt einen Einfluss auf die Sprachentwicklung von Kindern hat. Die sprachliche Entwicklung wird direkter durch qualitativ hochwertige Erzieherin- bzw. Erzieher-Kind-Interaktionen bewirkt. Auch eine Verbesserung des Fachkraft-Kind-Schlüssels wirkt sich erst dann positiv auf die Entwicklung von Kindern aus, wenn es dadurch zu langanhaltenden Interaktionen mit Kindern kommt. Damit die Interaktionen ihre Wirkung entfalten können, müssen sie regelmäßig und über einen längeren Zeitraum hinweg stattfinden.

Auch in der Entwicklungstheorie von Vygotsky (1987) spielen die soziale Interaktion, die Verbindung von Sprechen und Denken und Anregungen in der Zone der nächsten Entwicklung eine zentrale Rolle. Im Alter zwischen zwei und drei Jahren verbinden sich Sprechen und Denken. Denken benötigt auf der einen Seite Sprache als Ausdrucksform und auf der anderen Seite wird Sprache anspruchsvoller, weil sie dazu verwendet wird, über das eigene Denken Auskunft zu geben. Interaktion wird somit als »bildender Dialog« gedacht, als »angeleitete Entdeckungsreise« und nicht als frei dahin plätschernde Diskussion (Bodrova & Leong, 1996, S. 114; vgl. auch Textor, 1999).

1.3 Fokus Sprachförderstrategien

Im Qualifizierungskonzept »Mit Kindern im Gespräch« werden Strategien fokussiert, die sich zur Anregung sprachlicher Bildungsprozesse eignen. Sie werden folgenden drei Strategiebereichen, die sich am Classroom Assessment Scoring System (CLASS) von Pianta, La Paro und Hamre (2008) orientieren, zugeordnet:

- den Frage- und Modellierungsstrategien,
- den Strategien zur Konzeptentwicklung und
- den Rückmeldestrategien,

die sich in »Mit Kindern im Gespräch« wiederum jeweils in einfache und komplexe Sprachförderstrategien unterteilen lassen.

Unter *einfache Sprachförderstrategien* fallen solche Strategien, die von vielen pädagogischen Fachkräften bereits angewendet werden und auch zur intuitiven Elterndidaktik (Papoušek, 1998) gehören, wie z. B. die Erweiterung einer kindlichen Äußerung oder die indirekte Korrektur. Diese Strategien regen Kinder eher in geringerem Maße kognitiv an und führen weniger wahrscheinlich zu komplexen kindlichen Äußerungen und langanhaltenden Gesprächen. Sie sind im pädagogischen Alltag häufig zu beobachten und beziehen sich meist auf das konkret Wahrnehmbare im Hier und Jetzt (Kontextualisierung). Unter *komplexen Sprachförderstrategien* werden hingegen solche Strategien verstanden, die die Kinder in höherem Maße kognitiv anregen und sie mit größerer Wahrscheinlichkeit zu komplexen Äußerungen und langanhaltenden Gesprächen anregen. Wenn Kinder herausgefordert werden, ihr Vorwissen zu aktivieren, kommt es zu einem vertieften Nachdenken und zu einer differenzierteren Auseinandersetzung mit einem Thema (u. a. Helmke, 2015). Sie äußern sich sprachlich differenzierter, indem sie zum Beispiel ihre Ideen, Konzepte, Lösungen etc. verbalisieren. Diese komplexen Sprachförderstrategien sind im pädagogischen Alltag seltener zu beobachten und zielen meist auf Abstraktes, nicht konkret Wahrnehmbares (Dekontextualisierung).

Frage- und Modellierungsstrategien

Frage- und Modellierungsstrategien zielen darauf ab, Reaktionen bei den Kindern hervorzurufen bzw. ihnen ein sprachliches Modell zu bieten. Frage- und Modellierungsstrategien werden unterschieden in *einfache Frage- und Modellierungsstrategien*: (a) Ja-/Nein-Fragen stellen, (b) Alternativfragen stellen, (c) Quizfragen stellen (d) handlungsbegleitend sprechen, und in *komplexe Frage- und Modellierungsstrategien*: (a) offene Fragen stellen und (b) denkbegleitend sprechen.

Vor allem *offene Fragen* regen Kinder zum Nachdenken an, aber auch Ja-/Nein-Fragen, Alternativ- und Quizfragen können ihr Denken herausfordern. Hierbei spielt der Inhalt eine bedeutende Rolle. Eine einfach zu beantwortende *Ja-/Nein-Frage* wie z. B. »Magst du Bananen?« ist weniger anregend als »Mögen Tiere das gleiche Essen wie Menschen?« Das Gleiche gilt für *Alternativ-* und *Quizfragen*. Eine *Alternativfrage* wie z. B. »Trägt die Tierpflegerin blaue oder rote Schuhe?« ist weniger denk- und gesprächsanregend als die Frage »Ist Tierpflegerin ein Beruf oder ein Hobby?« Entsprechendes gilt für die wenig anregende *Quizfrage* »Wo steht das Pferd?« im Vergleich zu der herausfordernderen *Quizfrage* »Wo leben Pferde?«

Beim *denkbegleitenden Sprechen,* in der Literatur häufig auch als »lautes Denken« bezeichnet (u. a. Leuchter, 2014), kommentiert die erwachsene Person ihre eigenen Gedankengänge und bietet dem Kind so ein komplexes sprachliches Modell. Sie beschreibt, was sie gerade denkt, wie sie ein Problem löst oder strategisch dabei vorgeht und wie sie zu einer Entscheidung kommt. Das Denken kann sich dabei sowohl auf Probleme im *kognitiven Bereich* (z. B. Wie löse ich eine Aufgabe?) als auch im *sozial-emotionalen Bereich* (z. B. Was denkt/fühlt eine andere Person?) (Perspektivenwechsel) beziehen. Das denkbegleitende Sprechen unterscheidet sich vom handlungsbegleitenden Sprechen insofern, als dass beim handlungsbegleitenden Sprechen das offensichtlich wahrnehmbare Handeln verbalisiert wird, während beim denkbegleitenden Sprechen mentale Überlegungen versprachlicht und häufig auch durch die Sprecherin oder den Sprecher bewertet werden.

Strategien zur Konzeptentwicklung

Ziel des Einsatzes der Strategien zur Konzeptentwicklung (häufig synonym zu Begriffsbildung gebraucht) ist es, bei den Kindern an bereits vorhandenen Vorstellungen zu einem Phänomen anzuknüpfen, diese zu erweitern und die Kinder zu unterstützen, neue Konzepte aufzubauen. Konzepte beziehen sich auf das komplette Wissen, das mit einem Wort assoziiert wird, es handelt sich um individuelle Vorstellungen, die sich durch den ständigen Abgleich des Wissens mit Erfahrungen und Wahrnehmungen weiterentwickeln (Bartnitzky et al., 2009). Konzeptentwicklung kann gelingen, indem die pädagogische Fachkraft Gespräche auf einem komplexeren Anregungsniveau initiiert, die dem Kind ein vertieftes Auseinandersetzen mit einem Thema ermöglichen. In diesen Gesprächen kann sie u. a. auf Erfahrungen des Kindes eingehen und es anregen, Zusammenhänge herzustellen.

Im Rahmen des Qualifizierungskonzepts geht es zum einen um die einfache Strategie zur Konzeptentwicklung zum Benennen und Beschreiben anregen von Lebewesen (oder fiktiven Figuren), Gegenständen, Orten (Bezeichnung, Name, Größe, Form, Farbe, Anzahl) und eigenen oder fremden Handlungen und zum anderen um die komplexen Strategien zur Konzeptentwicklung: (a) nach Erfahrungen und Vorwissen fragen, (b) nach persönlichen Vorstellungen fragen, (c) Meinungen erfragen, (d) zum Herstellen von Zusammenhängen anregen, (e) zum Vergleichen anregen und (f) zum Nachdenken über Sprache und Schrift anregen.

Bei der einfachen Strategie zum Benennen und Beschreiben anregen bezieht sich die pädagogische Fachkraft auf das konkret Wahrnehmbare (z. B. im Bilderbuch), bei den komplexen Strategien zur Konzeptentwicklung hingegen geht sie im Gespräch über das konkret Wahrnehmbare hinaus und regt das Kind zu Antworten an, die nicht direkt dem Bild entnommen werden können, sondern durch Nachdenken erschlossen werden müssen (vgl. Beck, McKeown & Kucan, 2008; Sigel, 2000; Silverman, 2007; Tompkins, Zucker, Justice & Binici, 2013).

Die einfachen Strategien zur Konzeptentwicklung dienen in der Regel dem Einstieg in ein Gespräch und sorgen für eine gemeinsame Gesprächsgrundlage. Sie geben Kindern Halt und Sicherheit und schaffen so eine gute Ausgangsbasis. Außerdem bieten sie Kindern, die am Anfang ihres Spracherwerbs bzw. des Spracherwerbs im Deutschen stehen, die Möglichkeit, sich sprachlich zu äußern. Hinzu kommt, dass Kinder durch diese Strategien zur Teilnahme an Gesprächen motiviert werden und dabei auch Erfolgserlebnisse haben (van Kleeck, 2008). Sie regen sie jedoch weniger zu komplexeren Äußerungen und zu langanhaltenden Gesprächen an.

Der Einsatz der komplexen Strategien zur Konzeptentwicklung hingegen führt dazu, dass sich Kinder mental vom Hier und Jetzt in den Abstand bewegen. Es wendet sich so nicht konkret Wahrnehmbarem und nicht Greifbarem zu, wie z. B. Vergangenem, Zukünftigem und Abstraktem (vgl. Sigel, 2000). Dabei werden die dekontextualisierten sprachlichen Fähigkeiten, wie der Gebrauch komplexerer grammatikalischer Strukturen und differenzierter Begriffe (Wortschatz), angeregt und gefördert. Diese Loslösung vom konkreten Kontext ist ein wichtiger Entwicklungsschritt für Kinder und eine zentrale Voraussetzung für den Schriftspracherwerb (vgl. Lengyel, 2009). Der Einfluss dieser Strategien auf den Wortschatzerwerb ist darauf zurückzuführen, dass durch intensive Gespräche Beziehungen zwischen Begriffen, die im eigenen Begriffsnetz (vgl. auch Wissenslandkarte nach Fried, 2007; Albers, 2011) enthalten sind, hergestellt bzw. enger geknüpft werden. Außerdem können in anspruchsvollen Gesprächen neue Wörter eingeführt und dem Kind die Gelegenheit gegeben werden, den Wörtern häufiger zu begegnen und diese aktiv anzuwenden (vgl. Beck et al., 2008).

Wie können Begriffe nachhaltig eingeführt werden?

Ein wesentlicher Teil der Konzeptentwicklung stellt die Einführung von Begriffen dar, die insbesondere für jüngere Kinder bzw. Kinder im Zweitspracherwerbsprozess eine wichtige Rolle spielt und auch für die Grundlegung von Bildungssprache zentral ist. Eine Methode zur Einführung von Begriffen stellt der aus den USA stammende Ansatz »Text Talk – Robust Vocabulary Instruction for grades K-3« (Beck et al., 2008) dar. Die Methode wurde für die systematisch geplante nachhaltige Begriffseinführung mit vier- bis zehnjährigen Kindern entwickelt. Im Mittelpunkt des Ansatzes steht die aktive Auseinandersetzung der Kinder mit Begriffsbedeutungen in Erwachsenen-Kind-Interaktionen, die zu einer deutlichen Verbesserung des Leseverständnisses führte (hierzu zusammenfassend McKeown & Beck, 2011). In »Text Talk« geht es um zwei zentrale Fragestellungen:

a) Welche Begriffe sollen ausgewählt werden?
b) Wie sollen die ausgewählten Begriffe eingeführt werden?

a) Welche Begriffe sollen ausgewählt werden?

Die Frage, welche Begriffe erarbeitet werden sollen und können, wird in der amerikanischen Fachliteratur ausführlich diskutiert. Hier gibt es mittlerweile weitgehende Übereinstimmung, dass dies *differenzierte Begriffe* sein sollen. Anerkannt ist die Unterscheidung von Beck, McKeown und Kucan (2002; 2008), in der Begriffe in drei Ebenen eingeteilt werden.

- Als Ebene-1-Wörter werden *Alltagsbegriffe* bezeichnet, die keiner besonderen Aufmerksamkeit durch die pädagogische Fachkraft bedürfen, da die Kinder diese, bevor sie in die Schule kommen, nebenbei im Alltag erwerben (z. B. *Hund, essen, heiß*). Sie stellen in der Regel für Kinder mit Deutsch als Erstsprache keine große Herausforderung dar.
- Ebene-2-Wörter sind *differenzierte Begriffe*, also solche, die die Kinder nicht nebenbei im Alltag erwerben und daher von der pädagogischen Fachkraft besondere Aufmerksamkeit verlangen (z. B. *Zufall, erreichen, erschöpft*). Differenzierte Begriffe sind oft präziser als Alltagsbegriffe und können in verschiedenen Kontexten vorkommen. Beispielsweise kann das Verb *erreichen* bedeuten, dass man an einem Ort ankommt oder eine bestimmte Punktzahl in einem Test erhält etc. Auf dem Weg zur Bildungssprache sind diese Begriffe besonders wichtig, da sie den Weg vom Mündlichen zum Schriftlichen ebnen. Hat ein Wort mehrere Bedeutungen, wie z. B. das Verb *abziehen*, kann es verschiedenen Ebenen zugeordnet werden. Das Kind versteht unter dem Wort *abziehen* alltagssprachlich, dass beispielsweise ein Aufkleber von einem Gegenstand abgelöst wird. Auf Ebene 2 hingegen erhält das Wort eine andere Bedeutung. Im Kontext des Mathematikunterrichts versteht man darunter das Subtrahieren. Der Erwerb dieser Begriffe erfordert vom Kind eine größere Anstrengung und ist entscheidend für das Sprachverständnis.
- Unter Ebene-3-Wörter sind *Fachbegriffe* zu verstehen, die nur in einem bestimmten Bereich vorkommen (z. B. *Lava, experimentieren, elektromagnetisch*). Erwachsenen ist meist klar, dass die Kinder diese Wörter bzw. Begriffe nicht kennen, weshalb sie häufig erklärt werden.

Die Notwendigkeit, differenzierte Begriffe auch bereits in Kindertagesstätten gezielt einzuführen, wird in Deutschland in jüngster Zeit im Zusammenhang mit der Bedeutung der *Bildungssprache* für den Schulerfolg zunehmend erkannt (vgl. Mannel, Hardy, Sauer & Saalbach, 2016). Frühe Bildungssprache ist u. a. durch den Aufbau eines umfangreichen, differenzierten Wortschatzes charakterisiert (vgl. Sterner, Skolaude, Ruberg & Rothweiler, 2014; Tietze, Rank & Wildemann, 2016). Differenzierte Begriffe sind notwendig, um etwas zu erzählen, zu beschreiben, zu erfragen, zu vermuten, zu erklären oder zu begründen. Wichtig hierbei ist, dass das nicht nur Substantive, Verben und Adjektive sind, sondern auch Adverbien (z. B. *zuerst, danach, deshalb*) und Präpositionen (z. B. *in, auf, unter, vor* etc.). Kinder im Vorschulalter verwenden beispielsweise im Alltag meist allgemeine, unspezifische Verben wie *machen* (z. B. *Mach mal die Tür zu!*) (Gogolin, Neumann & Roth, 2007; vgl. Tietze et al., 2016, S. 10), der differenzierte Begriff *schließen* wäre der Bildungssprache zuzuordnen.

b) Wie sollen die ausgewählten Begriffe eingeführt werden?

Mit ihrem Programm »Text Talk – Robust Vocabulary Instruction for grades K-3« geben Beck et al. (2008) konkrete Anregungen, wie die für die jeweiligen Vermittlungsstrategien ausgewählten Begriffe eingeführt werden können. Sie konkretisieren dies in einem Fünf-Stufen-Modell (hier am Beispiel des Begriffs ›*zögern*‹ verdeutlicht):

- Stufe 1: Kontextualisiere den Begriff (z. B. »In der Geschichte *zögert* Lisa, ohne ihren Teddy aus dem Laden zu gehen.«)
- Stufe 2: Erkläre die Bedeutung des Begriffs (z. B. »*Zögern* bedeutet, dass man wartet, etwas nicht macht, da man sich nicht ganz sicher ist.«)
- Stufe 3: Wende den Begriff auf einen weiteren Kontext an (z. B. »Jemand könnte *zögern*, wenn er etwas zum Essen noch nicht kennt.«)
- Stufe 4: Gib den Kindern Gelegenheit, den Begriff aktiv zu verwenden (z. B. »Warum hast du auch schon mal *gezögert*?«)
- Stufe 5: Sorge dafür, dass es viele Gelegenheiten zur Begegnung mit dem Begriff gibt (z. B. liest die pädagogische Fachkraft verschiedene Beispielsätze vor, die das Wort »zögern« enthalten. Die Kinder entscheiden, ob das Wort »zögern« richtig oder falsch verwendet wird.)

Im Rahmen dieser fünf Stufen der nachhaltigen Begriffsbildung werden die Kinder immer wieder auch direkt aufgefordert, den ausgewählten Begriff aktiv zu verwenden.

Rückmeldestrategien

Im Qualifizierungskonzept geht es um spezifische lernförderliche Rückmeldestrategien (vgl. Helmke, 2015), die zum Sprechen und Denken anregen, nicht um Kurzlob. Diese wohl häufigste Rückmeldung im frühpädagogischen Alltag (z. B. *prima, toll, gut gemacht*) ist unspezifisch und für die sprachliche Förderung nur wenig effektiv (vgl. Hattie & Timperley, 2007), da sich diese einfache Bekräftigung nur auf die Person bezieht und lediglich motivationale Bedeutung hat. Hattie und Timperley (2007, S. 102) bezeichnen Feedback als »eine bewusste Rückmeldung von Informationen an eine Person zu ihrem vorherigen Verhalten«. Der deutsche Begriff »Rückmeldung« wird gewählt, da er inhaltlich klarer und spezifischer ist als der in vielen unterschiedlichen Kontexten verwendete Begriff »Feedback«.

Die Rückmeldestrategien werden unterschieden in die *einfachen Rückmeldestrategien* (a) Wiederholung, (b) Umformulierung, (c) Indirekte Korrektur und (d) Erweiterung und in die *komplexen Rückmeldestrategien* (a) Denken sichtbar machen, (b) Infragestellen und Irritieren, (c) Denk- und Lerngerüst geben und (d) Lernprozesse sichtbar machen.

Einfache Rückmeldestrategien sind solche, die an der konkreten kindlichen Äußerung anknüpfen und darauf abzielen, dem Kind ein sprachliches Modell zu bieten. Die *komplexen Rückmeldestrategien* orientieren sich ebenfalls eng an einer Äußerung eines Kindes oder einer Handlung und regen das Kind zum Nachdenken und Sprechen über das eigene Denken und Lernen an. Beide Strategien tragen dazu bei, mit einem Kind über mehrere Sprecherwechsel hinweg im Gespräch zu bleiben und so in ein langanhaltendes Gespräch zu kommen.

Die Effektivität von Rückmeldungen ist in Metaanalysen zu Feedback allgemein sehr gut belegt (Hattie & Timperley, 2007; Kluger & DeNisi, 1996). In der viel beachteten Mega-Studie von Hattie (2013) gehört Feedback zu den zehn einflussreichsten Faktoren auf das Lernen. Es gibt jedoch sehr viele verschiedene Formen von Rückmeldung mit sehr unterschiedlichen Wirkungen, was darauf hinweist, dass einige Formen wirksamer sind als andere. Nach dem derzeitigen Forschungsstand gehört die gezielte Rückmeldung, die Lehrpersonen Lernenden geben, zu den zehn einflussreichsten Faktoren auf das Lernen.

1.4 Fokus Schlüsselsituationen

Auch wenn pädagogische Fachkräfte über die notwendigen Kompetenzen verfügen, um die dargestellten Sprachförderstrategien gezielt einzusetzen, bedeutet dies noch nicht, dass es ihnen tatsächlich gelingt, diese in der Praxis anzuwenden. Sie benötigen in ihrem Alltag Situationen, in denen dies möglich ist. Hierbei gibt es Situationen, die von der pädagogischen Fachkraft gezielt geplant werden können, wie die Lesesituation, die auch unter Bilderbuchbetrachtung oder Vorlesen thematisiert wird. Es gibt aber auch spontane Sprechanlässe, die sich aus der Alltagssituation ergeben und die deshalb nicht vorhersehbar und planbar sind. Ziel ist es, die pädagogischen Fachkräfte zum bewussten Einsatz der Sprachförderstrategien in nahezu allen pädagogischen Alltagssituationen zu qualifizieren. Ausgegangen wird im Qualifizierungskonzept »Mit Kindern im Gespräch« von der Lesesituation in der besonderen Form des Dialogischen Lesens. Diese Situation kann als prototypische Situation nicht nur für die Anwendung, sondern auch für den Erwerb von Sprachförderstrategien angesehen werden. Die meisten Forschungserkenntnisse zu Sprachförderstrategien stammen aus Studien zum Dialogischen Lesen (Whitehurst et al., 1988; Whitehurst et al., 1994; Whitehurst & Lonigan, 1998). Im Anschluss an die Schlüsselsituation »Lesesituation« erfolgt in der Qualifizierung die Auseinandersetzung mit denjenigen Situationen, in denen die Strategien außerdem angewendet werden können und die in der pädagogischen Alltagspraxis eine bedeutende Rolle einnehmen. Sie sind absteigend hinsichtlich ihres Grades an Regelmäßigkeit, Vorhersehbarkeit und damit auch Planbarkeit angeordnet. Der Aufbau geht damit von stärker strukturierten und planbaren sprachförderlichen Situationen aus (wie *Lesesituationen, Routinesituationen, gezielte Aktivitäten*) und führt über weniger planbare und geringer strukturierte Situationen (wie *Symbol- und Rollenspiele*) hin zu nicht planbaren, *spontan* auftretenden *Sprechanlässen*. Das heißt, der Grad an Strukturierung der Situation und damit die Planbarkeit der sprachfördernden Anregungen nimmt von Stufe zu Stufe ab. Die Komplexität der Situation hingegen und damit auch die Anforderungen an die Kompetenz der pädagogischen Fachkraft, die Strategien einzusetzen, steigen von

Stufe zu Stufe an. Während die pädagogische Fachkraft in der *Lesesituation* die Möglichkeit hat, den Strategieeinsatz vorzubereiten und die Situation zu planen (z. B. indem sie ein (Bilder-)Buch aussucht und sich im Vorfeld überlegt, ob und welche Wörter sie wie neu einführen möchte), ist sie bei im Alltag sich zufällig ergebenden *spontanen Sprechanlässen* darauf angewiesen, dass sie die in der Qualifizierung erlernten Sprachförderstrategien spontan anwenden kann. Die Schlüsselsituationen beinhalten nicht nur das Potenzial, mit Kindern über reale und mentale Phänomene zu sprechen, sie eignen sich auch dafür, mit Kindern *über Schrift* ins Gespräch zu kommen.

1.5 Fokus Situiertes Lernen

Zentrales Kennzeichen des Qualifizierungskonzepts »Mit Kindern im Gespräch« ist, dass es neben dem inhaltlichen Fokus auf Sprachförderstrategien und Schlüsselsituationen auch einen expliziten methodischen Fokus auf Situiertes Lernen hat. Hierunter werden Methoden zusammengefasst, die sich in der Fortbildungsforschung als effektiv erwiesen haben (Hartinger, Lohrmann, Rank & Fölling-Albers, 2011). Sie sind nach Hartinger et al. (2011) gekennzeichnet durch folgende Merkmale:

- Authentische Situationen
- Betrachten verschiedener Perspektiven
- Berücksichtigung des Kontextes
- Kognitive Aktivierung
- Kooperatives Lernen

Authentische Situationen

Das Konzept des Situierten Lernens geht davon aus, dass vorhandenes Wissen dann mit höherer Wahrscheinlichkeit angewandt wird, wenn es in authentischen Situationen, also in Lernsituationen, die der Anwendungssituation möglichst nahekommen, vermittelt wird (Hartinger et al., 2011). Damit dies gelingt, sind konkrete Situationen Ausgangs- und Endpunkt der einzelnen Module und Bausteine. Dies wird durch folgende Maßnahmen im Qualifizierungskonzept erreicht:

- Analyse von Fallbeispielen der Teilnehmenden
- Analyse von didaktisch konstruierten Fallvignetten
- Anwendung des Gelernten bei eigenen Zielkindern (s. u.) oder bei didaktisch aufbereiteten Modellkindern (s. u.)
- Analyse von eigenen und fremden Videoaufnahmen
- Analyse von Transkripten
- Durchführung von Rollenspielen

Bei den *Zielkindern* handelt es sich um reale Kinder aus der eigenen Gruppe. Die Teilnehmenden nehmen bei unterschiedlichen Gelegenheiten im Rahmen der

Qualifizierung jeweils Zielkinder in den Fokus, bei denen sie das Gelernte gezielt anwenden, bzw. für die sie die Bedeutung der Strategien reflektieren, usw.

Darüber hinaus wird auch anhand so genannter *Modellkinder* – wie sie nach empirischen Befunden (z. B. Reich 2008; Roux, Kammermeyer & Stuck, 2011) in den meisten Einrichtungen vorzufinden sind – eine authentische Lernsituation herzustellen versucht. Die Modellkinder werden in Form von Kärtchen mit Kurzbeschreibungen als Material zur Verfügung gestellt und können in den einzelnen Modulen zur Erarbeitung der Inhalte genutzt werden.

Betrachten verschiedener Perspektiven

Der Austausch mit Fachkolleginnen und -kollegen zum beruflichen Alltag wird von vielen pädagogischen Fachkräften zu Recht als hilfreich angesehen, bietet er doch die Möglichkeit, eine andere Sichtweise auf die eigenen Erfahrungen zu bekommen. Diese wird, ebenso wie die Perspektive weiterer Personengruppen (Eltern, Kind usw.), beim Situierten Lernen systematisch aufgegriffen.

Die Teilnehmenden erhalten die Gelegenheit, den Lerninhalt aus möglichst vielen Perspektiven zu betrachten, denn beispielsweise werden der gleiche Fall, das gleiche Video und das gleiche Rollenspiel von verschiedenen Teilnehmenden unterschiedlich wahrgenommen und interpretiert. Der Austausch zu diesen unterschiedlichen Sichtweisen wird in dem gesamten Konzept durchgängig unterstützt. Es geht darum, systematisch und gezielt die eigene, immer begrenzte Perspektive durch die von Kolleginnen und Kollegen zu erweitern. Dies wird angeregt, indem

- Gemeinsamkeiten und Unterschiede zwischen den eigenen und den fremden Erfahrungen thematisiert werden,
- individuelle Lernprozesse und Orientierungen sichtbar und damit vergleichbar gemacht werden,
- im Rollenspiel explizit unterschiedliche Rollen eingenommen werden oder etwa
- zwei pädagogische Fachkräfte aus einer Einrichtung eine feste Partnergruppe bilden und ihre jeweilige Sichtweise reflektieren.

Berücksichtigung des Kontextes

Der Transfer des Gelernten in den eigenen pädagogischen Alltag gelingt häufig deshalb nicht, weil die Teilnehmenden von Qualifizierungsmaßnahmen die Passung zum eigenen konkreten Kontext alleine herstellen müssen, dieser Übertrag aber letztlich nicht erfolgreich gelingt. In dem Qualifizierungskonzept »Mit Kindern im Gespräch« werden die Bedingungen des Kontextes (d. h. der eigenen Einrichtung), in dem das Gelernte angewendet werden soll, und seine Bedeutung für den vorgestellten Transfer systematisch und explizit mitberücksichtigt. Erst dadurch kommt es zu vertieftem Lernen, nämlich, wenn das Gelernte stets auf die eigene konkrete Anwendungssituation bezogen wird. Der Kontext findet im Qualifizierungskonzept Berücksichtigung durch

- die reale oder fiktive Anwendung des Gelernten auf konkrete eigene Zielkinder,
- die Analyse eigener Videos,
- die regelmäßige Planung, Durchführung und Reflexion von Praxisaufgaben und
- den Austausch mit Kolleginnen, um gemeinsam die Bedingungen in der Einrichtung zu reflektieren, die Umsetzung zu planen und vorzubereiten und sich gegenseitig bei der Realisierung zu unterstützen.

Kognitive Aktivierung

Die *kognitive Aktivierung* bzw. das aktive Lernen (Desimone, 2009; Garet, Porter, Desimone, Birman & Yoon, 2001; Lipowsky, 2004, 2010, 2011; für den Elementarbereich: Egert, 2015; für den Primarbereich: Elstrodt, Starke & Ritterfeld, 2016; Gronostaj, Kalinowski & Voss, 2016) gehört zu den am besten belegten Merkmalen effektiver Fortbildungen und bildet auch einen wichtigen Part Situierten Lernens (Hartinger et al., 2011). Sie stellt zudem eine der drei zentralen Dimensionen der Unterrichtsqualität dar (Einsiedler, 2017). Es geht darum, bei den Lernenden anspruchsvolle Denkprozesse anzuregen, die zu Konzepterweiterungen und Konzeptwechseln führen. Dies wird dadurch erreicht, dass die Leitung der Qualifizierung die gleichen Strategien einsetzt, die sie auch lehrt. Sie ist nicht nur Vermittlerin der Inhalte, sondern gleichzeitig auch Modell für die Umsetzung der Sprachförderstrategien.
Die Leitung

- stellt offene Fragen und spricht denkbegleitend,
- regt die Teilnehmenden an, neue Konzepte aufzubauen und bisherige zu verändern oder zu erweitern,
- holt Erfahrungen und Vorwissen ein,
- regt zum Sprechen über Gedanken an,
- fragt nach Meinungen und regt zum Herstellen von Zusammenhängen und zum Vergleichen an und
- verwendet Rückmeldestrategien, vor allem, indem sie infrage stellt, das Lernen und Denken der Teilnehmenden sichtbar macht, Denk- und Lerngerüste gibt.

Um die kognitive Aktivierung zu ermöglichen, werden folgende Methoden eingesetzt:

- Sammeln und Sortieren von Erfahrungen
- Anregung zur Auseinandersetzung mit den eigenen subjektiven Theorien
- Einzelarbeit im Rahmen der Methode »think – pair – share«
- Planung der Umsetzung in die eigene Praxis bei den Praxisaufgaben
- realer und gedanklicher Transfer auf eigene Zielkinder
- Rückmeldungen zu Videobeispielen durch die Fortbildnerin und durch andere Teilnehmende
- Anregung zur gezielten Beobachtung und Analyse der Lernprozesse der Kinder.

Kooperatives Lernen

Auch das kooperative Lernen wird vielfach als ein wesentliches Kernelement erfolgreicher Fortbildungen herausgestellt (Garet et al., 2001; Lipowsky & Rzejak, 2015; Gronostaj et al., 2016). Dies entspricht gleichzeitig dem Grundbedürfnis nach sozialem Eingebundensein (Deci & Ryan, 1993). In dem Qualifizierungskonzept sind viele Phasen des kooperativen Lernens enthalten, z. B. in Form von Partnerarbeit, Gruppenarbeit und Austausch mit einer Kollegin aus der gleichen Einrichtung.

Forschungsbefunde zeigen, dass die Arbeit in einer professionellen Lerngemeinschaft das Lernen von pädagogischen Fachkräften (hier Lehrpersonen) im Rahmen von Fortbildungen positiv beeinflussen kann (Lipowsky, 2011). Gespräche über geteilte und nicht-geteilte Erfahrungen und Einschätzungen in der gleichen Institution können die Auseinandersetzung intensivieren (Desimone, 2009; Greenleaf et al., 2011). Betreffende Effekte sind sogar bis auf Schülerebene nachweisbar (Lomos, Hofman & Bosker, 2011; Vescio, Ross & Adams, 2008).

1.6 Videoanalyse

Einen wichtigen Schwerpunkt stellt in dem Qualifizierungskonzept die gemeinsame Betrachtung eigener Videoaufnahmen dar. Videoanalysen sind nach Reusser (2005) besonders vielversprechend, weil das Reflektieren und Analysieren von Lernsituationen zu einem vertieften Aufbau und zu einer Erweiterung des bisherigen Professionswissens und -handelns führt. Die Analyse eigener Videos ermöglicht den Bezug von Lern- auf Anwendungssituation besonders gut.

Im Rahmen der Qualifizierung ist es empfehlenswert, zu Beginn auf fremde Videoausschnitte sprachlicher Interaktionen mit Kindern zurückzugreifen, weil der Blick darauf für die Teilnehmenden zu Beginn leichter ist, als sogleich auf eigene Videos bzw. das eigene Sprachhandeln zu fokussieren. Mithilfe fremder Videoausschnitte können die Teilnehmenden für bestimmte, ihnen unbekannte Aspekte (z. B. neue Sprachförderstrategien) sensibilisiert werden (Kleinknecht, Schneider & Syring, 2014). Hinzu kommt, dass die Teilnehmenden das fremde Video emotional distanzierter analysieren als das eigene. Dennoch werden sie bereits in ihrer Wahrnehmungs- und Analysekompetenz geschult und lernen die Struktur und den Ablauf der Videoanalyse kennen. Darüber hinaus wird die Komplexität der Situation berücksichtigt und es lassen sich gelingende Szenen (emotional unbelastet) fokussieren. Dies dient dem Vertraut werden mit dieser Methode.

Die Analyse eigener Videoaufnahmen, bei denen die Teilnehmenden stärker emotional beteiligt sind, erfolgt erst im zweiten Schritt. Die Ausschnitte werden zunächst in Kleingruppen im Zusammenhang mit der Bearbeitung von Praxisaufgaben während der Qualifizierung analysiert. Erst gegen Ende der Qualifizierungsreihe erhalten die pädagogischen Fachkräfte die Aufgabe, freiwillig einen eigenen Videoausschnitt ihrer Wahl der Gesamtgruppe vorzustellen und Fragen zu dem ausgewählten Filmausschnitt an alle zu stellen, wie z. B. »*Was meint ihr, habe ich dem Kind in dieser Szene Zeit gelassen zu antworten?*«

2 Wie wird das Qualifizierungskonzept umgesetzt?

Zuerst wird der strukturelle Rahmen des Qualifizierungskonzepts skizziert, danach wird der Ablauf der Qualifizierung dargestellt. Es folgt die Beschreibung des Aufbaus der Module und der Struktur der Bausteine sowie eine Darstellung ausgewählter Materialien.

2.1 Struktureller Rahmen

Länge der Fortbildung

Das gesamte Konzept kann in einem Jahr durchgeführt werden. Diese optimale Variante der Qualifizierung ist jedoch nicht immer realisierbar. Aus diesem Grund wurde der Ansatz so konzipiert, dass nach Interesse und Bedarf auch einzelne Module und Bausteine ausgewählt und separat umgesetzt werden können.

Input-, Erprobungs- und Reflexionsphasen

Viele wirksame Fortbildungen beschränken sich nicht nur auf die Erarbeitung neuer Inhalte (hier: Strategien), sondern sehen konzeptionell daran anschließend Erprobungs- und Reflexionsphasen vor (zusammenfassend Gersten, Dimino, Jayanthi, Kim & Santoro, 2010; Gronostaj et al., 2016; Lipowsky, 2004, Lipowsky & Rzejak, 2015). Auf diese Weise erhalten die Teilnehmenden die Gelegenheit, das Gelernte auch anzuwenden. Dies wird in der Qualifizierung durch so genannte *Praxisaufgaben* angeregt. Aus diesem Grund wird empfohlen, auf eintägige, reine »Input«-Fortbildungsveranstaltungen zu verzichten. Es werden mindestens *zweitägige Veranstaltungen* empfohlen, die ca. ein bis vier Wochen auseinanderliegen. Auf diese Weise wird die Möglichkeit eröffnet, das Gelernte nach dem ersten Fortbildungstag in der eigenen Praxis (u. a. mit Zielkindern) zu erproben. Diese Erfahrungen können dann am zweiten Fortbildungstag reflektiert werden.

2.2 Ablauf der Qualifizierung

Das Qualifizierungsprogramm besteht aus neun Modulen. Die ersten drei Module haben den Erwerb der oben beschriebenen Sprachförderstrategien zum Schwerpunkt (Modul 1: *Frage- und Modellierungsstrategien*; Modul 2: *Strategien zur*

Konzeptentwicklung; Modul 3: *Rückmeldestrategien*). In den Modulen 4 bis 8 stehen die Schlüsselsituationen im Mittelpunkt. Modul 4 beschäftigt sich mit *Lesesituationen,* Modul 5 mit *Routinesituationen,* Modul 6 mit *gezielten Aktivitäten*, Modul 7 mit *Symbol- und Rollenspielen* sowie Modul 8 mit *spontanen Sprechanlässen*. Das letzte Modul umfasst Bausteine zur Vertiefung, Reflexion und zum Transfer (Modul 9: *Markt der Möglichkeiten*). Die neun Module und die darin enthaltenen Bausteine können *flexibel* eingesetzt werden. Grundlegend für die Qualifizierung sind die Strategiemodule 1 bis 3. Sie eignen sich als Einführung und können als *Basismodule* angesehen werden.

Das Qualifizierungskonzept wird in mehreren Bänden beschrieben: Da U3-Band (Kammermeyer et al., 2017c), Kita-Band (Kammermeyer et al., 2017b) und Grundschulband (Kammermeyer et al., 2017a) aufeinander aufbauen, können bei der Planung einer Qualifizierung nicht nur Bausteine aus einem Band verwendet werden, sondern auch Bausteine aus den anderen beiden. Auf diese Weise wird einerseits die besondere Situation der jüngeren bzw. der älteren Kinder berücksichtigt, auf der anderen Seite werden aber auch Notwendigkeit und Möglichkeit einer durchgängigen Sprachbildung und Sprachförderung aufgezeigt.

2.3 Aufbau der Module

Die neun Module beispielsweise des Kita-Bands (Kammermeyer et al., 2017b) bestehen aus sechs bis 14 Bausteinen. In den Strategiemodulen 1 bis 3 werden insgesamt 19 Sprachförderstrategien systematisch aufeinander aufbauend eingeführt. Es empfiehlt sich in den Strategiemodulen den Ablauf einzuhalten. Der Ablauf innerhalb eines Situationsmoduls (Module 4 bis 8) hingegen ist als variabel zu betrachten.

Zwar ist die Anordnung in Anlehnung an die erprobte Durchführung teilweise aufeinander aufbauend; die Bausteine wurden jedoch so angepasst, dass diese unter Berücksichtigung der Vorerfahrungen und Interessen der Zielgruppe unabhängig von allen anderen flexibel eingesetzt werden können. Es ist also ohne Weiteres möglich, auch nur einzelne Bausteine zu bestimmten Schwerpunkten auszuwählen bzw. diese aufgrund der zusätzlichen Anregungen, Tipps und Varianten den eigenen Zielen anzupassen.

2.4 Struktur der Bausteine

Die Bausteine werden alle in der gleichen Struktur dargestellt. In der folgenden Übersicht (► Abb. 1.1) werden die Bestandteile der Bausteine anhand eines Beispiels erläutert und darauf hingewiesen, welche Funktion sie erfüllen.

Baustein 1: Meine eigene Rolle im kindlichen Rollenspiel — Modul 7

Inhalt	Eigene Rolle im Rollenspiel reflektieren
Ziel	Die Teilnehmenden reflektieren ihre Rolle bei der Begleitung des kindlichen Rollenspiels.
Methode	Arbeit mit Fragebogen
Sozialform	Einzelarbeit, Partnerarbeit, Großgruppenarbeit
Zeitbedarf	45 Minuten
Material /Medien	Arbeitsmaterialien auf DVD: Arbeitsblatt 1 „Meine eigene Rolle im kindlichen Rollenspiel“, Arbeitsblatt 2 „Auswertung“ Sonstige Arbeitsmaterialien: vier DIN-A4-Blätter, Flipchart/Tafel
Vorbereitung	Arbeitsblatt 1 „Meine eigene Rolle im kindlichen Rollenspiel“ und Arbeitsblatt 2 „Auswertung“ kopieren, DIN-A4-Blätter mit „Spielleiter“, „Mitspieler“, „Spielbeob - achter“ und „Nichteingreifer“ beschriften, Arbeitsmaterialien bereit stellen

- Einstieg/Einführung

Den Teilnehmenden wird zu Beginn folgende Frage gestellt: „Sind Sie beim Rollenspiel der Kinder mittendrin oder eher am Rande dabei?“ Die Leitung zeichnet auf eine Tafel oder einer Flipchart eine Linie. Sie schreibt an den Anfang der Linie „mittendrin“ und an das Ende der Linie „eher am Rande dabei“. Die Teilnehmenden werden gebeten, sich mit einem Zeichen (z.B. Punkt oder Kreuz) auf der gezeichneten Linie zu positionieren.

- Erarbeitung

Aufgabe 1
„Bearbeiten Sie zur genaueren Reflexion Ihrer eigenen Rolle den Fragebogen (siehe Arbeitsblatt 1) und tauschen Sie sich mit einer Partnerin über diejenigen Aspekte aus, in denen Sie sich am meisten unterscheiden.“

Aufgabe 2
„Werten Sie Ihren eigenen Fragebogen aus. Welchem Spieltyp entsprechen Sie am ehesten? Nehmen Sie dabei das Lösungsblatt zu Hilfe (siehe Arbeitsblatt 2).“

Aufgabe 3
In jeder Ecke wird jeweils ein DIN-A4-Blatt mit einem der vier Spieltypen angebracht. Die Teilnehmenden werden gebeten, sich in die jeweilige Ecke zu begeben und sich dann eine Partnerin aus einer anderen Ecke zu suchen und die eigene bevorzugte Rolle im Spiel zu begründen.

- Auswertung

Zum Abschluss werden in der Großgruppe Begründungen ausgetauscht und Vor- und Nachteile der einzelnen Spieltypen im Rollenspiel auch hinsichtlich sprachförderlicher Potenziale diskutiert. Die Leitung kann folgende Fragen verwenden: „Wie nutzen Sie das Rollenspiel zur Sprachförderung?“, „Wie könnten Sie sich vorstellen, es zu nutzen?“, „Was bedeuten die Spieltypen für die Sprachbildung und Sprachförderung?“

- Varianten/Tipps/Weiterführende Anregungen

Um einzelne Aussagen in der Großgruppe zu diskutieren, können JA-ja-nein-NEIN-Kärtchen (siehe ergänzen - de Materialien) eingesetzt werden. Dafür erhalten die Teilnehmenden die JA-ja-nein-NEIN-Kärtchen auf einem DIN-A4-Blatt. Sie werden aufgefordert, nach dem Vorlesen einer Aussage ihre Einstellung kundzutun. Hierzu falten sie das DIN-A4-Blatt so, dass die Antwort ersichtlich ist und halten sie nach Aufforderung gemeinsam in die Höhe. Die Leitung kann auf diese Art und Weise die Meinung der einzelnen Teilnehmenden schnell erkennen und der Gruppe widerspiegeln. Sie kann einzelne Teilnehmende bitten, ihre Meinung zu begründen, um so in eine Diskussion einzusteigen.

Allgemeiner Teil zu einem Baustein, der auf die Inhalte, das Ziel, die Methode, die Sozialform, den Zeitbedarf, die notwendigen Materialien und/oder Medien, die notwendigen Vorbereitungsschritte verweist. Der Zeitbedarf wurde aufgrund der Erfahrungen in der Erprobung des Konzepts angegeben, dieser kann jedoch je nach Anzahl und Interessen der Teilnehmenden sowie deren Lernvoraussetzungen durchaus stark variieren.

Alle Arbeitsmaterialien und Arbeitsblätter, deren Nutzung in den einzelnen Bausteinen beschrieben und die im Anschluss aufgenommen sind, befinden sich im Anhang (auf der beiliegenden DVD) als Kopier- bzw. Druckvorlage.
Es wird empfohlen, den Ablauf während der Qualifizierungsmaßnahmen darüber hinaus nicht von der Abfolge der Bausteine in den Modulen abhängig zu machen, sondern den Fortgang innerhalb der Qualifizierungsmaßnahme einzubeziehen, um ggf. spontan zu entscheiden, ob ein Aspekt noch weiter vertieft werden kann bzw. übersprungen wird.

Vorschlag zum Ablauf der Qualifizierungsphase mit Einstieg/Einführung, Erarbeitung (teils mehrere), Auswertung und Abschluss. Um die Aufgabe möglichst prägnant zu formulieren, werden wörtliche Formulierungsvorschläge einbezogen, die jeweils in Anführungszeichen gesetzt sind. Teilweise gibt es für die Leitung Hinweise, welche Antworten bzw. Vorstellungen von den Teilnehmenden in der Erprobung formuliert wurden.

Dieser Abschnitt enthält Varianten, Tipps und /oder weitere Anregungen zur Erweiterung, Veränderung oder Modifikation des Bausteins sowie Praxisaufgaben. Es wird außerdem mitunter auf eigene Praxiserfahrungen verwiesen

Abb. 1.1: Baustein mit Erläuterungen *(G. Kammermeyer/S. King/P. Goebel/A. Lämmerhirt/A. Leber/A. Metz/A. Papillion-Piller/S. Roux: Mit Kindern im Gespräch. Strategien zur Sprachbildung und Sprachförderung von Kindern in Kindertageseinrichtungen © Auer Verlag)*

2.5 Materialien

In jeder der drei Publikationen zum Qualifikationskonzept (Kammermeyer et al., 2017a, b, c) befindet sich eine DVD, welche alle in dem jeweiligen Qualifizierungskonzept vorgeschlagenen Filmausschnitte, Transkripte sowie ergänzende Materialien und Arbeitsblätter enthält. Zur Veranschaulichung wird im Folgenden ein Arbeitsblatt (► Abb. 1.2) sowie ein Transkript (► Tab. 1.1) aus dem Kita-Band präsentiert.

Beim Basteln

Stellen Sie sich vor, Sie basteln mit Kindern eine Krone und demonstrieren die einzelnen Arbeitsschritte. Das könnte folgendermaßen aussehen:

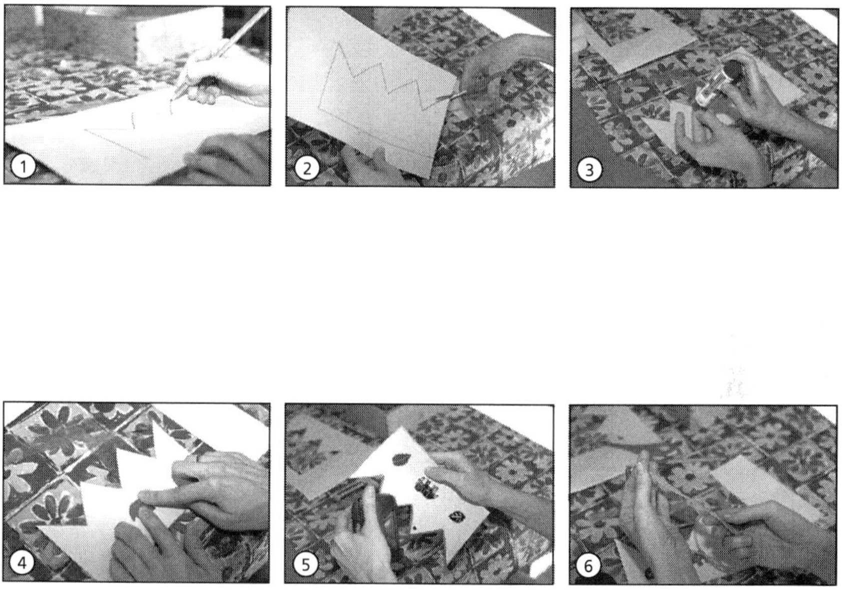

Aufgabe 1

Notieren Sie unter jedes Bild, wie Sie die Handlung sprachlich begleiten würden.

Aufgabe 2

Vergleichen Sie Ihre Notizen mit denen Ihrer Tischnachbarin. Gibt es Unterschiede?

Aufgabe 3

Überlegen Sie gemeinsam mit Ihrer Tischnachbarin, wie variantenreich Ihr Wortschatz war und welche Begriffe in dieser Situation noch verwendet werden können.

Abb. 1.2: Arbeitsblatt 1 aus Modul 1, Baustein 7: »Die Gabel lege ich neben den Teller« *(G. Kammermeyer/S. King/P. Goebel/A. Lämmerhirt/A. Leber/A. Metz/A. Papillion-Piller/S. Roux: Mit Kindern im Gespräch. Strategien zur Sprachbildung und Sprachförderung von Kindern in Kindertageseinrichtungen © Auer Verlag)*

Tab. 1.1: Transkript aus Modul 4, Baustein 5: »Der Wolkenkratzer« *(G. Kammermeyer/S. King/P. Goebel/A. Lämmerhirt/A. Leber/A. Metz/A. Papillion-Piller/S. Roux: Mit Kindern im Gespräch. Strategien zur Sprachbildung und Sprachförderung von Kindern in Kindertageseinrichtungen © Auer Verlag)*

Wolkenkratzer **Die Erzieherin betrachtet mit Nami (5;1) und Luca (6;8) eine Seite in dem Bilderbuch »Der Wolkenkratzer schwingt die Bürste. Total verrückte Berufe« (Schirneck & Hattenhauer, 2015).**		
1	Erzieherin	Hast du schon öfter gesehen? Wo?
2	Nami	(*nickt*)
3	Luca	Ich auch.
4	Erzieherin	Wo habt ihr sowas gesehen?
5	Nami	Als ich zu Mamas Patenkind gefahren bin.
6	Luca	Und ich in Entenbach.
7	Erzieherin	Am Himmel?
8	Luca	(*nickt*)
9	Erzieherin	Waren da Leute drin, in dem Heißluftballon?
10	Luca	(*nickt*)
11	Erzieherin	Ja? Vielleicht war da auch so ein ganz besonderer Mann drin. Soll ich euch mal sagen, was das für ein besonderer Mann ist? Das ist ein Wolkenkratzer.
12	Kinder	(lachen)
13	Erzieherin	Gibts sowas?
14	Luca	Der kann die Wolken kratzen. Kaputt kratzen.
15	Erzieherin	Ganz genau, der kann die Wolken kratzen. Wann muss man sich denn kratzen?
16	Luca	Wenn man, wenns juckt.
17	Erzieherin	Wenns juckt, vielleicht juckts die Wolken manchmal.
18	Luca	Der krault se jetzt.
19	Erzieherin	Und der krault se jetzt. Mit was macht der das?
20	Luca	Mitm Besen.
21	Nami	Mitm Besen.

Um das Lernen der Teilnehmenden in der Qualifizierung zu unterstützen und auch den Transfer in die Praxis zu erleichtern, kommen so genannte »Gesprächswerkzeuge« (wie Wendekarten – Frage- und Modellierungsstrategien, Fächer –

Strategien zur Konzeptentwicklung und Hosentaschenbuch – Rückmeldestrategien; ▶ Abb. 1.3) zum Einsatz. Hierbei handelt es sich um Visualisierungen der Sprachförderstrategien, die von den Teilnehmenden als Gedächtnisstütze genutzt werden können. Auch diese befinden sich auf der DVD in jeder Publikation.

Abb. 1.3: Gesprächswerkzeuge *(G. Kammermeyer/S. King/P. Goebel/A. Lämmerhirt/A. Leber/A. Metz/A. Papillion-Piller/S. Roux: Mit Kindern im Gespräch. Strategien zur Sprachbildung und Sprachförderung von Kindern in Kindertageseinrichtungen © Auer Verlag)*

3 Ausblick

Das Qualifizierungskonzept »Mit Kindern im Gespräch« erfüllt vielfältige Forderungen, die an Ansätze zur sprachlichen Bildung und Förderung im Elementar- und Primarbereich gestellt werden. Ziel des theoretisch zum einen auf der Entwicklungstheorie von Vygotsky (1987; vgl. Bodrova & Leong, 1996) und zum anderen auf dem Process-Person-Context-Time-Model (»PPCT-Modell« von Bronfenbrenner & Morris, 2006) aufbauenden Qualifizierungskonzepts ist es, pädagogische Fachkräfte dabei zu unterstützen, dass sie mit Kindern in langanhaltende, kognitiv herausfordernde Gespräche kommen. Die Durchführung des Qualifizierungskonzepts »Mit Kindern im Gespräch« stellt hohe Anforderungen sowohl an die Teilnehmenden als auch an die Leitung der Qualifizierung. Es geht zum einen darum, dass die pädagogischen Fachkräfte lernen, Kinder zum Nachdenken und dadurch zu langanhaltenden Gesprächen anzuregen. Zum anderen geht es aber auch darum, dass die Leitung der Qualifizierung diese Sprachförderstrategien im Rahmen der Methode des Situierten Lernens einsetzt, um die Teilnehmenden zur Auseinandersetzung mit den Strategien anzuregen. Die Leitung der Qualifizierung braucht ein hohes Maß an eigener Gesprächsführungskompetenz. Sie hat nicht nur die Aufgabe, die Gespräche zu moderieren, sie ist gleichzeitig auch Modell für die Teilnehmenden in der Anwendung von gesprächsförderlichen Strategien. Die Wirkung des vorgestellten Qualifizierungskonzepts hängt somit nicht nur von den dargestellten Inhalten, Methoden und Materialien ab, sondern vor allem von der Prozessqualität der Durchführung selbst.

Das Qualifizierungskonzept basiert auf empirisch bewährten Sprachförderstrategien, die erstmals in einem Gesamtansatz zusammengeführt und didaktisch für die Frühpädagogik aufbereitet wurden. Sie wurden umfangreich erprobt und auch bereits evaluiert. Weiterführende Erkenntnisse über die Wirkung des Qualifizierungskonzepts sind von der externen summativen Evaluation zu erwarten, die von 2015 bis 2018 im Rahmen der Bund-Länder-Initiative BiSS durchgeführt wird. »Mit Kindern im Gespräch« wurde darüber hinaus auch im Rahmen einer experimentellen Feldstudie, die von der Deutschen Forschungsgemeinschaft (DFG) finanziert wurde, evaluiert. Um die Wirkungen nur auf das Qualifizierungskonzept zurückführen zu können, wurden die 50 pädagogischen Fachkräfte per Zufall auf »Mit Kindern im Gespräch« und das in Rheinland-Pfalz reguläre Curriculum »Sprache – Schlüssel zur Welt« aufgeteilt. Es zeigte sich, dass die pädagogischen Fachkräfte, die an »Mit Kindern im Gespräch« teilgenommen haben, zwei Jahre nach Beginn der Fortbildung signifikant mehr komplexe Modellierungs- und Fragestrategien und signifikant mehr komplexe Strategien zur Konzeptentwicklung einsetzen als die Vergleichsgruppe (Kammermeyer et al., angenommen).

Doch wovon hängen die langfristigen Wirkungen von Professionalisierungsmaßnahmen ab? Aktuelle Erkenntnisse der internationalen Forschung sind aus der Metaanalyse von Egert (2015) abzuleiten. Wichtig ist es, dass in die Qualität der Implementation vielversprechender Programme investiert werden sollte. Um die Umsetzung des Gelernten in Qualifizierungen zu sichern, die zeitlich und finanziell häufig aufwendig sind, sollten deshalb nachhaltige Unterstützungsstrukturen geschaffen werden. Eine geeignete Möglichkeit wird derzeit im Bundesprogramm »Sprach-Kitas: Weil Sprache der Schlüssel zur Welt ist«, das vom Bundesministerium für Familie, Senioren, Frauen und Jugend (BMFSFJ) gefördert wird, erprobt. Dort gibt es auf der einen Seite in den Sprach-Kitas eine zusätzliche Fachkraft im Umfang einer halben Stelle und auf der anderen Seite eine zusätzliche Fachberatung mit einer halben Stelle im Umfeld der Sprach-Kitas. Eine solche Struktur kann sich lohnen, um die aufwendig erarbeiteten Sprachförderstrategien zu sichern und zu ermöglichen, dass die pädagogischen Fachkräfte sie tatsächlich langfristig nutzen und nicht zu ihren alten Handlungsroutinen zurückkehren. Die Module und Bausteine des Qualifizierungskonzepts eignen sich auch für die Sicherung des Transfers sowohl im Rahmen von Teamsitzungen in den einzelnen Kitas als auch von regionalen Netzwerktreffen mit der Sprachfachberatung zur Planung von Inhouse-Fortbildungen.

Ein weiterer Schritt, um die Wirkung des Qualifizierungsansatzes »Mit Kindern im Gespräch« zu stärken, ist die Qualifizierung der Fortbildnerinnen und Fortbildner. Zum Thema Fortbildung von Fortbildnerinnen und Fortbildnern gibt es derzeit wenige Erkenntnisse. Wünschenswert wäre hier die Evaluation der Implementierung des Qualifizierungsansatzes. Diese könnte u. a. folgenden Fragen nachgehen: Welche Module und Bausteine werden angewendet und erweisen sich als besonders lernförderlich? Unter welchen Rahmenbedingungen werden die Qualifizierungen durchgeführt? Welche Erfahrungen machen die Leitungen von Qualifizierungsmaßnahmen mit dem Konzept und wie passt es zu ihren Orientierungen? Wie kommen sie mit den angebotenen Durchführungsvorschlägen, Hinweisen und Materialien zurecht? Wie schätzen sie ihre Interaktionskompetenzen ein und wie gelingt es ihnen, diese in der Qualifizierung umzusetzen? Um die Fortbildner bei der Umsetzung des Qualifizierungsansatzes zu unterstützen, sollte deshalb »Mit Kindern im Gespräch« nicht nur im Rahmen kurzfristiger Veranstaltungen eingeführt werden. Wünschenswert wäre auch ein Arbeitskreis, in dem die Fortbildenden ihre Arbeit mit diesem Konzept gemeinsam reflektieren und das Konzept weiterentwickeln. Hierzu könnten sie zum einen über ihre Erfahrungen mit der Methode des Situierten Lernens reflektieren und zum anderen regelmäßig die Anwendung der Sprachförderstrategien in vielfältigen Situationen diskutieren und ggf. weitere Videos für Analysen herstellen und austauschen.

Die Kombination von Fortbildungen und Coaching hat größere Wirkungen als reine Fortbildungen ohne zusätzliches Coaching (Egert, 2015). Individuelles Coaching scheint zwar zunächst finanziell aufwendiger, ist jedoch wesentlich intensiver, weshalb eine Kombination von Fortbildung und Coaching auch unter ökonomischen Gesichtspunkten weiterführend sein könnte.

Die Qualität von Coaching muss jedoch von Anfang an gesichert werden, da die Durchführung von individuellem strategiebezogenem Coaching zur Sprachbildung und Sprachförderung (vgl. dazu den in diesem Konzept einbezogenen Ansatz der Videoanalyse) noch anspruchsvoller ist als die Umsetzung von Fortbildungsveranstaltungen. Benötigt werden deshalb ein Coachingmodell und regelmäßige Supervision, die Orientierung und Reflexion ermöglichen. So kann der Lernerfolg gesichert und negative Erfahrungen in solch sensiblen Lernsituationen verhindert werden.

Langanhaltende Gespräche mit Kindern, in denen diese zum Denken und dadurch zu differenzierten Äußerungen angeregt werden, sind über die ganze kindliche und damit sprachliche Entwicklung hinweg für Kinder und pädagogische Fachkräfte bedeutsam. Häufige Gespräche in Kindertagesstätten schaffen günstige Voraussetzungen für den Schulerfolg, sind jedoch eine herausfordernde Aufgabe für die pädagogischen Fachkräfte. Um diese Aufgabe zu erfüllen, ist die Zusammenarbeit vieler Akteure notwendig. Wir hoffen, mit dem Qualifizierungsansatz »Mit Kindern im Gespräch« dazu einen Beitrag zu leisten.

Literatur

Albers, T. (2011). Sag mal! Krippe, Kindergarten und Familie: Sprachförderung im Alltag. Weinheim: Beltz.

Barnitzky, H., Brügelmann, H., Hecker, U., Heinze, F., Schönknecht, G. & Speck-Hamdon, A. (2009). Kursbuch Grundschule. Frankfurt: Grundschulverband.

Beck, I. L., McKeown, M. G. & Kucan, L. (2002). Bringing words to life: Robust vocabulary instruction. Solving problems in the teaching of literacy. New York: Guilford Press.
Beck, I. L., McKeown, M. G. & Kucan, L. (2008). Creating robust vocabulary: Frequently asked questions and extended examples (Vol. 10). New York: Guilford Press.
Bodrova, E. & Leong, D. (1996). Tools of the Mind. The Vygotskian approach to early childhood education. Columbus: Merrill/Prentice Hall.
Bronfenbrenner, U. & Morris, A. P. (2006). The bioecological model of human development. In W. Damon & R. M. Lerner (Hrsg.), Handbook of child psychology, Vol. 1 (6. Aufl.) (S. 793-828). New York: Wiley.
Deci, E. L. & Ryan, R. M. (1993). Die Selbstbestimmungstheorie der Motivation und ihre Bedeutung für die Pädagogik. Zeitschrift für Pädagogik, 39, 223-238.
Desimone, L. M. (2009). Improving impact studies of teachers' professional development: Toward better conceptualizations and measures. Educational Researcher, 38, 181-199.
Egert, F. (2015). Meta-analysis on the impact of in-service professional development programs for preschool teachers on quality ratings and child outcomes. Verfügbar unter: https://opus4.kobv.de/opus4-bamberg/frontdoor/index/index/docId/45682 [17.01.2018].
Einsiedler, W. (2017). Von Erziehungs- und Unterrichtsstilen zur Unterrichtsqualität. In M. K. W. Schweer (Hrsg.), Lehrer-Schüler-Interaktion (S. 267-287). Wiesbaden: Springer VS.
Elstrodt, N., Starke, A. & Ritterfeld, U. (2016). Wirksame Sprachförderung in der Grundschule. Eine systematische Analyse empirischer Evidenz. Posterpräsentation auf der Tagung der Deutschen Gesellschaft für Erziehungswissenschaften. Kassel. Verfügbar unter: http://www.sk.tv-dortmund.de/cms/de/aktuelles/2016/kongress/Poster-Kassel-NEHandout.¬pdf [03.05.2017].
Fried, L. (2007). Die Entwicklung kindlichen Wissens sichtbar machen. In N. Neuß (Hrsg.), Bildung und Lerngeschichten im Kindergarten (S. 101-124). Weinheim: Beltz.
Garet, M. S., Porter, A. C., Desimone, L., Birman, B. F. & Yoon, K. S. (2001). What makes professional development effective? Results from a national sample of teachers. American Educational Research Journal, 38, 915-945.
Gersten, R., Dimino, J., Jayanthi, M., Kim, J. S. & Santoro, L. E. (2010). Teacher study group impact of the professional development model on reading instruction and student outcomes in first grade classrooms. American Educational Research Journal, 47, 694-739.
Gogolin I., Neumann, U. & Roth, H. J. (2007). Schulversuch bilinguale Grundschulklassen in Hamburg – wissenschaftliche Begleitung. Verfügbar unter: http://www.epb.unihamburg.¬de/files/Bericht2007.pdf. [29.01.2014].
Greenleaf, C. L., Litman, C., Hanson, T. L., Rosen, R., Boscardin, C. K., Herman, J., Schneider, S. A., Madden, S. & Jones, B. (2011). Integrating literacy and science in Biology teaching and learning impacts of reading apprenticeship professional development. American Educational Research Journal, 48, 647-717.
Gronostaj, C., Kalinowski, E. & Voss, M. (2016). Formative Evaluation der Professionalisierung im BiSS Verbund Sprache-RP. Zwischenergebnisse aus dem Projekt BiSS-EOS: Förderung der Bildungssprache Deutsch in der Primarstufe: Evaluation, Optimierung und Standardisierung von Tools im BiSS-Projekt. Unveröffentlichter Projektbericht. Universität Potsdam.
Hartinger, A., Lohrmann, K., Rank, A. & Fölling-Albers, M. (2011). Situiertes Lernen. In E. Kiel & K. Zierer (Hrsg.), Basiswissen Unterrichtsgestaltung. Band 2: Unterrichtsgestaltung als Gegenstand der Wissenschaft. (S. 77-85). Baltmannsweiler: Schneider Hohengehren.
Hattie, J. (2013). Lernen sichtbar machen. Überarbeitete deutschsprachige Ausgabe von Visible Learning. Übersetzt und überarbeitet von Wolfgang Beywl und Klaus Zierer, Baltmannsweiler: Schneider Hohengehren.
Hattie, J. & Timperley, H. (2007). The power of feedback. Review of Educational Research, 77, 81-112.
Helmke, A. (2015). Unterrichtsqualität und Lehrerprofessionalität. Diagnose, Evaluation und Verbesserung des Unterrichts (6. überarb. Aufl.). Seelze: Klett-Kallmeyer.
Kammermeyer, G., Goebel, P., King, S., Lämmerhirt, A., Leber, A., Metz, A., Papillion-Piller, A. & Roux., S. (2017a). Mit Kindern im Gespräch (Grundschule). Strategien zur Sprachbildung und Sprachförderung von Kindern in der Grundschule. Augsburg: Auer.

Kammermeyer, G., King, S., Goebel, P., Lämmerhirt, A., Leber, A., Metz, A. Papillion-Piller, A. & Roux, S. (2017b). Mit Kindern im Gespräch (Kita). Strategien zur Sprachbildung und Sprachförderung von Kindern in Kindertageseinrichtungen. Augsburg: Auer.

Kammermeyer, G., King, S., Roux., S., Metz, A., Lämmerhirt, A., Leber, A., Papillion-Piller, A. & Goebel, P. (2017c). Mit Kindern im Gespräch (U3). Strategien zur Sprachbildung und Sprachförderung von Kleinkindern in Kindertageseinrichtungen. Augsburg: Auer.

Kammermeyer, G., Metz, A., Leber, A., Roux, S., Biskup-Ackermann, B. & Fondel, E. (angenommen). Wie wirken sich Weiterbildungen auf die Anwendung von Sprachförderstrategien in Kitas aus? Frühe Bildung.

Kammermeyer, G. & Roux, S. (2013). Sprachbildung und Sprachförderung. In M. Stamm & D. Edelmann (Hrsg.), Handbuch frühkindliche Bildungsforschung (S. 515-528). Berlin: Springer VS.

Kammermeyer, G., Roux, S. & Stuck, A. (2017). Qualität in der vorschulischen Sprachförderung – Ergebnisse der Evaluation der additiven Sprachförderung in Rheinland-Pfalz. Psychologie in Erziehung und Unterricht, 1, 49-63.

Kleinknecht, M., Schneider, J. & Syring, M. (2014). Varianten videobasierten Lehrens und Lernens in der Lehrpersonenaus- und -fortbildung: empirische Befunde und didaktische Empfehlungen zum Einsatz unterschiedlicher Lehr-Lern-Konzepte und Videotypen. Beiträge zur Lehrerinnen- und Lehrerbildung, 32, 210-220.

Kluger, A. N. & DeNisi, A. (1996). The effects of feedback interventions on performance: a historical review, a meta-analysis, and a preliminary feedback intervention theory. Psychological Bulletin, 119, 254-284.

Lengyel, D. (2009). Zweitspracherwerb in der Kita: Eine integrative Sicht auf die sprachliche und kognitive Entwicklung mehrsprachiger Kinder. Münster: Waxmann.

Leuchter, M. (2014). Anschlussfähige Bildungskonzepte für pädagogische Fachkräfte und Grundschullehrpersonen. In A. Schmitt & G. Mey (Hrsg.), Kita und Schule im Dialog (S. 29-42). München: Carl Link.

Lipowsky, F. (2004). Was macht Fortbildungen für Lehrkräfte erfolgreich? Die Deutsche Schule, 4, 462-478.

Lipowsky, F. (2010). Lernen im Beruf. In F. Müller, A. Eichenberger, M. Lüders & J. Mayr (Hrsg.), Lehrerinnen und Lehrer lernen. Konzepte und Befunde zur Lehrerfortbildung (S. 51-69). Münster: Waxmann.

Lipowsky, F. (2011). Theoretische Perspektiven und empirische Befunde zur Wirksamkeit von Lehrerfort- und -weiterbildung. In E. Terhart, H. Bennewitz & M. Rothland (Hrsg.), Handbuch der Forschung zum Lehrerberuf (S. 398-417). Münster: Waxmann.

Lipowsky, F. & Rzejak, D. (2015). Was wir über gelingende Lehrerfortbildung wissen. Journal für LehrerInnenbildung, 4, 26-32.

Lomos, C., Hofman, R. H. & Bosker, R. J. (2011). Professional communities and student achievement – a meta-analysis. School Effectiveness and School Improvement, 22, 121-148.

Mannel, S., Hardy, I., Sauer, S. & Saalbach, H. (2016). Sprachliches Scaffolding zur Unterstützung naturwissenschaftlichen Lernens im Kindergartenalter. In E. Tschirner, O. Bärenfänger & J. Möhring (Hrsg.), Sammelband zum Symposium »Kompetenzprofile Deutsch als fremde Bildungssprache«. Tübingen: Stauffenburg.

McKeown, M. G. & Beck, I. L. (2011). Making vocabulary interventions engaging and effective. In R. E. O'Connor & P. F. Vadazy (Hrsg.), Handbook of reading interventions (S. 138-168). New York: Guilford Press.

Papoušek, M. (1998). Vom ersten Schrei zum ersten Wort. Anfänge der Sprachentwicklung in der vorsprachlichen Kommunikation. Bern: Huber.

Pianta, R. C., La Paro, K. M. & Hamre, B. K. (2008). Classroom assessment scoring system. Manual Pre-K. Baltimore: Brookes.

Reich, H. H. (2008). Kindertageseinrichtungen als Institutionen sprachlicher Bildung. Diskurs Kindheits- und Jugendforschung, 3, 249-258.

Roux, S., Kammermeyer, G. & Stuck, A. (2011). Verfahren zur Einschätzung des Sprachförderbedarfs im Jahr vor der Einschulung (VER-ES). Psychologie in Erziehung und Unterricht, 58, 1-14.

Reusser, K. (2005). Situiertes Lernen mit Unterrichtsvideos. Unterrichtsvideografie als Medium des situierten beruflichen Lernens. Journal für Lehrerinnen- und Lehrerbildung, 5(2), 8-18.
Schirneck, H. & Hattenhauer, I. (2015). Der Wolkenkratzer schwingt die Bürste. Wirklich verrückte Berufe. Berlin: Annette Betz.
Sigel, I. E. (2000). Educating the young thinker model from research to practice. In J. L. Roopnarine & J. E. Johnson (Hrsg.), Approaches to early childhood education (S. 315-340). Prentice Hall: Pearson.
Silverman, R. (2007). A comparison of three methods of vocabulary instruction during read-alouds in kindergarten. The Elementary School Journal, 108, 97-113.
Sterner, F., Skolaude, D., Ruberg, T. & Rothweiler, M. (2014). Versuch macht klug und gesprächig. Materialien zur Anregung und Unterstützung von Sprachbildungsprozessen im Kontext naturwissenschaftlichen Experimentierens. Verfügbar unter: http://www.elbkinder-kitas.de/files/versuch_macht_klug/vmkug_heft_01_web.pdf [17.01.2018].
Textor, M. R. (1999). Lew Wygotski – entdeckt für die Kindergartenpädagogik. klein & groß, 11 / 12, 36-40.
Tietze, S., Rank, A. & Wildemann, A. (2016). Erfassung bildungssprachlicher Kompetenzen von Kindern im Vorschulalter. Grundlagen und Entwicklung einer Ratingskala (RaBi). Verfügbar unter: https://www.pedocs.de/volltexte/2016/12076/pdf/Tietze_Rank_Wildemann_2016_Erfassung_bildungssprachlicher_Kompetenzen.pdf [17.01.2018].
Tompkins, V., Zucker, T. A., Justice, L. M. & Binici, S. (2013). Inferential talk during teacher-child interactions in small-group play. Early Childhood Research Quarterly, 28, 424-436.
Van Kleeck, A. V. (2008). Providing preschool foundations for later reading comprehension: The importance of and ideas for targeting inferencing in storybook-sharing interventions. Psychology in the Schools, 45, 627-643.
Vescio, V., Ross, D. & Adams, A. (2008). A review of research on the impact of professional learning communities on teaching practice and student learning. Teaching and Teacher Education, 24, 80-91.
von Suchodoletz, A., Fäsche, A., Gunzenhauser, C. & Hamre, B. K. (2014). A typical morning in preschool: Observations of teacher–child interactions in German preschools. Early Childhood Research Quarterly, 29(4), 509-519.
Vygotsky, L. S. (1987). Ausgewählte Schriften, Band 2, Arbeiten zur psychischen Entwicklung der Persönlichkeit. In deutscher Sprache herausgegeben von J. Lompscher. Berlin: Pahl-Rugenstein.
Whitehurst, G. J., Arnold, D. S., Epstein, J. N., Angell, A. L., Smith, M. & Fischel, J. (1994). A picture book reading intervention in day care and home for children from low-income families. Developmental Psychology, 30, 679-689.
Whitehurst, G. J., Falco, F. L., Lonigan, C. J., Fischel, J. E., DeBaryshe, B. D., Valdez-Menchaca, M. C. & Caulfield, M. (1988). Accelerating language development through picture book reading. Developmental Psychology, 24, 552-558.
Whitehurst, G. J. & Lonigan, C. J. (1998). Relative efficacy of parent and teacher involvement in a shared-reading intervention for preschool children from low-income backgrounds. Early Childhood Research Quarterly, 13, 163-290.
Wildgruber, A., Wertfein, M., Wirts, C., Kammermeier, M. & Danay, E. (2016). Situative Unterschiede der Interaktionsqualität im Verlauf des Kindergartenalltags. Frühe Bildung, 5(4), 206-213.

Kapitel 2: »Was passiert denn hier?« – Alltagsintegrierte sprachliche Bildung – Professionalisierung und Lerntransfer gestalten

Sarah Girlich & Christine Steinmetzer

Im Rahmen der Bund-Länder-Initiative »Bildung durch Sprache und Schrift« (BiSS) schließen sich unterschiedliche Bildungseinrichtungen zu Verbünden zusammen. Ziel ist es, Konzepte zur sprachlichen Bildung und Förderung gemeinsam zu erproben und weiterzuentwickeln. Der sächsische Kita-Verbund der Kindertageseinrichtungen des AfJFB (Amt für Jugend, Familie und Bildung) Leipzig arbeitet zusammen mit dem LakoS (Landeskompetenzzentrum zur Sprachförderung an Kindertageseinrichtungen in Sachsen) an dem Schwerpunkt »gezielte alltagsintegrierte Sprachbildung«.

Im Verbund werden u. a. Strategien zur alltagsintegrierten sprachlichen Bildung in Form einer Professionalisierungsmaßnahme an pädagogische Fachkräfte vermittelt, in den Kitas erprobt und im Nachhinein reflektiert. Im Beitrag wird beispielhaft die konzeptuelle Entwicklung und Vermittlung eines Curriculums zur alltagsintegrierten sprachlichen Bildung dargestellt. Bei der Entwicklung des Curriculums wurde darauf geachtet, die »Transferlücke« zwischen Fortbildung und dem Arbeitsalltag der pädagogischen Fachkräfte zu schließen, um die Nachhaltigkeit des Themas sowohl auf Ebene der Fachkräfte als auch in den Einrichtungen zu gewährleisten. Dabei wurde sich auf kompetenzorientierte Professionalisierungsmaßnahmen (Fröhlich-Gildhoff, Nentwig-Gesemann & Pietsch, 2011) und evidenzbasierte Transferfaktoren (Grossman & Salas, 2011) gestützt. Neben der Vermittlung des Fachwissens zur alltagsintegrierten Sprachbildungsarbeit und der Erweiterung und Festigung von vorhandenen Kompetenzen wurde der Transfer in den Arbeitsalltag u. a. durch geschaffene Ressourcen zur Bearbeitung (z. B. kinderfreie Verfügungszeit sowie Sachmittel für Technik und Material), Praxisaufträge und anschließende einrichtungsübergreifende Gelegenheiten zum Praxisaustausch gesichert.

Einleitung

Stellen Sie sich vor, Sie sind Wissenschaftlerin oder Wissenschaftler und möchten eine Ihnen völlig unbekannte Sprache erforschen. Hierfür begeben Sie sich in die Lebenswelt der Sprecher dieser Sprache und beobachten alle nonverbalen und verbalen Äußerungen. Plötzlich läuft ein Hase an Ihnen vorbei und alle um Sie herum rufen: »Gavagai«. Was könnte dieses Wort bedeuten? Vielleicht ist es sogar ein Satz? Ist es ein Teil des Hasen oder vielleicht heißt es auch »Schau mal!«? Könnte es »hüpfen« oder gar »Heute um zwölf gibt es Spaghetti!« bedeuten? Die Zahl der Bedeutungsmöglichkeiten scheint unbegrenzt.

Dieses an Quine (1960) angelehnte Gedankenexperiment soll ein kurzes Gefühl vermitteln, wie es Kindern beim Erwerb einer Sprache ergehen muss. Obwohl nicht alle sprachlichen Äußerungen immer eindeutig sind, müssen die Kinder dennoch herausfinden, was diese Lautkombinationen bedeuten. Selbst wenn Sie als »Forscherin bzw. Forscher« Ihr Wissen um die eigene Sprache mitbringen, kann dies eine Herausforderung sein. Kinder scheinen in den frühen Lebensjahren keine Probleme zu haben, Sprache(n) zu erwerben. Scheinbar mühelos werden aus dem »Sprachstrom« anderer Personen einzelne Phoneme (Laute der Sprache) herausgehört und auf allen linguistischen Ebenen Strategien gefunden, um die Umgebungssprache zu verstehen und selbst zu sprechen.

Was genau während des kindlichen Spracherwerbs geschieht, wird in der Spracherwerbsforschung in unzähligen Studien untersucht. In den letzten Jahrzehnten haben sich auf theoretischer Ebene zwei Hauptansätze hervorgetan. Der nativistisch/generativistische Ansatz (u.a. Chomsky 1986, 1988) und der konstruktivistisch/usage-based Ansatz (u.a. Tomasello 2000, 2003). Im Rahmen des hier vorgestellten Konzeptes wurde in der Arbeit mit den pädagogischen Fachkräften ein eher konstruktivistischer Ansatz verfolgt. In diesem wird (im Gegensatz zum nativistischen Ansatz) nicht davon ausgegangen, dass Kinder ein angeborenes Wissen um grammatikalische Kategorien, wie bspw. das Verb, haben. Im konstruktivistischen Denken erwerben Kinder Sprache und solche grammatikalischen Kategorien erst durch das Generalisieren, d.h. Verallgemeinern, der gehörten Sprache, die sie umgibt. An dieser Stelle wird deutlich, wie wichtig der sprachliche Input des Umfeldes für den Spracherwerb der Kinder ist. Spracherwerb wird hier zusammen mit der kognitiven Entwicklung gesehen. Auch der Drang der Kinder selbst nach Kommunikation, und danach, andere verstehen zu wollen und sich selbst auszudrücken, formt die Sprachentwicklung der Kinder (u.a. Tomasello, 2003).

Der Zusammenhang zwischen sprachlichem Input und der Sprachentwicklung der Kinder gibt pädagogischen Fachkräften die Möglichkeit, durch ihr eigenes sprachliches Handeln die Entwicklung der Kinder mit zu beeinflussen. Hierbei steht nicht nur die Quantität der sprachlichen Äußerungen im Vordergrund, sondern vor allem die Qualität des sprachlichen Angebots und der sprachlichen Interaktionen zwischen Kind und Fachkraft. Durch Qualifizierungs- und Fortbildungsmaßnahmen können Fachkräfte an ihren vorhandenen Kompetenzen ansetzen und die Interaktionsqualität zwischen Fachkraft und Kind beispielsweise mit Hilfe sprachbildender und -förderlicher Strategien verbessern.

Um eine Veränderung im (professionellen) Handeln zu erwirken, reicht es nicht, die jeweiligen Methoden und Strategien nur theoretisch zu vermitteln und auf einen Übertrag in den Alltag zu hoffen. Es stellt sich die Frage, welche Bedingungen und Faktoren erfüllt sein müssen, um einen Transfer von in Fortbildungen vermitteltem Wissen und Kompetenzen in den Arbeitsalltag der Fachkräfte stattfinden zu lassen

(Grossman & Salas, 2011). Ziel des hier vorgestellten Konzeptes war es u. a., diese Transferlücke durch den Einbezug der konkreten Arbeitswelt der pädagogischen Fachkräfte zu schließen.

1 Die Konzeption eines Curriculums zur sprachlichen Bildung

Zur Umsetzung des Konzepts der alltagsintegrierten sprachlichen Bildung in den Kindertageseinrichtungen des sächsischen Verbundes entschieden sich die Koordinatorinnen des LakoS gemeinsam mit dem Träger der Einrichtungen zur Professionalisierung ausgewählter pädagogischer Fachkräfte aus den teilnehmenden Kindertageseinrichtungen durch ein Fortbildungscurriculum. Maßgeblich für die konzeptuelle und inhaltliche Erarbeitung des Curriculums war es, kompetenzorientierte Module im Bereich alltagsintegrierter sprachlicher Bildung und ausgewählter Schnittstellen (u. a. Zusammenarbeit mit Familien, Besonderheiten mehrsprachigen Aufwachsens, Vorstellen ausgewählter Sprachstörungen im Kindesalter) zu entwickeln. Die Fortbildung sollte auf die jeweiligen Handlungsanforderungen, die im Alltag auf die Fachkräfte warten, ausgerichtet sein. Leitend war dabei das Ziel, pädagogische Fachkräfte zu unterstützen und anzuleiten, ihr neu erworbenes Fachwissen und die vermittelten Kompetenzen dauerhaft, sicher und gezielt in ihr pädagogisches Handeln im Arbeitsalltag zu übertragen und zu reflektieren. Aus diesem Grund wurde ein Schwerpunkt bei der Gestaltung der Module auf unterschiedliche Möglichkeiten des Lerntransfers (also der Übertragung der Fortbildungsinhalte auf den Kita-Alltag) und der Implementierung des Erlernten in die pädagogische Praxis gelegt.

1.1 Ziele

Die Sicherung und Weiterentwicklung von Qualitätsstandards in den Kindertageseinrichtungen sind im § 22a Sozialgesetzbuch (SGB VIII, 2017) geregelt und liegen im Verantwortungsbereich der Träger der freien Jugendhilfe. Konkret für das Land Sachsen, formuliert im Gesetz über Kindertageseinrichtungen (SächsKitaG, 2009, online-Quelle ohne Seitenangaben), heißt es im § 21 Abs. 1: »Die Qualität der Arbeit in den Einrichtungen wird durch die Träger mittels geeigneter Maßnahmen sichergestellt und weiterentwickelt. Die Qualitätssicherung soll in den Konzeptionen festgeschrieben werden.« Um diesem Auftrag gerecht zu werden, wurde der Verbund des Amtes für Jugend, Familie und Bildung der Stadt Leipzig mit dem übergeordneten Ziel gegründet, geeignete Maßnahmen zur nachhaltigen Implementierung von Fachwissen und Kompetenzen im Bereich der alltagsintegrierten sprachlichen Bildung zu erproben und daraus Rückschlüsse für die Qualitätsentwicklung und -sicherung sowie für die Konzeptionsarbeit zu ziehen.

Ebene der Institution

In Sachsen wurde im Rahmen des Landesmodellprojekts Sprache fördern (2007-2011) ein Curriculum zur Schulung sächsischer Fachkräfte in Schwerpunkt-Kitas »Sprache und Integration« entwickelt. Auf Basis dieses Curriculums erarbeitete das *Landeskompetenzzentrum zur Sprachförderung an Kindertageseinrichtungen in Sachsen* (LakoS) eine inhaltlich und konzeptionell aktualisierte Modulreihe für die Qualifizierung pädagogischer Fachkräfte aus den Verbundeinrichtungen. Eines der Hauptziele auf institutioneller Ebene war es dabei, Zeiträume für die Implementierungsprozesse zu schaffen, Reflexionsmethoden zur kollegialen Beratung zu vermitteln und Möglichkeiten zu erarbeiten, die einen nachhaltigen Lerntransfer sichern. Aus den im Projektzeitraum gewonnenen Erfahrungen soll eine einrichtungsübergreifende Sprachbildungsstrategie des Trägers entwickelt werden, um auf diese Weise zukünftig weitere Einrichtungen bei der Umsetzung der gezielten Begleitung und Förderung sprachlicher Bildungsprozesse von Kindern unterstützen zu können.

Ebene der Fachkräfte

Im pädagogischen Alltag finden sich unzählige Situationen, in denen Fachkräfte sprachbildend und sprachförderlich tätig werden können. Bei der Curriculumsentwicklung galt es, auf Ebene der pädagogischen Fachkräfte verschiedene Aspekte in den Fokus zu rücken. Zum einen sollten die Fachkräfte in ihren Kompetenzen unterstützt werden, Kommunikations- und Gesprächsanlässe im Alltag zu erkennen und diese sprachbildend und -förderlich auszugestalten. Zum anderen galt es, Kompetenzen aufzubauen und weiterzuentwickeln und die Fachkräfte dabei zu unterstützen, den pädagogischen Alltag mit seinen Aufgaben professionell zu bewältigen. Leitend für die Formulierung konkreter Ziele auf Ebene der pädagogischen Fachkräfte waren bei der Entwicklung des Konzeptes u. a. folgende Fragen:

- Welches fachliche und methodische Wissen benötigen pädagogische Fachkräfte über die sprachliche Entwicklung und kommunikative Bildung von Kindern, um ihr Interaktionshandeln im beruflichen Alltag reflektiert und sprachanregend zu gestalten?
- Welche Fertigkeiten und personalen Kompetenzen müssen erweitert und vertieft werden, um Erlerntes nachhaltig in den pädagogischen Alltag einfließen zu lassen?
- Wie und wann können die Fachkräfte Zeit für den sicheren Transfer dieses Handlungswissens bekommen?

Aus diesen Fragen ergaben sich folgende Zielformulierungen:

- Die Erzieherinnen und Erzieher verfügen über grundlegendes Wissen in den Bereichen Spracherwerb, Beobachtung und Dokumentation der kindlichen Sprachentwicklung, Methoden der alltagsintegrierten sprachlichen Bildung, Mehrsprachigkeit und mehrsprachiges Aufwachsen sowie Erziehungspartnerschaft im Kontext sprachlicher Bildung.

- Die Erzieherinnen und Erzieher sind auf Basis dieses Wissens in der Lage, das Erlernte nachhaltig in den pädagogischen Alltag einfließen zu lassen und ihr sprachpädagogisches Handeln damit zu planen, zu gestalten und zu reflektieren.
- Die Erzieherinnen und Erzieher können über die Schulungsinhalte sowie damit verbundene Methoden der alltagsintegrierten sprachlichen Bildung Auskunft geben und ihr Wissen an Eltern sowie Kolleginnen und Kollegen weitergeben.
- Die Erzieherinnen und Erzieher haben Verfügungszeit im pädagogischen Alltag, um das Gelernte in der Praxis umzusetzen, sich auszutauschen und zu reflektieren.

Ebene der Kinder

Verschiedene Studien haben gezeigt, dass die Qualität und Quantität des sprachlichen Inputs die sprachlichen Fähigkeiten von Kindern beeinflussen (u. a. Huttenlocher, Haight, Bryk, Seltzer & Lyons, 1991; Rowe, 2012). Oft wird im Zusammenhang mit sprachlichen Fähigkeiten vor allem zukünftiger schulischer Erfolg betont. Im Rahmen der Umsetzung des vorliegenden Konzeptes ging es den Beteiligten jedoch vor allem um die Verbesserung der sprachlichen Fähigkeiten, um u. a. einen Grundstein für die Teilhabe, Partizipation und Chancengerechtigkeit schon in den frühen Lebensjahren zu legen.

Das zentrale Element der alltagsintegrierten Sprachbildung, von dem die Kinder in ihrer sprachlichen Entwicklung profitieren, ist der gezielte, an den Sprachstand des Kindes angepasste und reflektierte Einsatz kindgerichteter Sprache durch die pädagogische Fachkraft. Ruberg und Rothweiler (2012) beschreiben Sprachlehrstrategien wie das korrektive Feedback, das Stellen von offenen Fragen, aber auch Erweiterungen und Umformungen kindlicher Äußerungen als wirksame Möglichkeit, die kindliche Sprachentwicklung auf die nächste Entwicklungsstufe zu heben. Um gezielt und reflektiert sprachlich agieren zu können und die nächste Entwicklungsstufe der Kinder zu erkennen, wurden die Fachkräfte im Modul »*Beobachtung und Dokumentation*« zum Einsatz und Umgang mit den Sprachbeobachtungsbögen seldak (*Sprachentwicklung und Literacy bei deutschsprachig aufwachsenden Kindern*, Ulich & Mayr, 2006) und liseb 1 und 2 (*Literacy- und Sprachentwicklung beobachten (bei Kleinkindern)*, Mayr, Kieferle & Schauland, 2014) vertraut gemacht. Die Fähigkeit, die Bögen einzusetzen und sicher auszuwerten, ermöglichte den pädagogischen Fachkräften die passgenaue Planung von Sprachbildungssituationen für die Kinder sowie die Einschätzung, welche Sprachlehrstrategien vorrangig angewendet werden sollten, um das jeweilige Kind bei der Erweiterung seiner sprachlichen Kompetenzen zu unterstützen.

Aufgrund dieser Erkenntnis sowie vom Recht der Kinder auf kommunikative Bildung in der Kindertageseinrichtung (Sächsisches Staatsministerium für Soziales, 2007) ausgehend wurde bei der Konzipierung der Schulungsinhalte unter anderem auf die Vermittlung von Merkmalen kindgerichteter Sprache und deren Einsatzmöglichkeiten im Kita-Alltag geachtet. Um dementsprechend auf die Ebene der

Kinder einzuwirken, ist die Intensivierung und Verbesserung des sprachpädagogischen Handelns der Erzieherin oder des Erziehers erforderlich.

1.2 Theoretische Grundlagen des Konzepts

Empirische Befunde belegen, dass u. a. die Qualität der Fachkraft-Kind-Interaktion ausschlaggebend für die Entwicklungsfortschritte des Kindes ist (u. a. Sylva, Melhuish, Sammons, Siraj-Blatchford & Taggart, 2010). Im frühpädagogischen Kontext finden sich hier vor allem Untersuchungen, die die allgemeine Prozessqualität, Strukturqualität oder die pädagogische Qualität betrachten (u. a. Kammermeyer, Roux & Stuck, 2013; Sylva, Melhuish, Sammons, Siraj-Blatchford & Taggart, 2004; Tietze et al., 2013; Wirts, Wertfein & Wildgruber, 2017).

Evaluationsstudien zu spezifischem Interaktionsverhalten finden sich beispielsweise in einzelnen Interaktionssituationen, wie dem dialogischen Lesen. Whitehurst et al. (1988) haben hierzu verschiedene Techniken entwickelt, die Erwachsene nutzen können, um die frühkindliche Sprachentwicklung zu unterstützen. Positive Evidenzen des dialogischen Lesens wurden mehrfach von anderen Autoren repliziert (u. a. Bus, van Ijzendoorn, & Pellegrini, 1995; Jungmann, Koch & Etzien, 2013).

Girolametto und Weitzman (2002) untersuchten, ob Erzieherinnen und Erzieher sprachförderliche Modellierungstechniken (z. B. korrektives Feedback) nutzen. Der Einsatz dieser Methoden selbst konnte zwar nur wenig belegt werden, jedoch zeigte sich, dass sich das Anwenden dieser Methoden positiv auf die expressive Sprachentwicklung der Kinder auswirkte. Studien aus dem deutschsprachigen Raum konnten deutlich machen, dass geschulte Fachkräfte aufgrund des Einsatzes von Sprachlehrstrategien positiven Einfluss auf sprachliche Teilfähigkeiten (bspw. Wortschatz) der Kinder hatten (Buschmann & Jooss, 2011; Buschmann, Jooss, Simon & Sachse, 2010; Jungmann et al., 2013).

Positive empirische Evidenzen finden sich auch in anderen Formen der Fachkraft-Kind-Interaktion. Sylva et al. (2010) haben in ihrer EPPE-Studie das »sustained shared thinking« (Siraj-Blatchford, 2009) als eine u. a. für die Sprachentwicklung des Kindes förderliche Interaktionsform festmachen können. Neben den Strategien und Methoden der alltagsintegrierten sprachlichen Bildung ist die Häufigkeit der verbalen Interaktion zwischen einer Erzieherin bzw. einem Erzieher und einem Kind (mehrere sprachliche Wechsel, z. B. Kind-Erzieher-Kind-Erzieher-Kind), eine hohe Beziehungsqualität und hochwertige Lernunterstützung ausschlaggebend für erfolgreiche Interaktionsprozesse bzw. für die Interaktionsqualität (Wirts et al., 2017). Im Rahmen der BIKE-Studie zur Interaktionsqualität im Kita-Alltag konnte gezeigt werden, dass pädagogische Fachkräfte qualitativ gute Werte in den Bereichen »Emotionale Unterstützung« und »Organisation des Kita-Alltags« erreichen und hier wichtige Grundsteine für eine hochwertige Interaktionsqualität gelegt sind. Im Bereich der »Lernunterstützung« weisen die untersuchten Dimensionen jedoch niedrigere Werte auf und der untersuchte Aspekt der Unterstützung sprachlichen Lernens wird durch ein niedriges mittleres Qualitätsniveau abgebildet (Wirts et al., 2017). Hieraus leitet sich u. a. ein Verbesserungsbedarf der Interaktionsqualität pädagogischer Fachkräfte ab. Die verbesserte Wahrnehmung von Bildungspotenzialen im Alltag stellen Wirts et al. (2017) als wichtige Qualifizierungsziele von Professionalisierungsmaßnahmen fest.

Damit das theoretische Konstrukt der »alltagsintegrierten sprachlichen Bildung« mit seinen verschiedenen Umsetzungsmethoden in die pädagogische Arbeit und den pädagogischen Alltag einfließen kann, bedarf es aus Sicht der Konzeption einer Professionalisierungsmaßnahme Überlegungen, wie ein Transfer von Theorie in Praxis stattfinden kann. Grossman und Salas (2011) haben in Anlehnung an Baldwin und Ford (1988) ein Transfermodell auf Grundlage evidenzbasierter Faktoren erstellt. Diese Faktoren zeigten sich laut Grossmann und Salas (2011) in einer Vielzahl an Studien als besonders ausschlaggebend für einen erfolgreichen Transfer. Das Modell unterscheidet zunächst drei Kategorien: Teilnehmerinnen- und Teilnehmercharakteristik, Trainingsdesign und Arbeitsumfeld. So beeinflussen die Teilnehmenden den Transfererfolg z. B. durch ihre Motivation, ihre kognitiven Fähigkeiten und ihre Wahrnehmung des Nutzens dieser Fortbildung. Das Design und die Vermittlung des Trainings beeinflussen das Lernen und Erwerben einzelner Fähigkeiten der Fachkräfte. Dazu gehört neben dem methodisch-didaktischen Vorgehen u. a. auch, dass realistische Übungsumgebungen geboten werden und ein »Fehlermanagement« existiert. Ein weiteres wichtiges Element ist das Arbeitsumfeld bzw. die Arbeitsumgebung. Selbst die motiviertesten Teilnehmerinnen und Teilnehmer, die mit einem gut ausgearbeiteten Konzept qualifiziert werden, können nur in bestimmten Rahmenbedingungen ihre erworbenen und erweiterten Kompetenzen einsetzen. Zu den bedeutendsten Faktoren des Arbeitsumfeldes zählen das Transferklima, die Unterstützung durch andere Teammitglieder, Leitung und/oder Träger, die Möglichkeit für die Fachkräfte, ihr erworbenes Wissen im Alltag anzuwenden, und Aspekte von sog. Follow-up-Anstrengungen (zusätzliche Lernmöglichkeiten nach der Fortbildung, durch z. B. nachfolgende Reflexionsgelegenheiten, Feedback, Einsatz von Arbeitshilfsmitteln).

Die Gesamtergebnisse zum Erfolg der verschiedenen alltagsintegrierten Sprachbildungsmethoden, kompetenzorientierte Professionalisierungsmodelle, die die Qualifizierung pädagogischer Fachkräfte in den Mittelpunkt stellen (u. a. Fröhlich-Gildhoff et al. 2011), sowie ein Modell aus der Transferforschung haben die Entwicklung des im folgenden Abschnitt vorgestellten Curriculums beeinflusst.

2 Umsetzung des Fortbildungskonzepts

Zur Professionalisierung der pädagogischen Fachkräfte wurde ein Curriculum, bestehend aus *sechs Modulen* und einem *Praxisworkshop*, sowie daran anschließende *Fachgespräche* konzipiert. Von April 2014 bis April 2016 wurde das in Tabelle 2.1 dargestellte Curriculum durch die Koordinatorinnen und den Koordinator, die die Arbeit des Verbundes in Sachsen begleiten, geschult. Im November 2015 startete ein zweiter Durchlauf mit drei weiteren Kindertageseinrichtungen des

Trägers. Jedes Modul umfasste sechs Zeitstunden (acht Unterrichtseinheiten). Inputvorträge, Gruppenarbeiten, Reflexionsrunden und Übungen bereiteten dabei die Fachkräfte darauf vor, den Schwerpunkt *»gezielte alltagsintegrierte sprachliche Bildung«* in den Einrichtungen umzusetzen. Zu jedem Modul gehörte außerdem eine thematisch anknüpfende Praxisaufgabe, welche im Anschluss an die Schulung und bis zum nächsten Termin im pädagogischen Alltag umgesetzt werden sollte. Die Zeiträume zwischen den Modulen dienten dem praktischen Erproben des Erlernten sowie dem Austausch über die Inhalte mit den Kolleginnen und Kollegen aus der Teilnehmergruppe und denen, die nicht am Curriculum teilnahmen.

Tab. 2.1: Übersicht des Fortbildungscurriculums

Modul 1 **Spracherwerb**	• Inhaltsübersicht • Voraussetzungen des Spracherwerbs • Meilensteine der Sprachentwicklung in den sprachlichen Ebenen Phonetik/Phonologie, Lexik/Semantik, Grammatik und Pragmatik
Modul 2 **Beobachtung und Dokumentation des kindlichen Spracherwerbs**	• Vorstellen und Arbeiten mit unterschiedlichen Sprachbeobachtungsinstrumenten • Analyse und Interpretation von Beobachtungen sowie Ableiten pädagogischer Handlungsschritte (vgl. Abschnitt 1, Ebene der Kinder)
Modul 3 **Methoden der alltagsintegrierten sprachlichen Bildung I**	• Kommunikative Grundhaltung • Gestaltung von Dialog- und Kommunikationssituationen • Sprachförderpotenziale im Alltag erkennen und nutzen
Modul 4 **Methoden der alltagsintegrierten sprachlichen Bildung II**	• Literacy im Kita-Alltag • Dialogisches Lesen • Erzählen und Philosophieren mit Kindern
Modul 5 **Mehrsprachigkeit**	• Verlauf des Zweitspracherwerbs • Methoden der alltagsintegrierten sprachlichen Bildung im Kontext mehrsprachigen Aufwachsens • Grundlagen interkultureller Handlungskompetenzen pädagogischer Fachkräfte
Modul 6 **Erziehungspartnerschaft im Kontext sprachlicher Bildung**	• Möglichkeiten von Elterngesprächen im Kontext sprachlicher Bildung • Möglichkeiten der Partizipation von Familien im Kita-Alltag • Möglichkeiten der Beratung zu und des Transfers von Methoden der Sprachbildung ins Elternhaus

Ein ergänzender *Praxisworkshop* (vier Unterrichtseinheiten), gefüllt mit weiteren praktischen Methoden und Spielen zur Sprachförderung für den Kita-Alltag, bot den Teilnehmenden die Möglichkeit des Wiederholens und Vertiefens der Module 1, 3 und 4. Im Workshop waren die Fachkräfte insbesondere angehalten, sich darüber auszutauschen, welche Methoden unter welchen Umständen bereits Eingang in den pädagogischen Alltag gefunden hatten. So wurden in dieser Veranstaltung Materialien gezeigt und ausgetauscht, erste selbstgemachte Geschichtensäckchen sowie neue Sprach- und Bewegungsspiele untereinander vorgestellt und ausprobiert. Die Koordinatorinnen moderierten diesen Austausch und stellten vertiefend immer wieder Rückbezüge zum Ablauf der sprachlichen Entwicklung von Kindern sowie den theoretischen Hintergründen her.

2.1 Struktureller Rahmen: Kooperation der Einrichtungen

Für die Gründung des Verbundes wurden zunächst die Leiterinnen aus drei Kindertageseinrichtungen des Trägers über Ziele und Inhalte der Initiative »Bildung durch Sprache und Schrift (BiSS)« informiert und um Teilnahme gebeten. Aus Ressourcengründen (Größe der fortzubildenden Gruppe und Aufrechterhaltung des laufenden Kitabetriebes) wurden sieben Kolleginnen und Kollegen aus jedem Team ausgewählt. Kriterien für die Auswahl waren sowohl persönliches Interesse an den Inhalten als auch der Einsatz der pädagogischen Fachkräfte in den jeweiligen Gruppen. Letzteres spielte im Hinblick auf den Transfer eine wichtige Rolle, da somit gewährleistet werden konnte, dass aus jeder Gruppe oder jedem Trakt eine Vertreterin oder ein Vertreter die Inhalte des Curriculums und Praxisaufträge multiplizieren konnte. Bedingt durch die unterschiedlichen Einrichtungsgrößen nahmen aus der kleinsten Einrichtung alle Fachkräfte teil, aus der größten ein Drittel der Mitarbeitenden. Die Leiterinnen der Kindertageseinrichtungen nahmen an allen Modulen des in Abschnitt 2 dargestellten Curriculums teil und koordinierten die zeitlichen Rahmenbedingungen für die Schulung in den Dienstplänen. Die Arbeit im Verbund wurde zudem vom Sächsischen Staatsministerium für Kultus durch Sachmittel unterstützt.

Um Schließtage in den Einrichtungen zu vermeiden und die Personalsituation unter der Woche nicht zu belasten, fanden alle Fortbildungen an Samstagen statt. Die Teilnehmenden aus den Teams wurden gemeinsam geschult, wobei jede Einrichtung abwechselnd Gastgeber war. Auf diese Weise war die Basis für den Transfer in die eigenen Einrichtungen gelegt und es wurde ein einrichtungsübergreifender Fachaustausch geschaffen, bei dem die Kolleginnen und Kollegen die Möglichkeit hatten, direkt voneinander zu lernen und Beispiele aus der Umsetzungspraxis der anderen in das eigene Repertoire mit aufzunehmen. Um den Austausch der Fachkräfte untereinander auch über die Fortbildungsreihe hinaus weiter zu ermöglichen, wurden moderierte Gesprächsrunden in kleineren Gruppen (fünf bis sieben Fachkräfte aus zwei unterschiedlichen Einrichtungen) angeboten.

2.2 Werkzeugbeispiele zur praxisnahen Umsetzung der Fortbildungsinhalte

Hauptwerkzeug zum Erreichen der Ziele waren die fachlich-methodischen Inhalte des oben beschriebenen Curriculums. Eine zentrale Rolle auf Fachkraftebene spielten dabei die vorbereiteten Praxisaufträge. Für diese wurden vielfältige Aufgabenstellungen und Materialien genutzt, um den pädagogischen Fachkräften den Lerntransfer zu erleichtern. Aber auch die vom Träger zur Verfügung gestellte Zeit von vier Zeitstunden pro Praxisauftrag trug maßgeblich zur Zielerreichung bei, da es in Sachsen keine gesetzlich festgeschriebenen Zeitkontingente für mittelbare pädagogische Tätigkeiten, wie u. a. das Vor- und Nachbereiten, pädagogische Beratungen oder Reflexionszeiten gibt. Werden diese Zeiten nicht verbindlich verankert, steigt die Wahrscheinlichkeit, dass die mittelbaren pädagogischen Tätigkeiten in der Freizeit, in den Pausen oder während der Arbeit in der Gruppe verrichtet werden (Viernickel, Nentwig-Gesemann, Nicolai, Schwarz & Zenker, 2013), was zu einer Verschlechterung der Fachkraft-Kind-Relation führt. Diese wiederum hat nachweislich Einfluss auf die Qualität pädagogischer Prozesse (Viernickel, Fuchs-Rechlin, Strehmel, Preissing, Bensel & Haug-Schnabel, 2016).

Erfassung von Ausgangslagen und Veränderungen im Handeln der Fachkräfte

Ausgangspunkt für alle teilnehmenden Einrichtungen war zunächst eine kritische Auseinandersetzung mit den Einrichtungskonzeptionen, insbesondere im Schwerpunkt sprachliche Bildung. Unterstützend wurden dafür die Checklisten zum Bildungsbereich *Kommunikative Bildung* des Nationalen Kriterienkatalogs (Tietze & Viernickel, 2013) zur Erstellung eines Ist-Standes zur Qualität sprachlicher Bildung in den Einrichtungen verwendet. Auf diese Weise konnten Schwerpunkte aus den Teams während der Fortbildung in das Curriculum einfließen und konkrete Fragestellungen der Teilnehmenden im Verlauf thematisiert werden.

Im Anschluss an die Fortbildungsmodule wurden mittels eines Fragebogens (wahlweise online oder papiergebunden) Ergebnisse und Meinungen zu den Inhalten und Abläufen des Curriculums gesammelt. Dies diente vor allem einer internen Evaluation, um diese Ergebnisse in zukünftige Entwicklungen einfließen zu lassen. Als Teil einer externen Evaluation durch das *Staatsinstitut für Frühpädagogik* (ifp) wurde u. a. Verbünden auch der sächsische Verbund ausgewählt. Mit Hilfe einer formativen Prozessevaluation sollten die Einrichtungen bei der Qualitätsentwicklung unterstützt werden. Hierbei wurde ebenfalls untersucht, wie sich die Umsetzungsqualität sprachlichen Handelns durch die Qualifizierung der pädagogischen Fachkräfte verändert hat.

Sprachliche Bildung/Förderung/Leseförderung

Grundsätzlich sind die pädagogischen Fachkräfte und deren Agieren als sprachliches Vorbild ein Motor für die sprachliche Entwicklung der Kinder. Um die Fachkräfte in dieser wichtigen Aufgabe zu unterstützen, kann es hilfreich sein, ihre Arbeit durch Materialien zu erleichtern. Ziel war es hier vor allem, handlungsrelevante Tools anzubieten, die dem pädagogischen Alltag entsprechend einsetzbar sind. Für die Aktivierung und Steigerung der sprachlichen Kompetenzen der Kinder auf semantisch-lexikalischer, morphologisch-syntaktischer sowie pragmatischer Ebene wurden den pädagogischen Fachkräften verschiedene Werkzeuge für die sprachpädagogische Arbeit im Kita-Alltag vorgestellt, die im Folgenden exemplarisch aufgeführt werden:

- Beobachtungsbögen zur kindlichen Sprach- und Kommunikationsentwicklung (Ulich & Mayr, 2006; Mayr, Kieferle & Schauland, 2014)
- Dialogisches Lesen (Whitehurst & Lonigan, 1988; Steinmetzer, 2017)
- Gestalten und Einsatz von Geschichtensäckchen in Krippe und Kindergarten (Bostelmann, 2009)
- Philosophieren mit Kindern (u. a. Zeitler, 2012)
- Handreichung *Erlebte Bücher* (INSKOM, 2015, 2016)
- Elterninfoblatt zur *Mehrsprachigkeit in der Familie*, in 16 Sprachen (LakoS, 2015)
- Schulungshandouts mit konkreten alltagstauglichen Wahrnehmungs-, Sprach- und Bewegungsspielen zur Unterstützung der Sprachebenen *Phonetik/Phonologie – Lexik/Semantik – Syntax/Morphologie – Pragmatik* sowie einer kurzen theoretischen Einführung zu den einzelnen Ebenen als Hilfe für den Lerntransfer (Steinmetzer, Jurleta & Girlich, internes Material)

Kasten 2.1: Auszug aus dem Handout zum Praxisworkshop

Phonetik und Phonologie

Ziel im Bereich der Phonetik/Phonologie ist es, zum einen die phonologische Bewusstheit (Erkennen von sprachlichen Strukturen, Reimen, Wortlängen differenzieren, Laute hören, Silben klatschen etc.) zu fördern, zum anderen spielerisch Aktivitäten zur Mundmotorik anzubieten, um den Sprechwerkzeugen vielfältige Bewegungserfahrungen zu ermöglichen. Spiele zur Lautwahrnehmung sind ebenfalls hilfreich und können die Lautproduktion unterstützen (Iven, 2010).
Auditive Wahrnehmung – Umsetzungsbeispiel

- Am Fenster wird gehorcht, welche Geräusche draußen zu hören sind. Die Erzieherin notiert die Antworten der Kinder. Anschließend kann z. B. ein Buch über die Stadt angesehen werden. Sind die gehörten Dinge auch im Buch zu finden?
- Im Raum wird ein tickender Kurzzeitwecker versteckt. Wenn er klingelt, müssen die Kinder dem Geräusch folgen und ihn finden. Steigerung: Die Kinder sollen dem Ticken folgen und den Wecker finden, bevor er klingelt.

Unter Einsatz eines von LakoS (2016) entwickelten Posters zur »Alltagsintegrierten sprachlichen Bildung in der Kita« reflektierten die Teams während der Fortbildung individuell, welche Situationen konkret in ihrem Alltag geeignet sind, um gezielt die Sprachlehrstrategien anzuwenden. In einzelnen Einrichtungen fand dieses Poster Einzug in die Besprechungsräume und dient zum einen der Erinnerung für die Fachkräfte, zum anderen wird es im Rahmen der Elternarbeit zur Verdeutlichung der sprachpädagogischen Arbeit in der Einrichtung genutzt.

3 Überprüfung der Umsetzung

Die Überprüfung der Umsetzung fand auf unterschiedlichen Ebenen und zu unterschiedlichen Fragestellungen während des gesamten Qualifizierungsprozesses statt. Dazu gehörten unter anderem die fortlaufende Reflexion der in Abschnitt 1.1 dieses Kapitels beschriebenen Ziele, Maßnahmen der Selbstevaluation auf Einrichtungsebene, Zeit- und Aufgabendokumentationen und die Arbeit mit einem Qualitätszirkel auf Fachkraftebene (Praxisteil in Abschnitt 4 dieses Kapitels) sowie eine interne Fragebogenerhebung durch das LakoS zur Evaluation der Curriculumsinhalte und -umsetzungen.

Im Folgenden werden exemplarisch Merkmale und Veränderungen beschrieben, die die unterschiedlichen Akteure als Erfolg für ihre Arbeit werteten. Auf institutioneller Ebene standen Themen wie das Schaffen von Zeiträumen für Implementierungsprozesse, die Vermittlung von Reflexionsmethoden zur kollegialen Beratung und die Erarbeitung von Möglichkeiten, einen nachhaltigen Lerntransfer zu sichern, im Vordergrund. Die dafür nötigen Strukturen konnten geschaffen werden. Für die vom Träger anvisierte Sprachbildungsstrategie für alle Einrichtungen wird das Zeitkonzept, Fortbildungsstunden für den Lerntransfer zu nutzen, geprüft. Durch den in der Fortbildung geschärften Blick auf eine sprachanregende Lernumgebung wurden das Materialangebot in den Einrichtungen überprüft, Bücherecken neu gestaltet und Literacy-Bereiche eingerichtet.

Aus der internen Evaluation (Online und postalischer Fragebogen, N = 31 Fachkräfte) konnten vereinzelt Erkenntnisse zum Erfolg der Arbeit gewonnen werden. So fühlte sich der Großteil der Teilnehmerinnen und Teilnehmer in der Lage, die erworbenen Kenntnisse im beruflichen Alltag anzuwenden. Die selbst eingeschätzten Kompetenzen nach der Fortbildung wurden im Vergleich zu den vorherigen Kompetenzen in den Bereichen »Wissen um die Sprachentwicklung«, »Beobachtung und Dokumentation« und »Methoden der alltagsintegrierten sprachlichen Bildung« als besser eingeschätzt. Auch die angesetzte Umsetzungszeit für die Praxisaufgabe war aus Sicht der Teilnehmerinnen und Teilnehmer gut gewählt und wurde größtenteils als ausreichend empfunden. Ebenso wurden die verschiedenen Tools und Materialien als hilfreich eingeschätzt und ein weiterer Einsatz einzelner Materialien bestätigt. Was jedoch beispielsweise die zeitnahe Möglichkeit der Umsetzung des Gelernten, die Erfüllung der Praxisaufgabe und den Austausch mit den Kolleginnen und Kollegen im Arbeitsalltag betraf, so wurde ein sehr heterogenes Bild deutlich, welches in einzelnen Rückmeldungen die unterschiedlichen Einrichtungen widerspiegelte. Generell wurde durch die interne Evaluation festgestellt, dass Personalmangel und fehlende zeitliche Ressourcen als die Hauptprobleme in der Umsetzung der Bildungsarbeit gesehen werden.

Auf Ebene der Fachkräfte war es u. a. Ziel, grundlegendes Wissen im Bereich der Sprachentwicklung und sprachlichen Bildung zu vermitteln. Auf Basis dieses Wissens sollte dann das sprachpädagogische Handeln geplant, gestaltet und reflektiert werden. Damit verbunden war das Ziel, über Methoden der gezielten alltagsintegrierten sprachlichen Bildung Auskunft geben zu können, diese anzuwenden und das Wissen an Eltern sowie Kolleginnen und Kollegen weiterzugeben. In den moderierten Gesprächsrunden und den Praxisbesuchen konnte festgestellt werden, dass die Kolleginnen und Kollegen für ihre Ausführungen und Beobachtungen den vermittelten Fachwortschatz verwendeten und ihr vormals intuitives Sprachhandeln an vielen Stellen reflektiert einsetzten. Selbstevaluationsprozesse, wie der zeiteffiziente und regelmäßige Einsatz von Sprachbeobachtungsbögen, sowie das Setzen und Bearbeiten von Individualzielen auf Basis eines Qualitätszirkels wurden angeschoben. Insgesamt meldeten die Kolleginnen und Kollegen mehr Sicherheit bei der Sprachbeobachtung sowie beim Führen von Elterngesprächen im Schwerpunkt *sprachliche Bildung* durch ihr neu erworbenes Wissen zurück. Auch das Planen und Umsetzen konkreter Methoden (z. B. dialogische Buchbetrachtung oder Philosophieren mit Kindern) konnte verstärkt beobachtet werden.

Daten auf Kindebene wurden zwar in Form von freien Beobachtungen und durch den Einsatz von Beobachtungsbögen erhoben, jedoch nicht, um beispielsweise die Sprachentwicklung bzw. mögliche Verbesserungen der sprachlichen Fähigkeiten der Kinder während und nach der Qualifizierung zu verfolgen. Vielmehr war es Ziel, den Fachkräften die Potenziale des Einsatzes solcher Beobachtungen zu vermitteln und ihnen damit das Wissen um den Sprachstand des jeweiligen Kindes an die Hand zu geben, damit sie ihr sprachbildendes und -förderliches Handeln individuell auf die (sprachlichen) Bedürfnisse des Kindes abstimmen können. Im Rahmen des Fortbildungsmoduls »Beobachtung und Dokumentation« hatten die Fachkräfte die Möglichkeit, verschiedene Beobachtungsbögen (u. a. *liseb 1 und 2: Literacy- und Sprachentwicklung beobachten (bei Kleinkindern),* Mayr, Kieferle & Schauland, 2014, und *seldak*: *Sprachentwicklung und Literacy bei deutschsprachig aufwachsenden Kindern* (Beobachtungsbogen und Begleitheft), Ulich & Mayr, 2006) zu erproben, welche später auch im pädagogischen Alltag zum Einsatz kamen und die für Entwicklungsverbesserungen bei den Kindern im sprachlichen Bereich sprachen. Diese wurden jedoch nicht als Interventionsergebnisse angesehen und genutzt. Aus Einzelrückmeldungen kann an verschiedenen Stellen ein aktiveres Einfordern der Kinder von Umsetzungsmethoden berichtet werden (z. B. Geschichtensack, Buchbetrachtungen), die sich aufgrund einer daraus folgenden höheren Quantität sprachlichen Inputs auch auf die sprachlichen Fähigkeiten der Kinder auswirken können.

4 Fallbeispiel

Im Rahmen der Fortbildung sollte den Teilnehmerinnen und Teilnehmern die Gelegenheit gegeben werden, ihre neu erworbenen Kompetenzen in den eigenen Arbeitsalltag zu transferieren. Dafür wurde das Format des Praxisauftrags gewählt. Die moderierten Gesprächsrunden hatten zum Ziel, individuelle Umsetzungsmöglichkeiten zu entwickeln, voneinander zu lernen und im professionellen Austausch Aspekte der sprachlichen Bildung zu reflektieren. Beide Formate werden im Folgenden beschrieben.

4.1 Praxisauftrag

Neben praxisnahen Beispielen und Erprobungsphasen während der Fortbildung gab es für die pädagogischen Fachkräfte zwischen den jeweiligen Modulen Praxisaufträge. Angelehnt an die verschiedenen Transferfaktoren (vgl. Abschnitt 2) wurden durch Praxisaufträge zum einen realistische Übungsumgebungen geboten, zum anderen die Möglichkeit gegeben, das Gelernte in einem angemessenen Transferklima zu erproben.

Strukturelle Umsetzung

Der Mangel an zeitlichen Ressourcen und Umsetzungsgelegenheiten ist eine der größten Hürden für einen guten Übertrag in den Arbeitsalltag (Clarke, 2002). Bereits während der Konzipierung des Curriculums wurde zusammen mit dem Träger ein gemeinsames Vorgehen besprochen. Die Übertragbarkeit des Qualifizierungskonzepts auf andere Kindertageseinrichtungen ist möglich, da die Ressourcen und Rahmenbedingungen denen aller sächsischen Einrichtungen entsprechen.

Den sächsischen pädagogischen Fachkräften stehen laut Sächsischer Qualifikations- und Fortbildungsverordnung (Sächsisches Staatsministerium für Kultus, 2010) jährlich mindestens 40 Fortbildungsstunden zur Verfügung, welche vom Träger ermöglicht werden und von den Fachkräften wahrgenommen werden sollen. Mit dem Vorhaben, vier Module im Jahr durchzuführen, wären dementsprechend zehn Fortbildungsstunden pro Modul möglich gewesen. Um den Transfer der gelernten Inhalte in den Arbeitsalltag der Fachkräfte jedoch bestmöglich zu gestalten, wurden pro Modul jeweils vier Fortbildungsstunden für den Praxisauftrag vorgesehen. Die Erfüllung der Praxisaufgabe im Alltag ist somit Teil des Fortbildungsstundenkontingents und musste nicht während der Arbeitszeit erfolgen. Den Leiterinnen und Kolleginnen und Kollegen gegenüber wurde dies transparent gemacht, so dass alle organisatorischen Rahmenbedingungen sich danach ausrichteten und für alle Teilnehmenden ein angemessenes Transferklima geschaffen wurde.

Inhaltliche Umsetzung

Der Praxisauftrag bezog sich inhaltlich auf das jeweilige Modul und umfasste ein bis drei Aufgaben. Darunter befand sich u. a. das Lesen von Fachtexten, das Anwenden von Checklisten zur Selbstreflexion, das Beobachten sprachlicher Fähigkeiten und Phänomene, das Anwenden von Materialien und Tools sowie die eigene Erstellung von Materialen oder der gezielte Austausch mit den Kollegen zu einem bestimmten Thema. Abbildung 2.2 stellt exemplarisch einen solchen Praxisauftrag dar, welcher von einem zum nächsten Schulungstermin umzusetzen war.

Kasten 2.2: Beispiel Praxisauftrag »Methoden der alltagsintegrierten sprachlichen Bildung«

Dialogisches Lesen und Erzählen

1. Dialogisches Lesen

Schritt 1: Probieren Sie bewusst in Kleingruppen von drei bis vier Kindern die Methode des Dialogischen Lesens aus. Konzentrieren Sie sich in der Situation immer nur auf eine Sprachförderstrategie und deren Einsatz:

- Gemeinsame Aufmerksamkeit und Führung abgeben
- Korrektives Feedback (mit und ohne Erweiterung)
- Einsatz sprachförderlicher Fragen

Dokumentieren Sie Ihre Erfahrungen stichwortartig.
Schritt 2: Filmen Sie sich (oder lassen Sie sich filmen) beim Dialogischen Lesen mit einer Kindergruppe und analysieren Sie das Video mit Hilfe des beigelegten Beobachtungsbogens auf das Verwenden der erarbeiteten Sprachlehrstrategien.
Schritt 3: Besprechen Sie das Video anhand des Analysebogens mit einer Kollegin oder einem Kollegen.

2. Geschichtensäckchen

Schritt 1: Fertigen Sie allein oder mit einer Kollegin/einem Kollegen ein Geschichtensäckchen an.
Schritt 2: Probieren Sie es mehrfach und in den verschiedenen Varianten mit den Kindern aus.
Schritt 3: Dokumentieren Sie Ihre Beobachtungen zum Kommunikationsverhalten der Kinder. Was verändert sich im Verlauf, wenn die Kinder die Geschichte schon kennen? Entwickeln sie das Thema weiter? Bestehen Sie auf den genauen Wortlaut?
Freiwillig: Bitte bringen Sie zur nächsten Veranstaltung ein Videobeispiel mit.

Ziele der Praxisaufgaben waren die Erprobung und Umsetzung des Erlernten, um somit das theoretische Wissen in Handlungskompetenzen umzuwandeln. Es sollten vorhandene Kompetenzen gestärkt und somit Sicherheit entwickelt werden. Durch Auswertungen und Diskussionen von Ergebnissen und Erfahrungen im gemeinsamen Gespräch sollte sich das Wissen festigen und die Reflexion des eigenen Handelns angeregt werden. Insbesondere die persönliche Reflexion im eigenen Arbeitsalltag, um z. B. Zielformulierungen mit den eigenen Rahmenbedingungen und Ressourcen zu entwickeln, wurde dabei fokussiert.

Praxisaufträge helfen beim Aufdecken von Schwierigkeiten der Realisierung im eigenen Kita-Alltag und fordern ein lösungsorientiertes Vorgehen mit dem Team in der eigenen Einrichtung. Somit werden Teamprozesse angeregt und Qualitätsentwicklungen vorangebracht. Der Transfer von Fortbildungsinhalten ins Team durch den Einbezug von nicht an der Fortbildung beteiligten Teammitgliedern bietet die Möglichkeit einer Wiederholung der Inhalte und Festigung von Kompetenzen, aber auch die Möglichkeit der Fachkräfte, als Expertin oder Experte für die jeweiligen Fortbildungsinhalte aufzutreten und sich so als selbstwirksam zu erleben (Girlich & Jurleta, 2017).

4.2 Praxisaustausch und moderierte Gesprächsrunden

Zur weiteren Unterstützung der Teilnehmenden in Hinblick auf den Lerntransfer der vermittelten Inhalte und Methoden sowie als Plattform für die fachliche Reflexion untereinander wurden im Anschluss an die Module moderierte Gesprächsrunden angeboten. Ziel dieser Runden war es, individuelle Fragen aus den Praxisaufträgen, gelungene Umsetzungsbeispiele, aber auch Stolpersteine zu besprechen und lösungsorientiert zu bearbeiten.

Strukturelle Umsetzung

Die Kolleginnen und Kollegen, die am Curriculum teilgenommen hatten, wurden gemischt und in Gruppen zu je fünf bis sieben Personen eingeteilt. Alternierend, fachlich begleitet, nahmen sie an je vier Gesprächsrunden teil. Da die Einrichtungen in unmittelbarer Nähe zueinander liegen, war es möglich, die Kolleginnen und Kollegen während der Schlaf- und Ruhezeit der Kinder für eineinhalb Stunden aus dem Dienst zu lösen und diesen Freiraum für den Austausch zu nutzen.

Inhaltliche Umsetzung

Der Fokus der beschriebenen Gesprächsrunden veränderte sich im Verlauf hin zu der Überlegung, wie es gelingen kann, bei den täglich sehr vielschichtigen Anforderungen die »Sprachbrille« im Arbeitsalltag aufzubehalten und den Schwerpunkt alltagsintegrierte sprachliche Bildung kleinschrittig, aber kontinuierlich weiterzuentwickeln und nicht aus den Augen zu verlieren. Hierfür war es nötig, ein Tool einzusetzen, welches die pädagogischen Fachkräfte unterstützt, individuelle Ziele zu formulieren, umzusetzen und die gewonnenen Ergebnisse zu sichern. Im Bereich der Qualitätssicherung arbeiten alle Einrichtungen des Trägers regelmäßig mit dem Nationalen Kriterienkatalog (NKK). Das darin von Tietze und Viernickel (2013) beschriebene Sieben-Schritte-Verfahren wurde als Grundlage genutzt, einen Qualitätszirkel zur Umsetzung des Curriculums im Rahmen des sächsischen Kita-Verbundes zu entwickeln. Folgendermaßen wurde dabei vorgegangen:

- *Ist-Stand Analyse:* Die Kolleginnen und Kollegen erhielten eine schriftliche, tabellarische Zusammenfassung aller Module mit Umsetzungsbeispielen zur Erinnerung an das zurückliegende Curriculum. Unter jedem Modul gab es freien Platz, um eigenen Umsetzungsbeispiele zu notieren. Auf diese Weise entstand für alle eine individuelle Beschreibung des Ist-Standes ihrer Arbeit in den Modulschwerpunkten.

- *Zielfindung:* Alle Teilnehmenden erhielten im nächsten Schritt eine Grafik, welche die Schritte vom Finden und Bearbeiten von Zielen bis hin zur Ergebnissicherung visualisierte und erklärte. Anhand der oben beschriebenen Analyse sollten die Teilnehmenden zum nächsten Treffen ein Ziel formulieren.
- *Maßnahmen planen, verabreden und umsetzen:* Anhand des entwickelten Qualitätszirkels arbeiteten die einzelnen Kolleginnen und Kollegen zunächst selbstständig an der Umsetzung ihrer persönlichen Ziele und zogen ggf. die nötige Unterstützung aus dem Kollegium hinzu.
- *Wirkung überprüfen/reflektieren:* Zum nächsten Gesprächskreis wurde der aktuelle Arbeitsstand vorgestellt, diskutiert und unter der Moderation der Koordinatorinnen präzisiert. Auf dieser Basis wurde das Ziel beurteilt und in einer erneuten Arbeitsphase weiter umgesetzt oder ggf. verändert.
- *Ergebnisse sichern:* Die Vorstellung und Auswertung der umgesetzten Ziele fand erneut im Gesprächskreis statt. Fotodokumentationen des Arbeitsprozesses sowie die Vorstellung entstandener Materialien standen dabei im Mittelpunkt des Austauschs.

Im Folgenden wird die Arbeit mit dem Qualitätszirkel am Beispiel einer Kollegin beschrieben. Frau Blunk ist Erzieherin in einer Krippengruppe und arbeitet mit Kindern von ein bis drei Jahren. Angeregt durch das Modul *Methoden der alltagsintegrierten Sprachbildung* gestaltete die Kollegin im Rahmen des Praxisauftrags verschiedene Geschichtensäckchen, die von den Kindern der Gruppe begeistert angenommen wurden. Im Verlauf ihrer pädagogischen Beobachtungen stellte Frau Blunk fest, dass Max und Paul, beide drei Jahre alt, zunehmend weniger Interesse an den Inhalten der Geschichtensäckchen zeigten. Aus dieser Beobachtung heraus entstand ihr individuelles Ziel für den Qualitätszirkel: *Ich entwickle ein Geschichtensäckchen, welches gezielt thematisch und sprachlich an den Bedürfnissen und dem Entwicklungsstand von Max und Paul ansetzt. Die Geschichte soll gemeinsam mit Max und Paul entstehen.* Das Wissen um den sprachlichen Entwicklungsstand der Kinder zog Frau Blunk aus den Sprachbeobachtungen mit dem Sprachentwicklungsbogen liseb 2 (Mayr, Kieferle & Schauland, 2014), der im Curriculum eingeführt wurde. Es folgten Gespräche mit den Kindern darüber, zu welchem Thema eine Geschichte in dem Säckchen entstehen sollte. Die Kinder entschieden sich nach langen Aushandlungsprozessen für das Thema Ritter. Frau Blunk fiel auf, dass ihre ursprüngliche Idee, die Geschichte gemeinsam mit den Kindern zu erfinden, sprachlich sehr anspruchsvoll für die Jungen war. Der Wunsch, thematisch an den Interessen der Kinder anzuknüpfen und damit ihre Begeisterung für das spätere Erzählen ihrer Geschichte zu wecken, blieb federführend. Im moderierten Gesprächskreis wurden unterschiedliche Möglichkeiten diskutiert, wie es gelingen könnte, Max und Paul beim Entstehen der Geschichte sprachlich zu leiten und zu begleiten. Die Idee, zunächst zwei Ritterfiguren in das Geschichtensäckchen zu legen und zu den Protagonisten der Geschichte zu bestimmen, um dann die Geschichte darauf aufbauend mit den Kindern über gezielte Fragen zu entwickeln, wurde von Frau Blunk aufgegriffen. *Was haben die Ritter erlebt?* war die Einstiegsfrage beim nächsten Treffen mit den Jungen. Altersbedingt fiel es Max und Paul sehr schwer, zu dekontextualisieren und die Geschichte zu entwickeln. Eine weitere Vermutung war es, dass die gewählte W-Frage zu komplex für den Alters- und Entwicklungsstand der Kinder war. Frau Blunk leitete auf Basis ihres neu erworbenen Wissens richtig ab, dass für diese Altersgruppe andere Strategien zielführend seien, um die Kinder in die Zone der nächsten Entwicklung zu begleiten, und dass das sprachförderliche Element nicht zwingend ein fertiges Geschichtensäckchen sein muss, sondern der feinfühlige Dialog, sich aufeinander zu beziehen, zuzuhören und den Kindern Raum für die Versprachlichung ihrer Gedanken zu geben, ein ebenso idealer Sprachbildungsmoment ist wie das gemeinsame Erzählen einer Geschichte aus dem Geschichtensack. Statt sich die Inhalte für das Säckchen zu überlegen, zeigten die Jungen sprachlich großes Interesse an den Ritterfiguren selbst, ließen sich deren Ausstattung und Kleidung genau erklären und gaben ihnen final selbst ausgewählte Namen. Frau Blunk filmte dieses gemeinsame Gespräch und nutzte die Aufzeichnungen für die Entwicklungsdokumentation der Kinder.

Dieses Praxisbeispiel zeigt eine Möglichkeit, wie es individuell gelingen kann, Inhalte aus einer Fortbildung in den Alltag zu übertragen, die Umsetzung zu planen, aber auch sensibel Veränderungen wahrzunehmen und zu reflektieren. Der geschärfte Blick für sprachliche Bildungsprozesse von Kindern, die weit über Förderpläne und Sprachstörungen hinausgehen, ist ein Gewinn für alle Akteure im Prozess und nicht zuletzt ein Gewinn für die sprachliche Entwicklung der Kinder in den Kindertageseinrichtungen.

5 Ausblick

In zukünftigen Umsetzungen der Qualifizierungsmaßnahmen sollten die Veränderungen der Sprachentwicklungen der Kinder genauer in den Blick genommen werden, um sich so nicht nur auf andere Forschungsergebnisse aus anderen Settings zu verlassen, sondern die evaluierten theoretischen Befunde in eigenen Settings replizieren zu können. Hier stellt sich spezifischer die Frage, auf welche Kinder beispielsweise eine steigende Interaktionsqualität Auswirkungen hat.

Ein weiterer Punkt, dem sich bisher ebenfalls noch nicht angenommen wurde, sind die jeweiligen Rahmenbedingungen, in denen beispielsweise Follow-up-Anstrengungen oder der Einsatz des erworbenen Wissens zum Zuge kommen. Hier sind vor allem der Personalschlüssel und die jeweiligen Gegebenheiten der Kindertageseinrichtung gemeint, welche nach einer solchen Qualifizierung in jedem Bundesland und sogar bei jedem Träger unterschiedlich sein können.

Qualifizierungsmaßnahmen nicht nur als einmalige Veranstaltungen, sondern als langfristig angelegte Möglichkeiten zur Verbesserung der pädagogischen Arbeit anzusehen, soll weiter im Vordergrund stehen, so dass Erprobungs- und Reflexionsphasen Einzug in die Fortbildungslandschaft erhalten. Um dies zu gewährleisten und die pädagogischen Fachkräfte bei ihrem fachlich-reflexiven Handeln langfristig zu unterstützen, bedarf es einer Prozessbegleitung und Koordinierung, wie sie beispielsweise derzeit durch das LakoS realisiert wird.

Im Rahmen der Überarbeitung des Curriculums finden aktuell Anpassungen sowohl inhaltlicher als auch methodischer Art statt, die auf Grund der gewonnenen Erfahrungen gemacht werden konnten. An dieser Stelle sei noch einmal ausdrücklich den pädagogischen Fachkräften und dem AfJFB Leipzig für die Zusammenarbeit gedankt.

Literatur

Baldwin, T. T. & Ford, K. J. (1988). Transfer of training: A review and directions for future research. *Personnel Psychology, 41*, 63-105.

Bostelmann, A. (Hrsg.) (2009). *Geschichtensäckchen. Material- und Spielanregungen für 1- bis 4-jährige Kinder.* Mühlheim: Verlag an der Ruhr.

Bus, G., van Ijzendoorn, M. H. & Pellegrini, A. D. (1995). Joint book reading makes for success in learning to read: A meta-analysis on intergenerational transmission of literacy. *Review of Educational Research, 65*, 1-21.

Buschmann, A. & Jooss, B. (2011). Alltagsintegrierte Sprachförderung in der Kinderkrippe. Effektivität eines sprachbasierten Interaktionstrainings für pädagogisches Fachpersonal. *Verhaltenstherapie & psychosoziale Praxis, 43*, 303-312.

Buschmann, A., Jooss, B., Simon, S. & Sachse, S. (2010). Alltagsintegrierte Sprachförderung in Krippe und Kindergarten. Das Heidelberger Trainingsprogramm. Ein sprachbasiertes Interaktionstraining für den Frühbereich. *L.O.G.O.S. Interdisziplinär, 18*, 84-95.

Chomsky, N. (1986). *Knowledge of language: Its nature, origin, and use.* New York: Praeger.

Chomsky, N. (1988). *Language and problems of knowledge: The Managua lectures.* Cambridge, MA: MIT Press.

Clarke, N. (2002). Job/work environment factors influencing training effectiveness within a human service agency: some indicative support for Baldwin and Ford's transfer climate construct. *International Journal of Training and Development, 6*, 146-162.

Fröhlich-Gildhoff, K., Nentwig-Gesemann, I. & Pietsch, S. (2011). *Kompetenzorientierung in der Qualifizierung frühpädagogischer Fachkräfte.* München: WiFF/DJI.

Girlich, S. & Jurleta, R. (2017). Sprachliche Bildung – Professionalisierung (sächsischer) pädagogischer Fachkräfte im Elementarbereich. *Praxis Sprache, 2.17*, 69-74.

Girolametto, L. & Weitzman, E. (2002). Responsiveness of child care providers in interactions with toddlers and preschoolers. *Language, Speech, and Hearing Services in Schools, 33*(4), 268-281.

Grossman, R. & Salas, E. (2011). The Transfer of training: what really matters. *International Journal of Training and Development, 15*(2), 103-120.

Huttenlocher, J., Haight, W., Bryk, A., Seltzer, M. & Lyons, T. (1991). Early vocabulary growth: Relation to language input and gender. *Developmental Psychology, 27*(2), 236-248.

Institut für Sprache und Kommunikation in Bildung, Prävention und Rehabilitation (Hrsg.) (2015). Handreichung zum Leseprojekt *Erlebte Bücher.* Verfügbar unter https://www.lakossachsen.de/lakos-materialien/handreichung-erlebte-b%C3%BCücher/ [06.09.2017].

Institut für Sprache und Kommunikation in Bildung, Prävention und Rehabilitation (Hrsg.) (2016). Handreichung zum Leseprojekt Erlebte Bücher. Unterschiedliche Menschen und unterschiedliche Sprachen. Verfügbar unter https://www.lakossachsen.de/lakos-materialien/handreichung-erlebte-b%C3%BCücher-unterschiedliche-menschen-unterschiedliche-sprachen/ [06.09.2017].

Iven, C. (2010). *Aktivitäten zur Sprachförderung.* Troisdorf: Bildungsverlag EINS.

Jungmann, T., Koch, K. & Etzien, M. (2013). Effektivität alltagsintegrierter Sprachförderung bei ein- und zwei- bzw. mehrsprachig aufwachsenden Vorschulkindern. *Frühe Bildung, 2*(3), 110-121.

Kammermeyer, G., Roux, S. & Stuck, A. (2013). *»Was wirkt wie?« – Evaluation von Sprachfördermaßnahmen in Rheinland-Pfalz. Abschlussbericht (März 2013).* Landau: Universität.

LakoS, Landeskompetenzzentrum zur Sprachförderung an Kindertageseinrichtungen in Sachsen (Hrsg.) (2015). *Elterninfoblatt zur Mehrsprachigkeit.* Verfügbar unter https://www.lakossachsen.de/elterninfobriefe-mehrsprachigkeit/ [26.09.2017].

LakoS, Landeskompetenzzentrum zur Sprachförderung an Kindertageseinrichtungen in Sachsen (Hrsg.) (2016). *Poster zur alltagsintegrierten sprachlichen Bildung.* Verfügbar unter https://www.lakossachsen.de [26.09.2017].

Mayr, T., Kieferle, C. & Schauland, N. (2014). *Literacy- und Sprachentwicklung beobachten (bei Kleinkindern).* Freiburg: Herder

Quine, W. (1960). *Word and Object.* Cambridge, MA: Harvard University Press.

Rowe, M. L. (2012). A longitudinal investigation of the role of quantity and quality of child-directed speech in vocabulary development. *Child Development, 83*(5), 1762-1774.

Ruberg, T. & Rothweiler, M. (2012). *Spracherwerb und Sprachförderung in der Kita.* Stuttgart: Kohlhammer.

Sächsisches Staatsministerium für Kultus (Hrsg.). (2010). *Sächsische Qualifikations- und Fortbildungsverordnung pädagogischer Fachkräfte.* Verfügbar unter: https://www.revosax.sachsen.de/vorschrift/11517-Saechsische-Qualifikations-und-Fortbildungsverordnung-paedagogischer-Fachkraefte#p6 [05.01.2018].

Sächsisches Staatsministerium für Soziales (Hrsg.) (2007). *Der Sächsische Bildungsplan – Ein Leitfaden für pädagogische Fachkräfte in Kinderkrippen und Kindergärten.* Weimar, Berlin: verlag das netz.

SächsKitaG (2009). Gesetz über Kindertageseinrichtungen. Verfügbar unter: https://www.revosax.sachsen.de/vorschrift/1079-Gesetz-ueber-Kindertageseinrichtungen#p21 [05.01.2018].

SGB VIII: Das Achte Buch Sozialgesetzbuch – Kinder und Jugendhilfe – Neugefasst durch Bekanntmachung vom 11. September 2012, zuletzt geändert durch Art. 10 Abs. 10 G v. 30.10.2017.

Siraj-Blatchford, I. (2009). Conceptualising progression in the pedagogy of play and sustained shared thinking in early childhood education: a Vygotskian perspective. *Education and Child Psychology, 26,* 2-77.

Steinmetzer, Jurleta & Girlich (2014). Schulungshandouts. Unveröffentlichtes Manuskript/Material. LakoS: Leipzig.

Steinmetzer, C. (2017). Alltagsintegrierte Sprachliche Bildung: Umsetzungsmöglichkeiten am Beispiel des dialogischen Lesens. *Praxis Sprache 2/2017, 91-94.*

Sylva, K., Melhuish, E., Sammons, P., Siraj-Blatchford, I. & Taggart, B. (2004). *The effective provision of pre-school education (EPPE) project: Final Report: A longitudinal study funded by the DfES 1997-2004.* Institute of Education, University of London/Department for Education and Skills/Sure Start.

Sylva, K., Melhuish, E., Sammons, P., Siraj-Blatchford, I. & Taggart, B. (2010). *Early childhood matters: Evidence from the effective pre-school and primary education project.* London: Routledge.

Tietze, W., Becker-Stoll, F., Bensel, J., Eckhardt, A., Haug-Schnabel, G., Kalicki, B., Keller, H. & Leyendecker, B. (Hrsg.) (2013). *Nationale Untersuchung zur Bildung, Betreuung und Erziehung in der frühen Kindheit (NUBBEK).* Weimar, Berlin: verlag das netz.

Tietze, W. & Viernickel, S. (Hrsg.) (2013). *Pädagogische Qualität in Tageseinrichtungen für Kinder. Ein nationaler Kriterienkatalog.* Berlin: Cornelsen.

Tomasello, M. (2000). Do young children have adult syntactic competence? *Cognition, 79,* 209-253.

Tomasello, M. (2003). *Constructing a language: A usage-based theory of language acquisition.* Cambridge, MA: Harvard University Press.

Ulich, M. & Mayr, T. (2006). *Seldak. Sprachentwicklung und Literacy bei deutschsprachig aufwachsenden Kindern.* Freiburg: Herder.

Viernickel, S., Fuchs-Rechlin, K., Strehmel, P., Preissing, C., Bensel, J. & Haug-Schnabel, G. (2016). *Qualität für alle. Wissenschaftlich begründete Standards für Kindertagesbetreuung.* Freiburg: Herder.

Viernickel, S., Nentwig-Gesemann, I., Nicolai, K., Schwarz, S. & Zenker, L. (2013). *Forschungsbericht. Schlüssel zu guter Bildung, Erziehung und Betreuung. Bildungsaufgaben, Zeitkontingente und strukturelle Rahmenbedingungen in Kindertageseinrichtungen.* Berlin. Verfügbar unter: https://www.gew.de/tvoed/sue/hintergrund/studien-schluessel-guter-bildung-anforderungen-und-rahmenbedingungen-der-bildungsarbeit-in-tageseinrichtungen-fuer-kinder/ [01.10.2017].

Whitehurst, G. J., Falco, F. L., Lonigan, C. J., Fischel, J. E., DeBaryshe, B. D., Valdez-Menchaca, M. C. & Caulfield, M. (1988). Accelerating language development through picture book reading. *Developmental Psychology, 24*, 552-558.

Whitehurst, G. J. & Lonigan C. J. (1988). Child development and emergent literacy. *Child Development, 69*, 848-872.

Wirts, C., Wertfein, M. & Wildgruber, A. (2017). Unterstützung kindlicher Kompetenzentwicklung und ihre Bedingungen in Kindertageseinrichtungen: Theorie und Praxis im interdisziplinären Dialog. In M. Wertfein, A. Wildgruber, C. Wirts & F. Becker-Stoll (Hrsg.), *Interaktionen in Kindertageseinrichtungen.* Göttingen: Vandenhoeck & Ruprecht.

Zeitler, K. (2012). *Siehst du die Welt auch so wie ich? Philosophieren in der Kita.* Freiburg: Herder.

Kapitel 3: Verbünde »Qualitätsentwicklung alltagsintegrierter Sprachbildung und -diagnostik in Kitas in Bayern«

Christa Kieferle & Eva Reichert-Garschhammer[1]

Das Kapitel gibt einen Einblick in das vom IFP begleitete BiSS-Verbundvorhaben, das in Bayern in 12 Kindertageseinrichtungen seit 2014 durchgeführt wird. Das dreiphasige Begleitkonzept unterstützt die Teams dabei, die alltagsintegrierte Umsetzung des Bildungsbereichs »Sprache und Literacy« in ihren Einrichtungen zu optimieren.

Die Konzeption des Verbundvorhabens »Qualitätsentwicklung alltagsintegrierter Sprachbildung und -diagnostik« in Bayern ist in erster Linie ein Professionalisierungskonzept für die pädagogischen Fachkräfte, dessen Ziele und Inhalte theoriegeleitet entwickelt wurden. Es ist darauf ausgerichtet, die Fachkräfte zu befähigen, allen Kindern eine optimale sprach- und literacy-anregende Lernumgebung bereitzustellen, das pädagogische Angebot an die individuellen Bedürfnisse der Kinder anzupassen und ihr sprachliches Interaktionsverhalten im Umgang mit den Kindern sowie die Anregung sprachbezogener Interaktionen unter den Kindern zu optimieren. Als Unterstützung der pädagogischen Arbeit und deren qualitative Weiterentwicklung werden strukturierte Instrumente (sog. Tools) genutzt, deren professionelle Handhabung Teil der Qualifizierung ist.

Einleitung

Diesem BiSS-Verbundvorhaben lag der Gedanke zugrunde, dass das Land Bayern in den vergangenen Jahren sehr viele Innovationen im Bereich der sprachlichen Bildung

1 Das Vorhaben »Qualitätsentwicklung alltagsintegrierter Sprachbildung und -diagnostik in Kitas in Bayern« wurde im Rahmen der Bund-Länder-Initiative »Bildung durch Sprache und Schrift« (BiSS) in drei Verbünden, bestehend aus 12 Kitas durchgeführt. Eva Reichert-Garschhammer übernahm für die bayerischen Verbünde die Landeskoordination. Die Verbund-Konzeption wurde vorwiegend von Christa Kieferle erarbeitet, die mit Unterstützung von Andrea Schuster (IFP) auch das Begleitkonzept stetig weiterentwickelte und einen Teil der Fortbildungen durchführte. Andrea Schuster koordinierte die Organisation des Verbundvorhabens und unterstützte die beiden Autorinnen bei ihren Aufgaben als Verbundkoordinatorinnen. Zudem führte sie zusammen mit Claudia Goesmann (IFP) auch viele Fortbildungen vor Ort durch. Ihnen beiden gebührt unser besonderer Dank.

in Kitas angestoßen hat: Implementierung des Bayerischen Bildungs- und Erziehungsplans, systematische Beobachtung und Dokumentation des Sprachstandes mit Sismik/Seldak, Vorkurs Deutsch 240 für Kinder mit zusätzlichem Unterstützungsbedarf bei der (Weiter-)Entwicklung der deutschen Sprache bzw. Bildungssprache. Dazu wurde eine ganze Reihe von Instrumenten entwickelt, um die Fachkräfte dabei zu unterstützen, die Qualität ihrer sprachlichen Bildungsarbeit zu verbessern.

Die Praxis hatte jedoch gezeigt, dass eine kontinuierliche Begleitung der Kindertageseinrichtungen bei ihren Bildungsaufgaben sinnvoll und zum Teil auch notwendig ist. In Bayern wurde deshalb zwischen 2009 und 2012 das wissenschaftlich begleitete Landesprojekt »Sprachberatung« durchgeführt. Das BiSS-Verbundvorhaben »Qualitätsentwicklung alltagsintegrierter Sprachbildung und -diagnostik in Kitas in Bayern« knüpft an diese Erfahrungen an. Ziel dieses Coaching-Ansatzes[2] war die Implementierung von Sprachbildung als durchgängiges Prinzip im pädagogischen Alltag auf der Basis eines kompetenzorientierten, ko-konstruktiven und partizipativen Bildungsverständnisses. Dabei wird unter *alltagsintegrierter sprachlicher Bildung* eine ständige, umfassende und systematische Unterstützung und Begleitung der natürlichen Sprachentwicklung aller Kinder während ihrer gesamten Verweildauer in der Kindertageseinrichtung verstanden.[3]

Alle 12 Kitas der drei bayerischen BiSS-Verbünde zur *Qualitätsentwicklung alltagsintegrierter Sprachbildung und -diagnostik in Kitas* hatten vor Beginn der Bund-Länder-Initiative BiSS 115 Stunden Sprachberatung von einer qualifizierten Sprachberaterin erhalten. Beim Start der BiSS-Verbundarbeit im Jahr 2014 konnte somit davon ausgegangen werden, dass in den Einrichtungen bereits ein Fundament an Expertise zur sprachlichen Bildungsunterstützung der Kinder bestand. Die BiSS-Initiative wurde genutzt, um die bereits vorhandenen Ressourcen zu nutzen, zu ergänzen und weiterzuentwickeln.

1 Die Verbundkonzeption

Die Begleitung der Bildungsprozesse im Bereich Sprache und Literacy ist am effektivsten, wenn sie auf einem verständlichen Ansatz basiert, der allen Aspekten der kindlichen Entwicklung gleiche Aufmerksamkeit widmet (Copple & Bredekamp, 2009; Sylva, Melhuish, Sammons, Siraj-Blatchford & Taggart, 2004): der sozial-emotionalen, der körperlichen, der kognitiven und der sprachlichen Entwicklung. Notwendig dazu sind (vgl. Sylva et al., 2004):

2 Im Handbuch »Sprachliche Bildung in Kindertageseinrichtungen« (Reichert-Garschhammer & Kieferle, 2011) wurde dieser am Staatsinstitut für Frühpädagogik (IFP) entwickelte Ansatz publiziert.

3 Bundesministerium für Familien, Senioren, Frauen, Jugend (2018). Frühe Chancen. http://www. https://sprach-kitas.fruehe-chancen.de/themen/sprachliche-bildung/alltagsintegrierte-¬sprachliche-bildung/

- Eine Lernumgebung, die aus einer anregenden materiellen Ausstattung, herausfordernden Spiel- und Lernbereichen, effektiv gestalteten Routinen, entwicklungsangemessenen und an den Interessen und Bedürfnissen der Kinder orientierten Angeboten sowie einer sicheren und entspannten sozialen Umgebung besteht.
- Klar formulierte, miteinander verbundene Bildungsziele (Wissen und Fertigkeiten).
- Ein grundlegendes Wissen über die kindliche Entwicklung, Kenntnis der kulturellen Einflüsse sowie der individuellen Bedürfnisse und Interessen des einzelnen Kindes.
- Pädagogische Fachkräfte, die Rollenmodelle für die Sprach- und Literacy-Entwicklung sind, die Kinder in ihrer Bildung professionell begleiten und ihnen hierbei viel Mitsprache und Mitgestaltung im Sinne von Partizipation und Ko-Konstruktion ermöglichen. Dabei bilden ihre Beobachtungen, deren Dokumentation und Reflexion die Basis der Qualitätsentwicklung alltagsintegrierter Sprachbildung.
- Eine gute, partnerschaftliche Zusammenarbeit mit dem Bildungsort Familie.

Diese Anforderungen basieren auf einer ganzen Reihe von wissenschaftlichen Forschungsergebnissen, die im Folgenden dargestellt werden.

1.1 Theoretische Grundlagen der Verbundkonzeption

Die Erfahrungen von Kindern in den frühen Lebensjahren haben einen tiefgreifenden Einfluss auf ihre spätere soziale, emotionale und kognitive Entwicklung. Aus sozial-konstruktivistischer Perspektive betrachtet sind Lernen und Entwicklung untrennbar ineinander verwoben und eingebettet in den Kontext sozialer Beziehungen (Bruner, 1974; Rogoff, 1990; Vygotsky, 1978). Konstruktivistische Theorien gehen davon aus, dass Lernen ein aktiver, selbstgesteuerter, sozialer Prozess des Wissensaufbaus ist, bei dem vorhandenes Wissen mit neuem verknüpft wird (Rogoff, 2003).

Im Sinne Vygotskys (1978) erkenntnistheoretischer Annahmen zum Lernen bzw. zur Aneignung von Sprache und Kultur stärkt den Aufbau von Wissen und anderen kognitiven, sozialen und sprachlichen Fertigkeiten eine Umgebung am meisten, in der Partizipation und Ko-Konstruktion den Alltag prägen. Wenn Fachkräfte Kinder zudem durch Scaffolding unterstützen, können diese eine Bildung erwerben, die sie von sich aus nie erreichen könnten (vgl. Tomasello, 2006). Deshalb sind Partizipation und Ko-Konstruktion Grundpfeiler, auf die sich die alltagsintegrierte Sprachbildung stützt.

Gemäß dem Process-Person-Context-Time-Model von Bronfenbrenner und Morris (2006) entwickelt sich das Kind nicht isoliert, sondern durch regelmäßige Interaktionen und Auseinandersetzungen mit seiner Umgebung (Objekte, Symbole, Menschen), wobei es seine persönlichen Charakteristika in jede soziale Situation mitbringt und diese beeinflusst. Der Kontext, in dem das Kind lebt, wirkt ebenso auf seine Entwicklung ein wie der Faktor Zeit auf verschiedenen Ebenen. Nach einer Untersuchung von Weinert und Ebert (2013) scheint nicht nur der Wortschatz, sondern auch der frühe Erwerb grammatischer Strukturen mit sozialen Einflüssen bzw. dem Sprachangebot der Umgebung in Zusammenhang zu stehen. Tomasello (2009) geht in seinen Ausführungen zur Entstehung der menschlichen Kommunikation davon aus, dass Sprache bzw. sprachliche Kommunikation eine Form gesellschaftlichen Handelns ist und nicht ein formaler Gegenstand. Seiner Auffassung nach bestimmt der Kommunikationszweck, welche Art und wie viel Information im Kommunikationssignal enthalten sein muss, und damit, welche Art grammatischer Strukturierung nötig ist (Tomasello, 2006; 2003).

Demnach sollte die optimale Bildung sowohl aktiv als auch konstruktiv sein. Lernerfahrungen, die die Vorstellungskraft des Kindes anregen, geschehen in Alltagskontexten, wenn Kinder sich an Aktivitäten beteiligen, die für sie von Bedeutung sind (Roskos & Christie, 2000), d. h. sie lernen am besten, wenn sie in ihr Lernen eingebunden sind, und Lernen für sie real und bedeutsam ist. Zudem scheint vor allem für den Grammatikerwerb ein komplexer sprachlicher Input relevant zu sein (Weinert & Ebert, 2013).

Den erkenntnistheoretischen Vorstellungen folgend wird das Kind im Bayerischen Bildungs- und Erziehungsplan (Bayrisches Staatsministerium für Arbeit und Sozialordnung, Familie und Frauen & Staatsinstitut für Frühpädagogik München, 2005/2017) als reich an Potenzialen, stark, kompetent, an vielfältigen sozio-kulturellen Kontexten partizipierend und in Beziehung zu Erwachsenen und anderen Kindern betrachtet. Damit kommt den Fachkraft-Kind-Interaktionen und den Interaktionen zwischen den Kindern untereinander im Kita-Alltag eine weitreichende Bedeutung zu.

Sprach- und Literacy-Entwicklung sind zwei wichtige Bereiche der frühen Kindheitsentwicklung, die eng miteinander verbunden sind (Neuman & Dickinson, 2003). Spätere Lese- und Schreibfertigkeiten gründen auf den mündlichen Sprachfertigkeiten und der frühen Vertrautheit mit Schrift, die Kinder in den kontinuierlichen Interaktionen mit Erwachsenen in der frühen Kindheit erwerben (Dickinson & Neuman, 2006).

Langzeitstudien (Hart & Risley, 1995) belegen, dass Kinder aus Familien, die über geringe Finanz- und Bildungsressourcen verfügen, im Alter von drei Jahren hinsichtlich ihres Wortschatzumfanges weit hinter den Kindern aus Familien mit hohem sozio-ökonomischen Hintergrund zurückstehen. Neuere Untersuchungen von Fernald, Marchman und Weisleder (2013) bestätigen diese Ergebnisse nun auch für Kinder unter drei Jahren. Das frühe Wortschatzwissen hat jedoch einen bedeutenden Einfluss auf den späteren Leseerfolg (Hart & Risley, 1995; Snow & Kim, 2007) und umgekehrt – Wortschatzzuwachs führt zu einem besseren Leseverständnis und viel Lesen führt zu einem stärkeren Wortschatzzuwachs (Biemiller, 2005; Nash & Snowling, 2006; Roth, Speece & Cooper, 2002; Wagner, Muse & Tannenbaum, 2007).

Fertigkeiten, wie die Versprachlichung von Spielhandlungen, Wortschatz, Sprachverständnis, Problemlösefähigkeiten, Empathie, Vorstellungskraft, die Perspektive anderer einnehmen zu können, die Handhabung von Symbolen und Zusammenarbeit mit anderen, sind grundlegende Fertigkeiten für die gesamte kognitive Entwicklung (Olfman, 2003).

Deshalb hat das IFP-Begleitkonzept neben der Qualifizierung der Fachkräfte auch die Ausgestaltung der Lernumgebung in Bezug auf Sprache und Literacy im Fokus.

Sprach- und literacy-anregende Lernumgebung

Die Ergebnisse mehrerer Untersuchungen legen den Schluss nahe, dass eine Kombination aus qualitativ hochwertiger Bildungsunterstützung und der Verfügbarkeit von vielfältigem Literacy-Material für die frühen Literacy-Fertigkeiten von Kindern maßgeblich ist (Anders et al., 2012; Chang, Stipek & Garza, 2006; Guo, Justice, Kaderavek & McGinty, 2012; Shonkoff & Phillips, 2000; Singer, Golinkoff & Hirsh-Pasek, 2006; Sylva et al., 2004). Kinder, die leicht Zugang zu Büchern haben, befassen sich auch häufiger selbstständig mit Büchern. Sie scheinen Bücher als Unterhaltungsquelle zu nutzen (Baker, Scher & Mackler, 1997). Deshalb erhöhen mit Literacy-Materialien angereicherte Lern- und Spielbereiche auch die Anzahl literacy-relevanter Aktivitäten (Neuman & Roskos, 1990 u. 1993; Noble Cambell & Foster, 1993).

Generell kann man sagen, dass Kinder, die sich häufig mit Aktivitäten rund ums Buch beschäftigen, über umfangreichere und niveauvollere Wortschätze verfügen als Kinder, die nur wenige Erfahrungen mit Büchern haben (Dickinson & Tabors, 1991). Ein reichhaltiger Wortschatz geht in der Regel mit einem größeren Welt- bzw. Hintergrundwissen einher, das wiederum für das Verstehen von Texten sehr bedeutsam ist (Anderson & Pearson, 1984). Vor allem beim dialogischen Lesen, bei dem das vorrangige Ziel ist, mit dem Kind gemeinsam eine Erkenntnis zu konstruieren (Vygotsky, 1978), lernen Kinder mehr, als wenn sie einer Geschichte nur zuhören, da sie bei dieser Art des gemeinsamen Lesens auch Fragen beantworten können (Sénéchal, 1997).

Die Vorlesesituationen müssen aber auch Spaß machen, denn positive Gefühle, die durch das gemeinsame Lesen von Geschichten entstehen, werden auf den Akt des Lesens an sich übertragen (Taylor, 1983). Kinder, die den Umgang mit Büchern nie als Vergnügen erleben konnten, neigen dazu, wenig Enthusiasmus zu entwickeln, lesen und schreiben zu lernen (Snow, Barnes, Chandler, Goodman & Hemphill, 1991). So profitieren Kinder davon, dass Erwachsene ihnen tägliche Gelegenheiten bieten, Literatur als etwas Angenehmes zu erleben. Das können Diskussionen über Geschichten ebenso sein wie das gemeinsame Betrachten oder dialogische Lesen eines Buches (Galda & Cullian, 1991; Huck, 1976).

Routinen liefern in zweifacher Hinsicht einen Ansatz, um Bildung zu stärken: Sie bieten Lerngelegenheiten innerhalb der Routine selbst und den spezifischen Aufgaben, die damit verbunden sind (Hemmeter, Fox, Jack, Broyles & Doubet, 2007; Salmon, 2010). Routinen stellen einen Lernkontext zur Verfügung und unterstützen Kinder dabei zu verstehen, wie die Welt um sie herum organisiert ist und was sie tun müssen, um erfolgreich in dieser Welt interagieren zu können. In Routinen gibt es vielfältige Gesprächsanlässe – vor allem für junge Kinder und Kinder, die Deutsch als zweite Sprache lernen.

Fachkraft-Kind-Interaktion

Aus entwicklungspsychologischer Sicht hat Sprache eine zentrale Bedeutung für die kognitive Entwicklung von Kindern (Vygotski, 1978). Nach Tomasello (2006) sind es »Szenen geteilter Aufmerksamkeit«, die eine der sozial-kognitiven Grundlagen des Spracherwerbs darstellen. Sie sind als intentional – im Sinne einer zielgerichteten Tätigkeit – definiert. Sprachliche Referenz wird hier als sozialer Akt verstanden, bei dem eine Person versucht, die Aufmerksamkeit einer anderen Person auf etwas Bestimmtes zu lenken. In der Szene der geteilten Aufmerksamkeit sind vom Standpunkt des Kindes aus betrachtet alle drei beteiligten Elemente enthalten: der Gegenstand der gemeinsamen Aufmerksamkeit, der oder die Erwachsene und das Kind selbst. Dem Konzept des »anhaltenden gemeinsamen Nachdenkens« – »sustained shared thinking« (Sylva et al., 2004) – liegen ähnliche Betrachtungsweisen zugrunde. Interaktionen nach diesem Konzept regen nicht nur die mündlichen Sprachfertigkeiten an, sondern auch die metakognitiven Fähigkeiten des Kindes. Unterhaltungen mit Erwachsenen spielen bei Kindern eine große Rolle, denn sie versorgen sie mit Erfahrungen, die sowohl für ihr kognitives als auch für ihr sozial-emotionales Lernen wichtig sind (Hart & Risley, 1995). Kinder profitieren von solchen Gesprächen mit Fachkräften, die einen vielfältigen Wortschatz umfassen und Themen betreffen, die das Kind herausfordern (Dickinson & Tabors, 2001).

Interaktionen zwischen Erwachsenen und Kindern werden als primärer Mechanismus gesehen, durch den Kinder lernen. Ergebnisse von Begleitforschungen (Teachstone, 2017) zum »Classroom Assessment Scoring System« (CLASS) (Pianta, La Paro & Hamre, 2008), einem entwicklungstheoretisch- und forschungsbasierten Beobachtungsinstrument zur Einschätzung der Fachkraft-Kind-Interaktion, verweisen auf die grundlegende Bedeutung von Fachkraft-Kind-Interaktionen in den drei Hauptkategorien: emotionale Unterstützung, Gruppenraum-Organisation und Lernunterstützung.

Emotionale Unterstützung

Kinder in Kita-Umgebungen mit hoher emotionaler Unterstützung zeigen höhere soziale Kompetenzen (Burchinal, Vandergrift, Pianta & Mashburn, 2010; Curby et al., 2009; Mashburn et al., 2008) und haben eine positive Bindung an die Fachkräfte (Curby, Downer & Booren, 2014). Sie haben weniger Konflikte mit Fachkräften und zeigen weniger herausforderndes Verhalten. Dasselbe gilt für Einrichtungen, in denen ein hohes Niveau an positiver Atmosphäre herrscht (Mashburn et al., 2008). Emotionale Unterstützung in der Kita führt zudem zu einer positiven Entwicklung exekutiver Funktionen wie z. B. kognitive Prozesse, die Arbeitsgedächtnis, Impulskontrolle und kognitive Flexibilität steuern (Weiland, Ulvestad, Sachs & Yoshikawa, 2013). Kinder, die in ihrer Kita sowohl eine positive Atmosphäre als auch eine starke emotionale Unterstützung erleben, erzielen auch höhere Leistungen in Sprache und Literacy (Curby & Chavez, 2013; Guo, Piasta, Justice & Kaderavek, 2010; Mashburn et al., 2008).

Gruppenraum-Organisation

Wenn Fachkräfte die Kita-Umgebung optimal organisieren, dann unterstützen sie die Kinder dabei, ihr eigenes Verhalten zu regulieren, möglichst viel am Tag zu lernen und das Interesse an Lernaktivitäten aufrechtzuerhalten. Ein hoher Gruppenraum-Organisationsgrad führt zu besseren Bildungsergebnissen und hängt positiv mit Sprach- und Literacy-Fertigkeiten zusammen (Dobbs-Oates, Kaderavek, Downer et al., 2011; Guo & Justice, 2011; Maier, Vitiello & Greenfield, 2012; Mashburn, Justice, Downer & Pianta, 2009; Xu, 2012; Xu, Chin, Reed & Hutchinson, 2014).

Lernunterstützung

Kinder, deren pädagogische Fachkräfte Methoden verwenden, die sich auf die übergeordneten Denkfertigkeiten konzentrieren, ihnen durchgängig, zeitnah und prozessorientiert Rückmeldungen geben und sich bemühen, ihre Sprachfertigkeiten zu erweitern, haben einen größeren Bildungserfolg (Jerome, Hamre & Pianta, 2009).

Ein übermäßiger Einsatz didaktischer Lehrmethoden in der Kita kann das vom Kind initiierte Lernen unterdrücken und das Selbstvertrauen des Kindes und seine Lernmotivation untergraben (Chang et al., 2006; Shonkoff & Phillips, 2000; Singer et al., 2006). Auf der anderen Seite aber zeigten die Kinder in Einrichtungen mit qualitativ niedriger didaktischer Unterstützung eine geringe Literacy-Entwicklung, selbst wenn qualitativ hochwertiges Material vorhanden war. Diese Ergebnisse stützen frühere Untersuchungen, die zu dem Schluss kamen, dass eine qualitativ hochwertige, gelenkte Bildungsbegleitung und die Verfügbarkeit von Literacy-Material für die frühen Literacy-Fertigkeiten von Kindern maßgeblich sind (Anders et al., 2012; Guo et al., 2012; Sylva et al., 2004).

Eine erfolgreiche Lernunterstützung in der Kita erfordert fachkundige Mischungen aus expliziter Anleitung, sensitiver und warmherziger Interaktion, responsivem Feedback und verbalem Einsatz, der bewusst lenkt, um die Bildung der Kinder sicherzustellen. Und sie erfordert, dass dies in eine Umgebung eingebettet ist, die nicht übermäßig strukturiert und reglementiert ist (Downer, Sabol & Hamre, 2010). Kinder, die durch das professionelle Interaktionsverhalten der Fachkräfte in ihrer kognitiven und sprachlichen Entwicklung unterstützt werden, profitieren davon in ihrer sozial-emotionalen und sprachlichen Entwicklung, was mit einem positiven Bildungsverlauf einhergeht (Bulotsky-Shearer, Bell, Carter & Dietrich, 2014; Burchinal et al., 2010; Guo, Piasta, Justice & Kaderavek, 2010; Hamre et al., 2008; Hamre, Hatfield, Pianta & Jamil, 2014; Hindman & Wasik, 2013; Howes et al., 2008; Keys et al., 2013; Mashburn et al., 2008; Reid & Ready, 2013; Wasik & Hindman, 2011).

Effektive Interaktionen, insbesondere das Modellieren von Sprache, korrelieren mit phonologischer Bewusstheit, die einen starken Indikator für die spätere Lesefähigkeit darstellt (Snow, Burns & Griffin, 1998). Deshalb sollten Kinder in der Kita eine an Sprache reichhaltige Umgebung vorfinden, in der das Spielen mit

Lauten zum Alltag gehört (Adams, 1990). Gute Modellierungsstrategien unterstützen aber auch die Bewusstheit für Schrift und den rezeptiven Wortschatz (Sonnenschein, Thompson, Metzger & Baker, 2013). Ganz besonders wichtig für die Sprachentwicklung ist die Entwicklung von Konzepten. Eine hierbei von den Fachkräften erfahrene Unterstützung wirkt sich positiv auf den rezeptiven und expressiven Wortschatz des Kindes aus (Curby et al., 2009; Curby & Chavez, 2013).

Beobachtung und Dokumentation

Beobachtung, Dokumentation und Reflexion sind wesentliche Pfeiler der pädagogischen Professionalität; sie bilden die Basis der Qualitätsentwicklung alltagsintegrierter Sprachbildung. Allerdings stellt die Beobachtung auch die schwierigste Methode der Diagnostik dar (Hellbrügge & Schneeweiß, 2012), die eine entsprechende Beobachtungskompetenz voraussetzt (hierzu Kany & Schöler, 2010). Um die Sprach- und Literacy-Entwicklung professionell beobachten zu können, bedarf es eines grundlegenden Wissens über die kindliche Entwicklung.

Gut geplante und effektive Entwicklungs-Diagnosen können für Kinder gewinnbringend sein. Sie können wichtige Beiträge zur Verbesserung des Wohlbefindens des Kindes liefern, aber nur, wenn sie gut konzipiert, erfolgreich implementiert und im Kontext systematischer Planung entwickelt sind sowie angemessen interpretiert und angewandt werden. Andernfalls können Einschätzungen bzw. Diagnosen negative Konsequenzen für die Kinder haben. Der Wert von Diagnosen erfordert eine grundsätzliche Berücksichtigung ihres Einsatzzweckes und die Gestaltung eines umfangreicheren Systems, in der sie verwendet werden (Snow & Van Hemel, 2008).

Bildungspartnerschaft mit Familien

Die Schlüsselbefunde einer Forschungsliteraturanalyse von Van Voorhis, Maier, Epstein, Lloyd und Leuong (2013) belegen, dass die Familienmitwirkung für die Entwicklung der Literacy-Fertigkeiten eine bedeutsame Rolle spielt. Eine konstruktive Kommunikation zwischen Bildungseinrichtung und Familie wirkt sich auf das Lernen des Kindes aus (für den Schulbereich in Deutschland vgl. Sacher, 2013). Ein paar wenige Studien, so die Auswertung von Van Voorhis et al. (2013), zeigen auch einen Zusammenhang zwischen Familienmitwirkung und der sozial-emotionalen Entwicklung. Insgesamt verweisen die vielen Forschungsergebnisse (z. B. McWayne, Hampton, Fantuzzo, Cohen & Sekino, 2004; Marcon, 1999; Tabors, Snow & Dickinson, 2001) darauf, dass sich eine gute und kontinuierliche Kommunikation zwischen den Bildungsorten Familie und Kita in vielerlei Hinsicht positiv auf die Fähigkeiten des Kindes auswirkt, vor allem auf Lernmotivation, Verhalten und Sprache.

1.2 Ziele der Verbundkonzeption auf Kind-, Fachkraft- und Einrichtungsebene

Aus den oben beschriebenen Forschungsergebnissen und der Verwendung der am IFP entwickelten, in Bayern zum Teil verbindlich einzusetzenden Instrumente, die der Qualitätsentwicklung und -sicherung auf der Kind-, Fachkraft- und Einrichtungsebene dienen, ergeben sich die Ziele der Verbundkonzeption, die in Tabelle 3.1 beschrieben werden:

Tab. 3.1: Ziele der BiSS-Verbundkonzeption

Ziele auf Kindebene	• Erweiterung des Allgemein- bzw. Weltwissens und des damit verbundenen Wortschatzumfangs • Stärkung der Entwicklung folgender Kompetenzen: – Verbalisierung eigener Denkprozesse – Literacy – mündliche Elaboriertheit – bildungssprachliche Kompetenzen hinsichtlich lexikalisch-semantischer, syntaktischer und morphologischer Merkmale
Ziele auf Fachkraftebene	• Einschätzung und Weiterentwicklung der eigenen pädagogischen Praxis im Team anhand von Selbstevaluationsverfahren • Professioneller Einsatz prozessbegleitender, stärkenorientierter Beobachtungs- und Dokumentationsverfahren zur Sprach- und Literacy-Entwicklung sowie zur sozial-emotionalen Entwicklung und darauf aufbauend: – Effektive Unterstützung von Kindern mit Deutsch als Erst- oder Zweitsprache bei der Aneignung bzw. Weiterentwicklung der deutschen Sprache bzw. Bildungssprache – Professioneller Umgang mit heterogenen Gruppen – Einsatz effektiver Interaktionsstrategien, Frage- und Modellierungstechniken – Erkennen und Nutzen von Gesprächs- und Lernanlässen – Einbinden von Eltern in den Bildungsprozess der Kinder
Ziele auf Einrichtungsebene	• Bereitstellung einer sprach- und literacy-anregenden räumlich-materiellen Lernumgebung mit vielfältigen, jederzeit frei verfügbaren Materialien zur Anregung der Literacy-Entwicklung (z. B. Leseecke einrichten, alle Spiel- und Lernbereiche mit Büchern bestücken) • Realisierung von sprach- und denkanregenden Angeboten (z. B. Erzählen, Nacherzählen, Vorlesen/dialogisches Lesen, Einzelgespräche, themenbezogene Gesprächsrunden, Begegnung mit Schrift, sprach- und literacy-bezogene Rollenspiele, Theaterspiel, Auseinandersetzen mit Sachthemen)

Nachdem in diesem Kapitel die Ziele des Konzepts Qualitätsentwicklung alltagsintegrierter Sprachbildung und -diagnostik in Kitas in Bayern vorgestellt und theoretisch begründet wurden, wird in den folgenden Absätzen verdeutlicht, wie die Professionalisierung der Fachkräfte in den Kitas in den genannten Zielbereichen umgesetzt wurde.

2 Das Begleitkonzept

Um die Ziele der Verbundkonzeption zu erreichen, wurde am IFP ein sich ständig weiterentwickelndes Begleitkonzept für die beteiligten BiSS-Verbünde erstellt. Dabei stand die Frage im Raum, wie die Teams der Verbund-Kitas bestmöglich unterstützt und befähigt werden können, ihre bereits erworbenen Kompetenzen und die bereits erreichte Qualität ihrer Handlungspraxis zur gezielten alltagsintegrierten Sprachbildung selbstständig, kontinuierlich und nachhaltig zu erhalten und weiterzuentwickeln. Zugleich war es wichtig, das Wissen über Sprache und Literacy zu vertiefen, die Entwicklungen der BiSS-Initiative auf Bundesebene zu berücksichtigen und den Gelingensfaktoren für den Transfer von neu Gelerntem aus Fortbildungen in die pädagogische Praxis zu entsprechen (Lipowsky & Rzejak, 2015):

- Verschränkung von Input-, Erprobungs- und Reflexionsphasen
- Fachlicher Fokus bzw. fachliche Tiefe
- Fokussierung auf das Lernen und Verstehen von Kindern
- Orientierung an Merkmalen effektiver Angebote und Aktivitäten
- Einbezug wissenschaftlicher Expertise
- Rückmeldeformate und -gelegenheiten
- Gelegenheiten zum Erleben eigener Wirksamkeit
- Gelegenheiten zur intensiven Zusammenarbeit mit Kolleginnen und Kollegen

Aus diesen Zielen entstand ein Begleitkonzept, das sich in drei Phasen gliedert, wie in Abbildung 3.1 dargestellt:

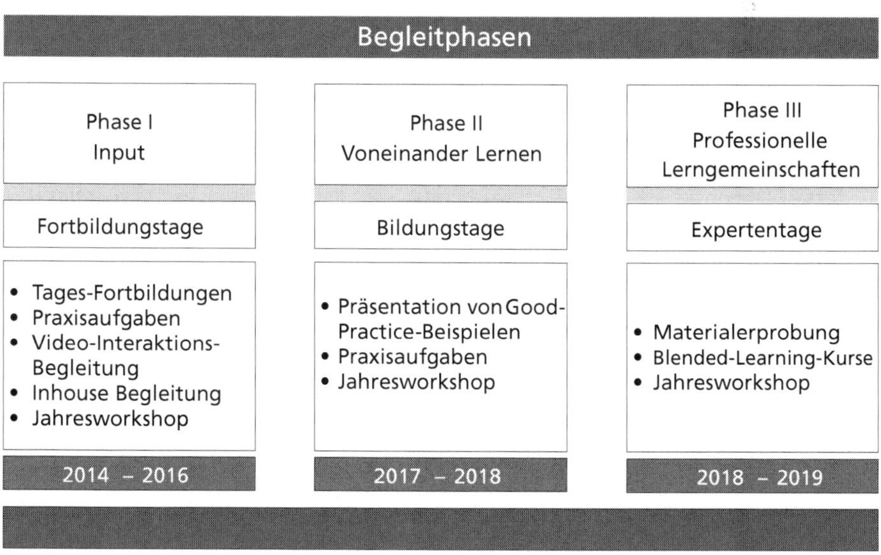

Abb. 3.1: Dreiphasiges Begleitkonzept zur sprachbildenden Arbeit (eigene Darstellung)

Das dreistufige Professionalisierungskonzept umfasst eine durch Praxisaufgaben und Inhouse-Begleitung ergänzte Input-Phase, eine ebenfalls durch Praxisaufgaben begleitete Phase des Voneinander-Lernens (Bildungstage), in denen die Verbund-Kitas sich gegenseitig Beispiele guter Praxis präsentieren, und eine Phase der professionellen Lerngemeinschaften (Expertentage), in der neben den Best-Practice-Präsentationen auch eine Auseinandersetzung mit den Blended-Learning-Kursen stattfinden wird. Diese Kurse sind Teil eines übergeordneten Fortbildungsangebots des BiSS-Trägerkonsortiums[4], welches die wissenschaftliche Ausgestaltung und Gesamtkoordination der BiSS-Initiative verantwortet.

Die Kooperation der Verbund-Kitas wurde dadurch unterstützt, dass das IFP gemeinsame Fortbildungen auf regionaler Verbundebene organisierte und durchführte sowie pro Jahr ein Workshop auf Leitungsebene mit allen drei Verbünden zusammen moderierte. Die Verbund-Kitas wurden bei diesen Veranstaltungen dazu angeregt, Verbundtreffen in den Regionen ohne Beteiligung des IFP zu etablieren.

Als besonders effektiv hinsichtlich einer stabilen Vernetzung der Verbund-Kitas erwiesen sich die in der Begleitphase II (▸ Abb. 3.1) eingeführten Bildungstage mit der Vorgabe, die Vorbereitung zunehmend selbst zu organisieren. Die entstandenen regionalen BiSS-Netzwerke werden sich in Begleitphase III (▸ Abb. 3.1) in Richtung professioneller Lerngemeinschaften weiterentwickeln.

In den folgenden Abschnitten werden die einzelnen Begleitphasen näher beschrieben.

2.1 Begleitphase I (Input)

Das Begleitkonzept des IFP diente in der ersten Phase (2014–2016) vorrangig dem Ziel, eine gemeinsame Wissensbasis für alle Fachkräfte aus den Verbund-Kitas zu schaffen und die Vernetzung zwischen den Verbünden anzuregen. Die Begleitmaßnahmen bestanden aus folgenden Bausteinen:

- *Fortbildungen:* zwei regionale ganztägige Fortbildungen pro Jahr. Die Inhalte dienten der professionellen Anwendung wirksamer Selbstevaluations-, Diagnose- und Fördertools, die vorwiegend am IFP entwickelt wurden und in Bayern bereits eingeführt bzw. sehr verbreitet sind. Des Weiteren wurden effektive Methoden zur Interaktionsgestaltung sowie zur Sprach- und Literacy-Bildung vorgestellt und eingeübt.
- *Praxisaufgaben:* zwei Praxisaufgaben pro Jahr, die im Vorfeld oder im Anschluss an die Fortbildungen vom IFP an die Kitas mit Rückmeldeauftrag gestellt (Monitoring) und teils durch Inhouse-Begleitung flankiert wurden.
- *Workshops:* ein Workshop pro Jahr auf Leitungsebene (Kitaleitung, BiSS-Ansprechperson der Kita), der dem Erfahrungsaustausch, der gemeinsamen Auf-

4 Das BiSS-Trägerkonsortium übernimmt die wissenschaftliche Ausgestaltung des BiSS-Programms. Zu seiner Aufgabe gehört v. a. die Organisation, Koordination und das Monitoring der Umsetzung des BiSS-Programms. Dem Trägerkonsortium gehört je eine Institution mit ausgewiesener Expertise im Elementar-, Primar- und Sekundarbereich an.

stellung des jährlichen BiSS-Fahrplans und der Reflexion der Effekte der bisherigen Begleitung in der Verbund-Kita diente.

Fortbildungsinhalte, Praxisaufgaben und Workshops

Tabelle 3.2 gibt einen Überblick über die Gestaltung der Fortbildungen, Praxisaufgaben und Workshops in der ersten Begleitphase.

Tab. 3.2: IFP-Begleitung während Phase I – Input

IFP-Begleitung der BiSS-Verbünde im 1. Jahr
• *Praxisaufgabe 1*: a) Arbeit mit Auszügen aus der IFP-Handreichung Vorkurs Deutsch, Modul B – Lektüre der Kapitel zum dialogischen Lesen und zur Fachkraft-Kind-Interaktion; b) Bearbeitung von Reflexionsfragen zu den Texten; c) Beispiele für offene Fragen formulieren; d) Rücksendung an das IFP • *Fortbildung 1:* a) Das Selbsteinschätz-Verfahren *LiSKit*; b) Dialogisches Lesen mit Filmausschnitten aus »*Wie Kinder die Sprache entdecken*« und »*Lust auf Sprache*«; Rollenspiel: Dialogisches Lesen • *Praxisaufgabe 2:* a) Selbsteinschätzung anhand des *LiSKit*; b) Ableitung von Veränderungszielen; c) Rücksendung an das IFP; d) dialogisches Lesen mit jedem Kind à 10 Minuten täglich in Kleingruppen mit maximal 4 Kindern; e) 1 Woche lang Strichliste zu Einzelgesprächen mit je 4-5 Sprecherwechseln mit jedem Kind pro Tag • *Fortbildung 2*: a) Wissen über Sprache; b) Erst- und Zweitspracherwerb; c) die Sprachbeobachtungsbögen *Seldak, Sismik, Liseb* – praktische Anwendung am Beispiel von Filmausschnitten aus »*Lust auf Sprache*« • *Inhouse-Begleitung 1*: Sprachberatung zur Anwendung von *Liskit, Seldak, Sismik* und zu einem Wunschthema zur Sprache und Literacy durch qualifizierte Sprachberaterinnen (12 Stunden pro Jahr und Kita) • *Praxisaufgabe 3:* a) Reflexion zur Anwendung von *LiSKit* im Rahmen von BiSS; b) Rücksendung an das IFP • *Workshop I* auf Leitungsebene am Jahresende: a) Vernetzung; b) kurzer Input zur Vertiefung eines bereits in den Fortbildungen erarbeiteten oder neuen Themas: Auswahl von guten Büchern und kindgerechte Kategorien für die Kita-Bibliothek; c) gemeinsamer Rückblick; d) Planung des weiteren Vorgehens; e) Selbstevaluation zu einem konkreten Praxisziel.
IFP-Begleitung BiSS-Verbünde im 2. Jahr
• *Praxisaufgabe 4*: a) Bearbeitung im Tandem: Beobachtung mit *Sismik und Seldak* (je zwei Kinder); b) Ableitung individueller Lernziele und pädagogischer Begleitmaßnahmen; c) Rücksendung an das IFP • *Fortbildung 3:* a) Literacy-Center/Projektarbeit; b) Beobachtungsbogen *Liseb* und *Perik*; c) Zusammenspiel von Beobachtungsergebnissen aus *Perik* mit Beobachtungsergebnissen aus *Seldak/Sismik* • *Inhouse-Begleitung 2*: Individuelle Video-Interaktions-Begleitung[5] durch qualifizierte VIB-Trainer/innen von SPIN Bayern[6] (1 Tag pro Kita)

5 Video-Interaktions-Begleitung (VIB®) ist ein Kommunikationstraining für Fach- und Lehrkräfte, die sich auf die Mikro-Analyse von Videoclips gelungener Interaktionen der zu Beratenden stützt.

6 SPIN Bayern ist ein gemeinnütziger Verband, der Ausbildung, Zertifizierung und VIB® als Angebot anbietet.

Tab. 3.2: IFP-Begleitung während Phase I – Input – Fortsetzung

- *Fortbildung 4*: a) Qualität der Fachkraft-Kind-Interaktion (Selbst-Einschätzbogen) mit Filmausschnitten aus »*Wie Kinder die Sprache entdecken*«; b) Einzelgespräche mit jedem Kind; c) themenbezogene Gespräche in der Kleingruppe
- *Praxisaufgabe 5*: a) Reflexion zu den Veränderungen seit BiSS-Beginn; b) Rücksendung an IFP
- *Workshop II* auf Leitungsebene am Jahresende: a) Vernetzung; b) kurzer Input zur Vertiefung eines bereits in den Fortbildungen erarbeiteten oder neuen Themas: Umgang mit Sachbüchern anhand Filmausschnitt »Igel fressen Pilze« aus »Wie Kinder die Sprache entdecken«; c) gemeinsamer Rückblick; d) Selbstevaluation: Bisheriger BiSS-Weg (Veränderungen, Erfahrungen und Planung nächster Schritte); e) Planung des weiteren Vorgehens.

IFP-Begleitung BiSS-Verbünde im 3. Jahr

- *Praxisaufgabe 6*: a) Fortsetzung *LiSKit*-Einsatz – Festlegen der nächsten Ziele; b) Rücksendung an das IFP
- *Fortbildung 5*: a) Theater-/Rollenspiel; b) Das qualitativ hochwertige Spiel; c) Konflikte zwischen Kindern begleiten mit Filmbeispiel aus »*Ich sehe was, was siehst du?*« und Reflexionsbogen
- *Praxisaufgabe 7*: Fortsetzung der Anwendung von *Seldak, Sismik* und *Perik* – im Tandem
- *Fortbildung 6*: a) Portfolioarbeit in Kitas; b) Gesprächsführung mit Eltern
- *Praxisaufgabe 8*: Sammlung von empfehlenswerten Methoden (Good Practice)
- *Workshop III* auf Leitungsebene am Jahresende: a) Vernetzung; b) kurzer Input zur Vertiefung eines bereits in den Fortbildungen erarbeiteten oder neuen Themas: Wissensmanagement; c) gemeinsamer Rückblick: Selbstevaluation; d) Planung des weiteren Vorgehens.

[a] Anmerkung: Literaturangaben zu den in Tabelle 3.2 genannten Verfahren und Filmen finden sich in den Tabellen 3.3 und 3.4.

Die Fortbildungen bestanden stets aus einem theoretischen Teil zur Einführung in das jeweilige Thema sowie einem praktischen Teil, in dem sich die Teilnehmenden in der Regel anhand von Filmbeispielen oder in Rollenspielen mit den Fortbildungsinhalten auseinandersetzen konnten.

Tools zur sprachlichen Bildungsarbeit, die in den Fortbildungen genutzt wurden

Grundlagen- und Methodenwissen wurde in jeder Fortbildungseinheit vermittelt. Hierfür wurden die in Tabelle 3.3 dargestellten Tools genutzt:

Zur Zielerreichung eingesetzte Selbstevaluations- und Beobachtungstools

Um die Professionalisierung der Fachkräfte im Bereich alltagsintegrierter sprachlicher Bildung umzusetzen, konnten die Fachkräfte in der Begleitphase I (Input) in eintägigen regionalen Fortbildungen zunächst ihre Expertise im Umgang mit Instrumenten weiterentwickeln: a) Instrumente zur Selbst-Einschätzung der Qualität

Tab. 3.3: In der BiSS-Verbundarbeit eingesetzte Tools

Fachbücher und Praxis-Handreichungen zur Sprachbildung[7]
• *Sprachliche Bildung von Anfang an – Strategien, Konzepte und Erfahrungen.* (Kieferle, C., Reichert-Garschhammer, E. & Becker-Stoll, F. (Hrsg.) (2013). Göttingen: Vandenhoeck & Ruprecht) • *Sprachliche Bildung in Kindertageseinrichtungen. Fachwissen Kita.* (Reichert-Garschhammer, E. & Kieferle, C. (Hrsg.) (2011). Freiburg: Herder) • *Vorkurs Deutsch 240 in Bayern – Modul B: Prozessbegleitende Sprachstandserfassung und methodisch-didaktische Grundlagen der Vorkursgestaltung.* (Bayerisches Staatministerium für Arbeit und Soziales, Familie und Integration & Bayerisches Staatsministerium für Bildung und Kultus, Wissenschaft und Kunst (Hrsg.), Kieferle, C. & Triarchi-Hermann, W. (2016). München)[8] • *Sprachliche Bildung. Sprachförderung. Sprachtherapie. Grundlagen und Praxisanregungen für Fachkräfte in Kitas.* (Füssenich, I. & Menz, M. (2014). Berlin: Cornelsen)
Fachbücher und Praxis-Handreichungen zur Projektarbeit als sprachbildenden Ansatz
• *Projektarbeit im Fokus.* Fachliche Standards und Praxisbeispiele für Kitas. (Reichert-Garschhammer, E. (2013). Berlin: Cornelsen) • *Projekte statt Programme.* (Reichert-Garschhammer, E. (2014 a). TPS, Heft 7, 32-35). • *Arbeiten in Projekten.* (1) Fachliche Standards für gute Projektarbeit. (Reichert-Garschhammer, E. (2014 b). Kindergarten heute, Heft 5, 8-14) • *Arbeiten in Projekten.* (2) Projektphasen und ihre Umsetzung in der Praxis. (Reichert-Garschhammer, E. (2014 c). Kindergarten heute, Heft 6-7, 8-14)
Pädagogikfilme
• *Lust auf Sprache.* Sprachliche Bildung und Deutsch lernen in Kindertageseinrichtungen. (Ulich, M. (2004). Freiburg: Herder) • *Wie Kinder Sprache entdecken.* (Goethe-Institut & Baden-Württemberg Stiftung (Hrsg.) (2015). München: Goethe-Institut)[9] • *Ich sehe was, was siehst du?* (40 Kurzfilme über frühkindliches Lernen im Alltag. Bildungsdirektion Kanton Zürich (Hrsg.). 2014. Zürich)[10]

des pädagogischen Angebotes auf Einrichtungsebene und der Fachkraft-Kind-Interaktion sowie b) Instrumente zur professionellen Beobachtung bzw. Einschätzung des Sprachstandes sowie der sozial-emotionalen Entwicklung der Kinder. Die folgenden Abschnitte stellen die Instrumente vor, die zum Zielbereich »Professioneller Einsatz prozessbegleitender, stärkenorientierter Beobachtungs- und Dokumentationsverfahren zur Sprach- und Literacy-Entwicklung« eingesetzt wurden. Die in Tabelle 3.4 aufgeführten, am IFP entwickelten und in Bayern zum Teil

7 Modul B der Vorkurs-Handreichung und die Fachartikel zur Projektarbeit wurden an die Verbundkitas verteilt.

8 Online verfügbar unter http://www.ifp.bayern.de/projekte/professionalisierung/vorkurs_deutsch.php Jede Fachkraft erhielt ein gedrucktes Exemplar des Modul B der Vorkurs-Handreichung.

9 Filme online verfügbar unter https://vimeopro.com/goetheinstitut/wkse/video/142986942; Filme und Begleitheft: http://www.goethe.de/lhr/prj/daz/uen/lkq/de16096611.htm

10 Filme und Begleitmaterial online verfügbar unter https://www.kinder-4.ch/de

verbindlich eingeführten Selbstevaluations- und Beobachtungstools wurden in Begleitphase I im Rahmen eintägiger Fortbildungen vermittelt.

Tab. 3.4: Während Begleitphase I vermittelte Tools

Selbstevaluations-Tools
• *LiSKit – Literacy und Sprache in Kindertageseinrichtungen.* (Mayr, T., Hofbauer, C., Kofler A. & Simic M. (2012). Freiburg: Herder) • *Einschätzbogen zur Qualität der Fachkraft-Kind-Interaktion* (Erstellung im Rahmen der Verbundarbeit)
Beobachtungsverfahren zur Sprach- und Literacy- sowie zur sozial-emotionalen Entwicklung
• *Liseb – Literacy- und Sprachentwicklung beobachten* (bei Kleinkindern) (Mayr, T., Kieferle, C. & Schauland N. (2014). Freiburg: Herder). • *Seldak – Sprachentwicklung und Literacy* bei deutschsprachig aufwachsenden Kindern (Ulich, M. & Mayr, T. (2006). Freiburg: Herder). • *Sismik – Sprachverhalten und Interesse an Sprache bei Migrantenkindern in Kindertageseinrichtungen* (Ulich, M. & Mayr, T. (2003). Freiburg: Herder). • *Perik – Positive Entwicklung und Resilienz im Kindergartenalltag* (Mayr, T. & Ulich, M. (2006). Freiburg: Herder).
Weitere Beobachtungs- und Dokumentationsverfahren
• Portfolio • Beobachtungsmatrizen für spezifische Zwecke[11]

Selbstevaluationstools auf Einrichtungs- und Fachkraftebene

Mit dem Selbstevaluationsinstrument *LiSKit (Literacy und Sprache in Kindertageseinrichtungen)* schätzen Kita-Teams ihre eigene pädagogische Praxis und ihr Angebot mit Blick auf Sprache und Literacy selbst ein. Auf Fachkraft-, Gruppen- und Einrichtungsebene erfahren sie, was bei einem ganzheitlichen Konzept zur sprachlichen Bildung zu berücksichtigen ist, und wo in ihrem jeweiligen Kontext noch Weiterentwicklungsbedarf besteht.

Für die Verbundarbeit – in Anlehnung an die CLASS – neu entwickelt wird ein Bogen zur Selbsteinschätzung der Qualität der Fachkraft-Kind-Interaktion.

Die Einschätzung der Einrichtungsqualität, der Qualität der Fachkraft-Kind-Interaktion und der Sprach- und Literacy-Fähigkeiten der Kinder dient vor allem der Unterstützung der pädagogischen Arbeit der Fachkräfte. Sie gewährleistet, dass die Fachkräfte ein möglichst realistisches Bild sowohl von der Sprach- und Literacy- als auch der sozial-emotionalen Entwicklung der einzelnen Kinder erhalten. Nur so

11 Entnommen aus: Bayerisches Staatministerium für Arbeit und Soziales, Familie und Integration & Bayerisches Staatsministerium für Bildung und Kultus, Wissenschaft und Kultur (Hrsg.), Reichert-Garschhammer, E. & Kieferle, C. (2016). Vorkurs Deutsch 240 in Bayern (Modul C: Toolbox). München

können sie zielgerichtet Angebote und Interaktionen planen, die sich an den Bedürfnissen der Kinder orientieren. Des Weiteren werden mit den genutzten Instrumenten auch die Lernumgebung und das eigene pädagogische Handeln in den Blick genommen und mit der Entwicklung der Kinder verknüpft.

Beobachtungstools auf Kindebene

Um die individuellen Bedürfnisse der Kinder hinsichtlich ihrer Sprach- und Literacy-Entwicklung zu erfassen, kommen Beobachtungsinstrumente (*LiSeb, Seldak, Sismik*) und Beobachtungstechniken zum Einsatz. In der pädagogischen Auslegung dieser Verfahren ergeben sich die Lern- und Entwicklungsaufgaben direkt aus den Beobachtungsfragen. Die Aufgabe der Fachkräfte besteht dann in der Auswahl und Anwendung geeigneter Methoden, die das Kind effektiv und zielgerichtet unterstützen.

Da nicht alle sprachlichen und literacy-bezogenen Aspekte mit Instrumenten erfassbar sind, dokumentieren die Fachkräfte die Entwicklungen der Kinder mit individuellen *Portfolios*, die als offene prozessbegleitende und stärkenorientierte Verfahren die strukturierten Beobachtungsinstrumente ergänzen, um ein umfassenderes Bild der Lern- und Entwicklungsprozesse des einzelnen Kindes zu erhalten. Des Weiteren wurden die Fachkräfte mit alternativen, *spezifischen Beobachtungsmatrizen* vertraut gemacht, um die Beteiligung aller Kinder sicherzustellen.

Die Berücksichtigung der sozial-emotionalen Kompetenzentwicklung als wesentliche Voraussetzung für erfolgreiches (sprachliches) Lernen ist Teil des Verbundkonzepts. Die Beobachtung dieses Entwicklungsbereichs erfolgt mit *Perik* (Positive Entwicklung und Resilienz im Kindergartenalltag).

2.2 Begleitphase II (Voneinander lernen)

Im Sinne des Voneinander-Lernens wurden in dieser Phase der Begleitung (2017) halbjährlich stattfindende einrichtungsübergreifende Bildungstage eingeführt, die die Verbünde zunehmend selbst organisierten. Ziele der Bildungstage waren eine nachhaltige Vernetzung der beteiligten Kitas und damit verbunden ein regelmäßiger Austausch sowie der Transfer des bei den Fortbildungen Gelernten in die Praxis. Die Teams der Verbund-Kitas präsentierten sich gegenseitig Beispiele guter Praxis, die sich in ihren Einrichtungen bewährt haben, und entwickelten diese im Sinne der kollegialen Beratung weiter. Die Vorbereitung fand in Vernetzungstreffen in den drei Regionen Regensburg, Würzburg und Augsburg statt.

Über alle Fortbildungen in Begleitphase I hinweg waren Ko-Konstruktion und Partizipation wesentliche Elemente in Zusammenhang mit der Fachkraft-Kind-Interaktion und der Gestaltung von Projekten[12]. Dies führt zu Reflexionsfragen, wie z. B.: Wie können wir Kinder an Gesprächen aktiv beteiligen, sodass sie Lust

12 Hierzu erhielten die Verbund-Kitas Literaturhinweise und Auszüge aus der Vorkurshandreichung Modul B, S. 84-87 und die Fachartikel zur Projektarbeit.

zum Erzählen und Formulieren bekommen? Wie müssen wir offene Fragen formulieren, damit die Kinder zum Nachdenken und zu komplexeren Antworten angeregt werden? Was können wir tun, um Kinder, die zu Hause wenig Anregung bekommen, neugierig auf ihre Umwelt zu machen und anzuregen, Fragen zu stellen und sich mit anderen gemeinsam Gedanken über die Welt zu machen? Wie gestalten wir Alltags-Aktivitäten und Routinen so, dass sie sprach- und denkanregend sind? Was müssen wir tun, damit Kinder lustvoll mit Sprache experimentieren?[13] Diese Fragen sind grundlegender Teil der alltagsintegrierten Sprachbildung.

Zum Beispiel konnten die Verbund-Fachkräfte in einer Fortbildung das Interaktionsverhalten der in einem Filmmitschnitt[14] agierenden Fachkräfte anhand eines an der CLASS orientierten Beobachtungsbogens analysieren. Dabei konnten sie erarbeiten, wie Kinder während des in einem Filmausschnitt gezeigten Projekts »*Wohin ich gerne reisen würde*« ihre Potenziale zeigen und einsetzen können, wenn sie aktiv eingebunden und beteiligt sind und die Fachkräfte sich von den Interessen und Ideen der Kinder leiten lassen.

Zudem wurden die Verbund-Kitas durch die Praxisaufgaben regelmäßig dazu angeregt, ihre eigene pädagogische Praxis in Hinsicht auf Sprache und Literacy mit Unterstützung des LiSKit in Verbindung mit Seldak, Sismik und Perik (▶ Tab. 3.4) zu überprüfen und weiterzuentwickeln.

Präsentation guter Praxisbeispiele

Die meisten Good-Practice-Beispiele, die die Verbund-Kitas an den Bildungstagen präsentierten, bezogen sich auf Kleinprojekte, die über einen längeren Zeitraum hinweg durchgeführt wurden.[15] Die Themen stammten meist von den Kindern selbst, wobei die wesentlichen Aspekte der alltagintegrierten Sprachbildung (wie z. B. Partizipation, Begegnung mit Schrift, denk- und sprachanregende kultursensible Interaktionsformen, Klären von Bedeutungen, Ko-Konstruktion) berücksichtigt wurden. Andere Beispiele, wie z. B. das *Dialogische Lesen* oder der *Umgang mit Seldak* sollten zeigen, wie die Einrichtungen aus den Fortbildungen Gelerntes in der Praxis umsetzen. In der nachstehenden Tabelle 3.5 sind die Themen der Praxisbeispiele aufgelistet, die an den beiden in 2017 durchgeführten Bildungstagen präsentiert wurden.

Nach jeder Präsentation hatten die Teilnehmenden die Gelegenheit, nachzufragen und Optimierungs- oder Erweiterungsvorschläge zu machen. Das war nur möglich, weil sich über die Zeit eine gute Vertrauensbasis in den Verbünden entwickelt hatte. Zudem erhielten die Referentinnen zusammen mit ihren Kolleginnen die Möglichkeit, anhand eines in Abbildung 3.2 (▶ Abb. 3.2 S. 76) dargestellten Reflexionsfragebogens herauszuarbeiten, inwieweit im Praxisbeispiel wichtige Aspekte der alltagsintegrierten Sprachbildung berücksichtigt waren.

---

13 Vgl. Kap. 1.1 Theoretische Grundlagen der Verbund-Konzeption

14 Filmmitschnitt »Wir müssen irgendwie zum Flughafen kommen« aus der Filmdokumentation »Wie Kinder Sprache entdecken« (Goethe-Institut & Baden-Württemberg Stiftung, 2016)

15 Vgl. hierzu Vorkurs-Handreichung Modul B, S. 31.

Die an die Präsentationen anschließende kollegiale Diskussion unterstützte Prozesse kollegialer Beratung und des Voneinander-Lernens, da viele Anregungen von Fachkräften aus anderen Verbund-Kitas kamen.

Tab. 3.5: Themen der vorgestellten Praxisbeispiele an den Bildungstagen 2017

Praxisbeispiele **Bildungstag I**	• Dialogisches Lesen • Umgang mit einer Konfliktsituation • Umgang mit Seldak • Projekt: Ausgestaltung der Freispielhalle • Projekt: Literacy-Center (siehe Praxisbeispiel in Abschnitt 2) • Projekt: Baustelle • Projekt: Theaterstück der Kinder, die in die Schule kommen
Praxisbeispiele **Bildungstag II**	• Projekt: Deko für das Faschingsfest • Projekt: Buch gestalten • Projekt: Buch herstellen – Geschichtensäckchen • Projekt: Besuch von Polizei und Feuerwehr • Projekt: Tiere und Pflanzen in der Streuobstwiese • Projekt: Bienen • Projekt: Schnecken

Praxisbeispiel aus der BiSS-Kita St. Ulrich Augsburg

Zu Beginn des BiSS-Projektes 2014 machte sich die Kita St. Ulrich in Augsburg auf den Weg, Partizipation in den verschiedensten Kontexten im Kita-Alltag zu etablieren, um den Kindern möglichst viele Mitspracherechte einzuräumen und mehr Lerngelegenheiten zu bieten. Im Rahmen der 4. Praxisaufgabe »Fortsetzung der Arbeit mit LiSKit« entschied sich diese Kita für die Bearbeitung des Bausteins *Schriftkultur, Schreiben und Lesen im Rollenspiel.*

Nach der Fortbildung zum Thema Literacy-Center wurde beschlossen, dass mit den 14 Kindern, die in die Schule kommen, ein Literacy-Center zum Thema Tierbuch gestaltet wird. Die pädagogischen Fachkräfte Gitta Böck und Manuela Rechner besuchten, nachdem sie sich mit den Kindern ausführlich über verschiedene Tierbuch-Formate und die Tiere, die dort beschrieben waren, befasst hatten, die Messe »Jagen und Fischen« in Augsburg. In dem dort eigens angelegten Märchenwald säumten Auszüge berühmter Märchen und Fabeln die Wände und die Parzellen waren mit passenden ausgestopften Tierpräparaten bestückt. Hier stießen die Kinder auf Namen, die sie noch nie gehört hatten, wie z. B. Isegrim, Grimbart, Reineke, aber auch auf Charakterbeschreibungen, wie z. B. eitel, stolz, fromm, listig, die heute nicht mehr sehr gebräuchlich sind. Hierdurch inspiriert folgten in der Kita noch viele Internetrecherchen über Tiere in Fabeln und ihre Charakterzuschreibungen und ebenso Auseinandersetzungen mit den vielen unbekannten Wörtern. Schließlich wählten die Kinder bestimmte Tiere aus, die sie in ihr Tierbuch aufnehmen wollten. Zu manchen Tieren, die keine Fabelwesen waren, aber unbedingt im Tierbuch sein sollten, erfanden die Kinder eigens Namen und Geschichten. Anschließend malten die Kinder die Tiere und beschrifteten die Bilder selbst. Aus dieser Sammlung wurde nach den Vorstellungen der Kinder ein Buch hergestellt.

Nach dem Projekt haben die Kinder viele der neu gelernten Wörter auch tatsächlich in ihrem Spiel im Alltag verwendet und noch vielfältige Ideen für eigene Bücher entwickelt, die sie selbstständig gestalteten. Alle Tätigkeiten waren mit Abstimmung, Absprache, Einigung und Problemlöseverhalten verbunden. Bei dieser Aktivität wurde eine ganze Reihe von sprachlichen und kognitiven Fähigkeiten unterstützt: Pragmatik (z. B. aushandeln, sich abstimmen, überzeugen, begründen), Wortschatz, Sachwissen, Wortbildung, Grammatik, Literacy, planen, vergleichen, analysieren, Probleme lösen.

Bereiche	**Reflexions-Fragen**	☆	☆☆	☆☆☆
Kind-orientierung	Inwieweit orientierten wir uns an den Themen und Interessen der Kinder?			
	Inwieweit banden wir die Kinder in die Planung ein?			
	Inwieweit nahmen wir die Äußerungen der Kinder auf und verknüpften sie mit dem jeweiligen Thema?			
	Inwieweit gab es die Möglichkeit, dass Kinder mit- und voneinander lernen können?			
Kommuni-kative Aspekte	Gab es verschiedene pädagogische Angebote und Materialien, durch die alle sprachlichen Aspekte der Sprachkompetenz angeregt werden können (z.B. Projekte mit hohen kommunikativen Anteilen)?			
	Inwieweit war die Verwendung von kontextualisierter Sprache vorgesehen, um den Input für alle Kinder verständlicher zu machen? (z.B. Einsatz von Körpersprache, Gesten, Mimik, Pantomime, Bildern/visuellen Hilfen, konkreten Objekten und Materialien)			
Diversität	Wurden die verschiedenen Lebenswelten aller Kinder berücksichtigt?			
Verknüpfung von Bildungs-bereichen	Wurden Bildungsbereiche, die eine eigene Sprache erfordern (z.B. mathematische Sprache: ein Viertel, die Hälfte, Dreieck) einbezogen?			
Handlungs- und Ressourcen-orientierung	Lernten die Kinder handlungsorientiert? War das, was die Kinder lernen sollten, auch mit Handlungen verbunden, die sie nachvollziehen können?			
	Hatte jedes Kind genug Raum und Zeit, mit seinen neuen Erkenntnissen zu experimentieren?			

Abb. 3.2: Reflexionsfragebogen zum Praxisbeispiel (eigene Darstellung)

2.3 Begleitphase III (Professionelle Lerngemeinschaften)

Mit Verlängerung der BiSS-Initiative bis Ende 2019 werden die drei BiSS-Verbünde 2018 in eine neue Phase eintreten, in der die Fachkräfte der BiSS-Kitas ihre Expertise verstärkt einbringen können. Die Einrichtungen bleiben in regionalen Netzwerken miteinander verbunden, um sich als professionelle Lerngemeinschaften auszutauschen. Neu wird in Phase III sein, dass sich interessierte Fachkräfte aus den Verbund-Kitas an den von BiSS ab 2018 angebotenen Blended-Learning-Kursen (Pilotphase) beteiligen, die inhaltlich ähnliche Themen behandeln wie die Fortbildungen der Input-Phase und damit der Festigung des Gelernten dienen.

Die bis dahin neu implementierten regionalen Expertentage können die Fachkräfte aus den Verbünden dazu nutzen, weiterhin Good-Practice-Beispiele zu präsentieren, sich über ihre Erfahrungen mit den Blended-Learning-Kursen auszutauschen und etwaige Optimierungsanregungen rückzumelden, die das IFP an das Trägerkonsortium der BiSS-Initiative (Erläuterung siehe Vorwort des Bandes oder Fußnote 3) weiterleiten wird. Die Erprobung von neu entwickelten Instrumenten und Materialien werden nun die Praxisaufgaben ersetzen. Weiterhin wird aber ein Workshop pro Jahr auf Leitungsebene angeboten werden.

3 Fazit

Alltagsintegrierte sprachliche Bildung ist eine hochkomplexe Aufgabe, die nur mit gut ausgebildeten Fachkräften gelingen kann. Ausgangspunkt bei der Konzeptionsentwicklung für dieses Verbundvorhaben waren die verbindlich eingeführten Maßnahmen zur Qualitätssicherung und -optimierung der sprachlichen Bildungsarbeit in bayerischen Kitas, deren Grundlage der Bayerische Bildungs- und Erziehungsplan darstellt.

Der Grundgedanke hierbei war, dass Kitas, die bereits positive Erfahrungen mit der Unterstützung bei ihrer sprachlichen Bildungsarbeit durch ein Coaching gemacht haben und über ein Grundwissen über Sprache, Sprachaneignung, alltagsintegrierte Sprachbildung und Instrumente zur Einschätzung der Sprachkompetenzen der Kinder verfügen, ihre bereits gewonnene Expertise durch eine weitere Begleitung im Umgang mit den implementierten Maßnahmen und Instrumenten erweitern und ausdifferenzieren können. Erwartet wurde, dass sich hierdurch positive Effekte hinsichtlich der Qualität der alltagsintegrierten sprachlichen Bildung auf Fachkraft-, Eltern- und Kita-Ebene ergeben würden. Dies würde sich dann auf die Entwicklung der Sprachkompetenzen der Kinder auswirken. Ob dies der Fall ist, könnte eine begleitende Evaluation zeigen, über deren Ergebnisse in einem separaten Band der Reihe »Bildung durch Sprache und Schrift« berichtet wird.

Im Verlauf der Verbundarbeit wurde anhand von Selbsteinschätzungen der beteiligten Fachkräfte und Leitungen durch regelmäßig zu beantwortende Reflexionsfragen und Punkteabfragen zur Zielerreichung sichtbar, dass die pädagogischen Fachkräfte engagiert sind und professionell die fortgebildeten Methoden und Instrumente erproben.

Die Entwicklungsfortschritte sind in der Begleitphase I bei der Bearbeitung der Praxisaufgaben und in der Begleitphase II bei den Präsentationen an den Bildungstagen erkennbar. Die Lösungen bei der Bearbeitung der Praxisaufgaben zeigen die Entwicklungsfortschritte in den Verbund-Kitas ebenso wie die Good-Practice-Beispiele an den Bildungstagen, so vor allem die mit LiSKit vorgenommenen Selbsteinschätzungen zu bestimmten Bereichen, z. B. Ausstattung der Kita mit Büchern, und die daraus abgeleiteten Entwicklungsziele für die Einrichtung.

Deutlich wurde in der Arbeit mit diesem Verbundvorhaben auch, dass das beschriebene dreistufige Begleitkonzept eine Infrastruktur voraussetzt, die eine kontinuierliche Begleitung im Sinne eines Coaching-Ansatzes ermöglicht, wie dies in Bayern derzeit beim sich im Aufbau befindlichen Unterstützungssystem der *Pädagogischen Qualitätsbegleitung* (PQB) der Fall ist. PQB verfolgt vor allem das Ziel, gute Interaktionsqualität in den Kindertageseinrichtungen sichtbar zu machen und gemeinsam mit den Teams nachhaltig weiterzuentwickeln und auszubauen.

Literatur

Adams, M. J. (1990). *Beginning to read: Thinking and learning about print.* Cambridge, MA: Massachusetts Institute of Technology Press.

Anders, Y., Roßbach, H.-G., Weinert, S., Ebert, S., Kuger, S., Lehrl, S. & von Maurice, J. (2012). Home and pre-school learning environments and their relations to the development of early numeracy skills. *Early Childhood Research Quarterly, 27,* 231-244.

Anderson, R. C. & Pearson, P. D. (1984). A schema-theoretic view of basic processes in reading. In P. D. Pearson (Hrsg.). *Handbook of Reading Research,* (S. 255-291). New York: Longman.

Baker, L., Scher, D. & Mackler, K. (1997). Home and Family Influences on Motivations for Reading. *Educational Psychologist, 32*(2), 69-82.

Bayerisches Staatministerium für Arbeit und Soziales, Familie und Integration & Bayerisches Staatsministerium für Bildung und Kultus, Wissenschaft und Kunst (Hrsg.), Kieferle, C. & Triarchi-Hermann, W. (2016). *Vorkurs Deutsch 240 in Bayern – Modul B: Prozessbegleitende Sprachstandserfassung und methodisch-didaktische Grundlagen der Vorkursgestaltung.* München.

Bayerisches Staatministerium für Arbeit und Soziales, Familie und Integration & Bayerisches Staatsministerium für Bildung und Kultus, Wissenschaft und Kultur (Hrsg.), Reichert-Garschhammer, E. & Kieferle, C. (2016). *Vorkurs Deutsch 240 in Bayern – Modul C: Toolbox.* München.

Bayerisches Staatsministerium für Arbeit und Sozialordnung, Familie und Frauen & Staatsinstitut für Frühpädagogik München (Hrsg.) (2005/2017). *Der Bayerische Bildungs- und Erziehungsplan für Kinder in Tageseinrichtungen bis zur Einschulung (8. erw. Aufl.).* Berlin: Cornelsen.

Biemiller, A. (2005). Size and sequence in vocabulary development: Implications for choosing words for primary grade vocabulary instruction. In E. H. Hiebert & M. L. Kamil (Hrsg.), *Teaching and learning vocabulary: Bringing research to practice,* (S. 223-242). Mahwah, NJ: Lawrence Erlbaum.

Bildungsdirektion Kanton Zürich (Hrsg.) (2014). *Ich sehe was, was siehst du?* 40 Kurzfilme über frühkindliches Lernen im Alltag in 13 Sprachen. Zürich. Verfügbar unter: https://www.kinder-4.ch/ [05.01.2018].

Bronfenbrenner, U. & Morris, P. A. (2006). The bio-ecological model of human development. In W. Damon & R. M. Lerner (Hrsg.), *Handbook of child psychology, Vol. 1: Theoretical models of human development (6. Aufl.)*, (S. 793-828). New York: Wiley.

Bruner, J. S. (1974). From communication to language: A psychological perspective. *Cognition, 3*, 255-287.

Bulotsky-Shearer, R. J., Bell, E. R., Carter, T. M. & Dietrich, S. L. R. (2014). Peer Play Interactions and Learning for Low-Income Preschool Children: The Moderating Role of Classroom Quality. *Early Education and Development, 25(6)*, 815-840.

Bundesministerium für Familien, Senioren, Frauen, Jugend (2018). *Frühe Chancen*. Verfügbar unter: http://www. https://sprach-kitas.fruehe-chancen.de/themen/sprachliche-bildung/alltagsintegrierte-sprachliche-bildung/ [05.01.2018].

Burchinal, M., Vandergrift, N., Pianta, R. & Mashburn, A. (2010). Threshold analysis of association between child care quality and child outcomes for low-income children in pre-kindergarten programs. *Early Childhood Research Quarterly, 25*(2), 166-176.

Chang, H., Stipek, D. & Garza, N. (2006). *Deepening the dialogue: Key considerations for expanding access to high quality preschool in California*. Palo Alto, CA: Stanford School of Education.

Copple, C. & Bredekamp, S. (Hrsg.). (2009). *Developmentally appropriate practice in early childhood programs serving children from birth to age 8 (3. Aufl.)*. Washington, DC: National Association for the Education of Young Children.

Curby, T. W. & Chavez, C. (2013). Examining CLASS dimensions as predictors of pre-k children's development of language, literacy, and mathematics. *NHSA Dialog*, 16, 1-17.

Curby, T. W., Downer, J. T. & Booren, L. M. (2014). Behavioral exchanges between teachers and children over the course of a typical preschool day: Testing bidirectional associations. *Early Childhood Research Quarterly, 29*(2), 193-204.

Curby, T. W., LoCasale-Crouch, J., Konold, T. R., Pianta, R. C., Howes, C., Burchinal, M., Bryant, D., Clifford, R., Early, D. & Barbarin, O. (2009). The relations of observed pre-K classroom quality profiles to children's achievement and social competence. *Early Education and Development, 20(2)*, 346-372.

Dickinson, D. K. & Neuman, S. B. (Hrsg.) (2006). *Handbook of Early Literacy Research, Vol.* 2. New York: Guilford Press.

Dickinson, D. K. & Tabors, P. O. (2001). *Beginning literacy with language: Young children learning at home and school*. Baltimore, MD: Brookes Publishing Company.

Dickinson, D. K. & Tabors, P. O. (1991). Early literacy: Linkages between home, school, and literacy achievement at age five. *Journal of Research in Childhood Education, 6*(1), 30-46.

Dobbs-Oates, J., Kaderavek, J. N., Guo, Y. & Justice, L. M. (2011). Effective behavior management in preschool classrooms and children's task orientation: Enhancing children's emergent literacy and language development. *Early Childhood Research Quarterly, 26*, 420-429.

Downer, J. T., Lopez, M. L., Grimm, K. J., Hamagami, A., Pianta, R. C. & Howes, C. (2011). Observations of teacher-child interactions in classrooms serving Latinos and dual language learners: Applicability of the Classroom Assessment Scoring System in diverse settings. *Early Childhood Research Quarterly, 27*(1), 21-32.

Downer, J. T., Sabol, T. J. & Hamre, B. (2010). Teacher–Child Interactions in the Classroom: Toward a Theory of Within- and Cross-Domain Links to Children's Developmental Outcomes. *Early Education and Development*, 21(5), 699-723.

Fernald, A., Marchman, V. A. & Weisleder, A. (2013). SES differences in language processing skill and vocabulary are evident at 18 months. *Developmental Science*, 16, 234-248.

Füssenich, I. & Menz, M. (2014). *Sprachliche Bildung. Sprachförderung. Sprachtherapie. Grundlagen und Praxisanregungen für Fachkräfte in Kitas*. Berlin: Cornelsen.

Galda, L. & Cullinan, B. E. (1991). Literature for literacy: What research says about the benefits of using trade books in the classroom. In J. Flood, J. M. Jensen, D. Lapp & J. R.

Squire (Hrsg.), *Handbook of research on teaching the English language arts* (S. 529-535). New York: Macmillan.

Goethe-Institut & Baden-Württemberg Stiftung (Hrsg.) (2015). *Wie Kinder Sprache entdecken. Filmdokumentationen zur sprachlichen Bildung im Kindergarten.* München: Goethe-Institut.

Guo, Y., Justice, L. M., Kaderavek, J. N. & McGinty, A. (2012). The literacy environment of preschool classrooms: Contributions to children's emergent literacy growth. *Journal of Research in Reading, 35(3),* 308-327.

Guo, Y., Piasta, S. B., Justice, L. M. & Kaderavek, J. N. (2010). Relations among preschool teachers' self-efficacy, classroom quality, and children's language and literacy gains. *Teaching and Teacher Education, 26*(4), 1094-1103.

Hamre, B., Hatfield, B., Pianta, R. C. & Jamil, F. (2014). Evidence for General and Domain-Specific Elements of Teacher-Child Interactions: Associations with Preschool Children's Development. *Child Development, 85*(3), 1257-1274.

Hart, B., & Risley, T. R. (1995). *Meaningful differences in the everyday experience of young American children.* Baltimore, MD: Paul H. Brookes Publishing Company.

Hellbrügge, T. & Schneeweiß, B. (Hrsg.) (2012). *Sprache, Kommunikation und soziale Entwicklung: Frühe Diagnostik und Therapie.* Stuttgart: Klett-Cotta.

Hemmeter, M. L., Fox, L., Jack, S., Broyles, L. & Doubet, S. (2007). A program-wide model of positive behavior support in early childhood settings. *Journal of Early Intervention, 29,* 337-355.

Hindman, A. H. & Wasik, B. A. (2013). Vocabulary learning in Head Start: Nature and extent of class-room instruction and its contributions to children's learning. *Journal Of School Psychology, 51*(3), 387-405.

Howes, C., Burchinal, M., Pianta, R., Bryant, D., Early, D., Clifford, R. & Barbarin, O. (2008). Ready to learn? Children's pre-academic achievement in pre-kindergarten programs. *Early Childhood Research Quarterly, 23*(1), 27-50.

Huck, C. S. (1976*). Children's literature in the elementary school* (3. Aufl.). New York: Holt, Rinehart and Winston.

Jerome, E. M., Hamre, B. K. & Pianta, R. C. (2009). Teacher–Child Relationships from Kindergarten to Sixth Grade: Early Childhood Predictors of Teacher-perceived Conflict and Closeness. *Social Development, 18*(4), 915-945.

Kany, W. & Schöler, H. (2010). Fokus: *Sprachdiagnostik. Leitfaden zur Sprachstandsbestimmung im Kindergarten* (2. erw. Aufl.). Berlin: Cornelsen Scriptor.

Keys, T. D., Farkas, G., Burchinal, M. R., Duncan, G. J., Vandell, D. L., Li, W., Rutzek, E. A. & Howes, C. (2013). Preschool center quality and school readiness: Quality effects and variation by demographic and child characteristics. *Child development, 84*(4), 1171-1190.

Kieferle, C., Reichert-Garschhammer, E. & Becker-Stoll, F. (Hrsg.) (2013). *Sprachliche Bildung von Anfang an – Strategien, Konzepte und Erfahrungen.* Göttingen: Vandenhoeck & Ruprecht.

Lipowsky, F. & Rzejak, D. (2015). Lehrerfortbildungen lernwirksam gestalten – Ein Überblick über den Forschungsstand. *ZfL Magazin der Universität Münster, 1*(1), 5-10.

Maier, M. F., Vitiello, V. E. & Greenfield, D. B. (2012). A multilevel model of child- and classroom-level psychosocial factors that support language and literacy resilience of children in Head Start. *Early Childhood Research Quarterly, 27*(1), 104-114.

Marcon, R. A. (1999). Positive relationships between parent school involvement and public school, inner-city preschoolers' development and academic performance. *School Psychology Review, 28,* 395-412.

Mashburn, A. J, Justice, L. M, Downer, J. T., & Pianta, R. C. (2009). Peer effects on children's language achievement during pre-kindergarten. *Child development*, 80(3), 686-702.

Mashburn, A. J., Pianta, R. C., Hamre, B. K., Downer, J. T., Barbarin, O. A., Bryant, D. & Burchinal, M. (2008). Measures of classroom quality in pre-kindergarten and children's development of academic, language, and social skills. *Child Development, 79*(3), 732-749.

Mayr, T., Hofbauer, C., Kofler A. & Simic M. (2012). *LiSKit – Literacy und Sprache in Kindertageseinrichtungen.* Freiburg: Herder.

Mayr, T., Kieferle, C. & Schauland N. (2014). *LiSeb – Literacy- und Sprachentwicklung beobachten (bei Kleinkindern)*. Freiburg: Herder.

Mayr, T. & Ulich, M. (2006). *Perik – Positive Entwicklung und Resilienz im Kindergartenalltag*. Freiburg: Herder.

McWayne, C., Hampton, V., Fantuzzo, J., Cohen, H. L. & Sekino, Y. (2004). A multivariate examination of parent involvement and the social and academic competencies of urban kindergarten children. *Psychology in the Schools, 41*(3), 363-377.

Nash, H. & Snowling, M. (2006). Teaching new words to children with poor existing vocabulary knowledge: A controlled evaluation of the definition and context methods. *International Journal of Language and Communication Disorders, 41*(3), 335-354.

Neuman, S. B. & Dickinson, D. K. (Hrsg.) (2003). *Handbook of Early Literacy Research, Vol. 1*. New York: Guilford Press.

Neuman, S. B. & Roskos, K. (1993). Access to print for children of poverty: Differential effects of adult mediation and literacy-enriched play settings on environmental and functional print tasks. *American Educational Research Journal, 30*, 95-121.

Neuman, S. B. & Roskos, K. (1990). The influence of literacy-enriched play settings on preschoolers' engagement with written language. In J. Zutell & S. McCormick (Hrsg.). *Literacy theory and research: Analyses from multiple paradigms*, (S. 179-188). Chicago, IL: National Reading Conference.

Nobel Cambell, E. & Foster, J. E. (1993). Play centers that encourage literacy development. *Early Childhood Education Journal, 21*(2), 22-26.

Olfman, S. (Hrsg.) (2003). *All Work and No Play. How Educational Reforms are harming our pre-schoolers*. Westport, Connecticut, London: Praeger.

Pianta, R. C., La Paro, K. & Hamre, B. K. (2008). *Classroom Assessment Scoring System (CLASS)*. Baltimore: Paul H. Brookes.

Reichert-Garschhammer, E. & Kieferle, C. (Hrsg.) (2011). *Sprachliche Bildung in Kindertageseinrichtungen. Fachwissen Kita*. Freiburg: Herder.

Reichert-Garschhammer, E. (2014 a). Projekte statt Programme. *TPS, Heft 7*, 32-35.

Reichert-Garschhammer, E. (2014 b). Arbeiten in Projekten (1). Fachliche Standards für gute Projektarbeit. *Kindergarten heute, Heft 5*, 8-14.

Reichert-Garschhammer, E. (2014 c). Arbeiten in Projekten (2). Projektphasen und ihre Umsetzung in der Praxis. *Kindergarten heute, Heft 6-7*, 8-14.

Reichert-Garschhammer, E. (2013). *Projektarbeit im Fokus. Fachliche Standards und Praxisbeispiele für Kitas*. Berlin: Cornelsen.

Reid, J. L. & Ready, D. D. (2013). High-quality preschool: The socioeconomic composition of pre-school classrooms and children's learning. *Early Education and Development, 24*(8), 1082-1111.

Rogoff, B. (1990). *Apprenticeship in Thinking. Cognitive Development in Social Context*. New York: Oxford University Press.

Rogoff, B. (2003). *The Cultural Nature of Human Development*. New York: Oxford University Press.

Roskos, K. A. & Christie, J. F. (Hrsg.) (2000). *Play and literacy in early childhood*. Mahwah, NJ: Lawrence Erlbaum.

Roth, F. P., Speece, D. L. & Cooper, D. H. (2002). A longitudinal analysis of the connection between oral language and reading. *Journal of Educational Research, 95*, 259-272.

Sacher, W. (2013). Elternarbeit: Lohnt der Aufwand? Antworten aus Untersuchungen der letzten drei Jahrzehnte zur Elternarbeit. In: Staatsinstitut für Schulqualität und Bildungsforschung München: *Einblicke – Ausblicke. Jahrbuch 2012*, (S. 88-95). München.

Salmon, A. (2010). Using music to promote children's thinking and enhance their literacy development. *Early Child Development and Care Journal, 180*(7), 937-945.

Sénéchal, M. (1997). The differential effect of storybook reading on preschoolers' acquisition of expressive and receptive vocabulary. *Journal of Child Language, 24*, 123-138.

Shonkoff, J. P. & Phillips, D. A. (2000). The challenge of studying culture. In J. P. Shonkoff & D. A. Phillips (Hrsg.), *From neurons to neighborhoods: The science of early childhood development* (S. 57-69). Washington, DC: National Academy Press.

Singer, D. G., Golinkoff, R. M. & Hirsh-Pasek, K. (Hrsg.) (2006). *Play = Learning: How Play Motivates and Enhances Children's Cognitive and Social-Emotional Growth*. New York, NY: Oxford University Press.

Snow, C., Barnes, W., Chandler, J., Goodman, I. & Hemphill, L. (1991). *Unfulfilled Expectations: Home and School Influences on Literacy*. Cambridge, Massachusetts: Harvard University Press.

Snow, C. E., Burns, M. S. & Griffin, P. (1998). *Preventing reading difficulties in young children*. Washington, DC: National Academy Press.

Snow, C. E. & Kim, Y. (2007). Large problem spaces: The challenge of vocabulary for English language learners. In R. K. Wagner, A. E. Muse & K. R. Tannenbaum (Hrsg.). *Vocabulary acquisition: Implications for reading comprehension* (S. 123-139). New York: Guilford.

Snow, C. E. & Van Hemel, S. (2008). *Early childhood assessment: Why, what, and how*. Washington: National Research Council of the National Academy of Sciences.

Sonnenschein, S., Thompson, J. A., Metzger, S. R. & Baker, L. (2013). Relations between preschool teachers' language and gains in low-income English language learners' and English speakers' vocabulary, early literacy and math skills. *NHSA Dialog: A Research-to-Practice Journal for the Early Childhood Field, 16*, 64-87.

Sylva, K., Melhuish, E., Sammons, P., Siraj-Blatchford, I. & Taggart, B. (2004). *The Effective Provision of Pre-School Education (EPPE) project: Final Report*. Nottingham, United Kingdom: Department for Education and Skills.

Tabors, P. O., Snow, C. E. & Dickinson, D. K. (2001). Homes and schools together: Supporting language and literacy development. In D. K. Dickinson & P. O. Tabors (Hrsg.). *Beginning literacy with language: Young children learning at home and school* (S. 313-334). Baltimore, MD: Brookes Publishing.

Taylor, D. (1983). *Family literacy: Young children learning to read and write*. Exeter, NH: Heinemann.

Teachstone (Hrsg.) (2017). *Effective Teacher-Child Interactions and Child Outcomes: A Summary of Research on the Classroom Assessment Scoring System (CLASS) Pre-K-3rd Grade*. Teachstone. Verfügbar unter: https://cdn2.hubspot.net/hubfs/336169/Teachstone-Outcomes.pdf?t=1510250199322 [10.11.2017].

Tomasello, M. (2003). *Constructing a Language. A Usage-Based Theory of Language Acquisition*. London, Cambridge: Harvard University Press.

Tomasello, M. (2006). *Die kulturelle Entwicklung des Denkens*. Frankfurt a. M.: Suhrkamp.

Tomasello, M. (2009). *Die Ursprünge der menschlichen Kommunikation*. Frankfurt a. M.: Suhrkamp.

Ulich, M. (2004). *Lust auf Sprache. Sprachliche Bildung und Deutsch lernen in Kindertageseinrichtungen*. DVD mit Begleitheft. Freiburg: Herder.

Ulich, M. & Mayr, T. (2003). *Sismik – Sprachverhalten und Interesse an Sprache bei Migrantenkindern in Kindertageseinrichtungen*. Freiburg: Herder.

Ulich, M. & Mayr, T. (2006). *Seldak – Sprachentwicklung und Literacy bei deutschsprachig aufwachsenden Kindern*. Freiburg: Herder.

Van Voorhis, F. L., Maier, M. F., Epstein, J. L., Lloyd, C. M. & Leuong, T. (2013). *The Impact of Family Involvement on the Education of Children Ages 3 to 8: A Focus on Literacy and Math Achievement Outcomes and Social-Emotional Skills*. New York: NY Center on School, Family and Community Partnerships, MDRC.

Vygotsky, L. (1978). *Interaction between learning and development. From: Mind and Society*. Cambridge, MA: Harvard University Press.

Wagner, R. K., Muse, A. E. & Tannenbaum, K. R. (2007). Promising avenues for better understanding implications of vocabulary development for reading comprehension. In: R. K. Wagner, A. E. Muse & K. R. Tannenbaum (Hrsg.), *Vocabulary acquisition: Implications for reading comprehension* (S. 276-291). New York: Guilford Press.

Wasik, B. A. & Hindman, A. H. (2011). Improving vocabulary and pre-literacy skills of at-risk pre-schoolers through teacher professional development. *Journal of Educational Psychology, 103*(2), 455-469.

Weiland, C., Ulvestad, K., Sachs, J. & Yoshikawa, H. (2013). Associations between classroom quality and children's vocabulary and executive function skills in an urban public pre-kindergarten program. *Early Childhood Research Quarterly, 28*(2), 199-209.

Weinert, S. & Ebert, S. (2013). Spracherwerb im Vorschulalter. Soziale Disparitäten und Einflussvariablen auf den Grammatikerwerb. *Zeitschrift für Erziehungswissenschaften, 16* (2), 303-332.

Xu, Y. (2012). Examining the concurrent validity of assessing preschool language and literacy skills. *Early Child Development and Care, 182*(6), 741-754.

Xu, Y., Chin, C., Reed, E. & Hutchinson, C. (2014). The effects of a comprehensive early literacy project on preschoolers' language and literacy skills. *Early Childhood Education Journal, 42*(5), 295-304.

Teil II: Praxiserfahrungen im Schulbereich

In Teil zwei dieses Bandes geht es um Praxiserfahrungen mit Konzepten der Sprach- und Schriftsprachförderung im Schulbereich, die in verschiedenen Bundesländern innerhalb der Initiative »Bildung durch Sprache und Schrift« (BiSS) gesammelt wurden. Die vier Kapitel des zweiten Teils thematisieren die Entwicklung, Erprobung und praktische Umsetzung von Konzepten der »gezielten sprachlichen Bildung in alltäglichen und fachlichen Kontexten« (► Kap. 4) sowie von Konzepten der Leseförderung (► Kap. 5, 6 und 7).

In Kapitel vier beschreiben Lilli Verboom und Alexandra Koch das »WEGE-Konzept«, das in Nordrhein-Westfalen (NRW) in vier Duisburger Grundschulen im BiSS-Verbund »Sprachbrille auf im Mathematikunterricht« durchgeführt wurde. Das WEGE-Konzept wurde konzipiert, um Lehrkräfte bei der Gestaltung eines sprachsensiblen Mathematikunterrichts zu unterstützen. Das Konzept soll den Schülerinnen und Schülern in vier Schritten dabei helfen, den benötigten Fachwortschatz aufzubauen. Fachbegriffe werden zunächst erarbeitet und visualisiert und dann mit gleichbleibenden Satzmustern eingeübt. In anschließenden Übungen werden die Begriffe in einem erweiterten inhaltlichen Rahmen mit unterschiedlichen Satzmustern ausprobiert, und schließlich werden die Schülerinnen und Schüler angeregt, die erworbenen Sprachmittel selbstständig in neuen Kontexten anzuwenden.

Steffen Gailberger stellt in Kapitel fünf ein Konzept zur Leseförderung vor, das in einem Hamburger BiSS-Verbund in sechs Schulen der Primarstufe durchgeführt wurde, von denen in der Mehrzahl der Schulen Kinder mit hoher sozialer Belastung beschult werden (eingestuft nach Index sozialer Belastung). Alle beteiligten Schulen führten zur Leseförderung eine zusätzliche Lesezeit von mindestens 20 Minuten verbindlich ein (sog. »Leseband«), die drei bis fünf Mal in der Woche nicht im Rahmen des Deutschunterrichts stattfand. Innerhalb des Lesebandes wurden zur Förderung des Lesens verschiedene Varianten von Lautleseverfahren eingesetzt. Die beteiligten Lehrkräfte nahmen an zwei Methodenworkshops je Schuljahr teil, in denen Kenntnisse über die Methoden und theoretische Hintergründe des Lesens vermittelt wurden.

In Kapitel sechs beschreiben Ulrike Krug und Daniel Nix für die Primarstufe das Konzept »Verstärkte Leseförderung an hessischen Schulen – ein Konzept zur Leseförderung in allen Schulformen«. An diesem landesweiten Projekt sind für den BiSS-Verbund sechs Grundschulen im Rheingau beteiligt. Das Konzept hat das Ziel, bereits vorhandene Leseförderkonzepte der Schulen auf der Basis wissenschaftlich gesicherter Grundlagen des Erwerbs von Lesekompetenzen weiterzuentwickeln. Die teilnehmenden Schulen führten zunächst mit Hilfe einer Checkliste eine Bestandsaufnahme der jeweiligen Leseförderpraxis durch (Bilanzierung), aus der ersichtlich wurde, in welchen Bereichen Optimierungsbedarf bestand. Aus den Ergebnissen wurden für jede Schule Ziele für die Leseförderung vereinbart. Die Schulen konnten dann Module eines Fortbildungsangebotes wählen, das Hilfestellungen zur Diagnose und Förderung von Leseflüssigkeit, Textverständnis und Lesemotivation bietet.

Marion Bönnighausen, Katharina Lammers und Dirk Reimann stellen in Kapitel sieben das Konzept »Leseschule NRW Münster« für einen Verbund der Sekundarstufe vor, an dem fünf Schulen beteiligt sind (das Konzept wurde ebenfalls in einem Primarverbund mit sechs Schulen realisiert). Das Konzept hat die Implementation von Lesefördermaßnahmen zum Gegenstand und nennt Faktoren der Schulentwicklung, die für eine erfolgreiche Implementierung beachtet werden müssen. Hierzu zählen eine systematische Vernetzung zwischen den Akteuren sowie eine begleitende Unterstützung durch Coaches und Multiplikatoren bei der verbindlichen Einführung, Adaptation und Beibehaltung leseförderlicher Maßnahmen an einer Schule. Die zu implementierenden Fördermaßnahmen berücksichtigten hierarchieniedrige und hierarchiehöhere Prozesse des Lesens. Dafür wurden im Verbund Fortbildungen zur Diagnostik und Förderung der Leseflüssigkeit (z. B. Lautleseverfahren), des Textverständnisses (Lesestrategien) sowie zur Lesemotivation (Literarische Bildung, Leseanimation) angeboten.

Kapitel 4: WEGE durch den Sprachförderdschungel – Strukturierung des Fachwortschatz-Lernprozesses und Ansätze für den Theorie-Praxis-Transfer

Lilo Verboom[1] *& Alexandra Koch*

Eine zentrale Aufgabe des Unterrichts besteht darin, dazu beizutragen, dass Schülerinnen und Schüler die für einen erfolgreichen Schulbesuch notwendigen sprachlichen Kompetenzen erwerben. In einem fach- und sprachintegrierten Mathematikunterricht stellt der Fachwortschatz dabei sowohl ein Lernziel als auch eine Lernhürde dar. Dieser Herausforderung kann mit dem WEGE-Konzept begegnet werden (Wortspeicher, Einschleifübungen, Ganzheitliche Übungen, Eigenproduktionen). Der gemeinsamen Erarbeitung und Visualisierung des Fachwortschatzes und deren Einschleifung folgen ganzheitliche Übungen und Eigenproduktionen. Planungsrahmen helfen dabei, neben den fachlichen Lernzielen auch die sprachlichen Lernziele genau zu definieren und deren Umsetzung von Anfang an parallel mitzuplanen. Ein Blick auf den angestoßenen Theorie-Praxis-Transfer und die bisherigen Evaluationsergebnisse erlauben einen hoffnungsvollen Blick auf die Dissemination des WEGE-Konzepts.

Einleitung

Im Rahmen der Bund-Länder-Initiative »Bildung durch Sprache und Schrift« BiSS haben sich im Jahr 2013 vier Duisburger Grundschulen unter der Leitung des Duisburger Schulamtes und der Begleitung einer Verbundkoordinatorin zu dem Schulverbund »Sprachbrille auf! im Mathematikunterricht« zusammengeschlossen, um an einem Konzept für einen gezielt sprachfördernden Mathematikunterricht zu arbeiten. Gemeinsam mit den wissenschaftlichen Partnern Prof. Dr. Christoph Selter vom Institut zur Entwicklung und Erforschung des Mathematikunterrichts (IEEM) der TU Dortmund, Lilo Verboom vom Zentrum für schulpraktische Lehrerausbildung (ZfsL) und Alexandra Koch, BiSS-Verbundkoordinatorin, entwickeln, erproben und evaluieren die beteiligten Duisburger Grundschulen sprachsensible Unterrichtsreihen. Zum Verbund gehören die Duis-

1 Geboren am 26.10.1951, verstorben am 25.11.2017.

burger Grundschulen: GGS Am Park, GGS Böhmer Straße, GGS Im Dichterviertel, GGS Unter den Kastanien.

Das von Lilo Verboom eigens für den BiSS-Verbund entwickelte WEGE-Konzept bedient sich der Methode des Scaffoldings und wurde für eine praxisnahe und leichte realisierbare Umsetzbarkeit in überarbeitete Planungsrahmen eingebettet.

Das Akronym WEGE steht für: Wortspeicher, Einschleifübungen, Ganzheitliche Übungen, Eigenproduktionen.

Ein weiterer Arbeitsschwerpunkt dieses Verbundes ist die Verbreitung des Konzepts in die regionale und überregionale Schullandschaft. Einen der Ansatzpunkte dafür bietet ein 2015 gegründetes Hospitationsnetzwerk. Interessierten Kolleginnen und Kollegen wird dort die Möglichkeit geboten, das Konzept in der Praxis zu erleben[2].

1 Der Fachwortschatz – Lernziel und Lernhürde

Zum Einstieg eine kleine Begebenheit aus einem ersten Schuljahr: Die Kinder der Klasse1b untersuchen magische Quadrate (► Abb. 4.1).

6	7	2
1	5	9
8	3	4

Abb. 4.1: Magische Quadrate

Betül meldet sich stürmisch, weil sie etwas Besonderes entdeckt hat. Als sie von der Lehrerin aufgerufen wird, hebt sie von ihrem Platz aus voll Begeisterung an: »Die …«, bricht aber dann frustriert ab »… ich weiß gar nicht, was das heißt.« Ihr fehlen Fachbegriffe und Ausdrücke wie »Spalte«, »Diagonale«, »Zeile«, »Summe«, »Ergebnis«, »plus rechnen«, »ergibt immer 15«. Leider kann sie von ihrem Platz aus noch nicht einmal auf die Zahlen an den angegebenen Positionen zeigen, um Gemeintes zu verdeutlichen. So wie Betül ergeht es vielen Kindern. Bestenfalls teilen

2 http://www.biss-sprachbildung.de/hospitationsschulen_duisburg.de

sie ihre sprachlichen Schwierigkeiten mit oder versuchen, sie kreativ zu umschreiben, so wie Mehmet, der den Zifferntausch in zweistelligen Zahlen (36 / 63) wie folgt beschreibt. »Die Einer sind zu den Zehnern gegangen und die Zehner zu den Einern.« Bedauerlich ist es, wenn die Kinder verstummen und sich aus dem gemeinsamen Unterrichtsgespräch und der Verständigung über Mathematik herausziehen.

In einem fach- und sprachintegrierten Unterricht ist ein fehlender Fachwortschatz allerdings nicht nur ein Problem von Kindern mit Deutsch als Zweitsprache oder spracharm aufwachsenden Kindern. Vielmehr betrifft die Unfähigkeit, sich bildungssprachlich und mathematikbezogen-fachsprachlich korrekt und nachvollziehbar auszudrücken die meisten Kinder, werden hier doch Anforderungen an ein sprachliches Register gestellt, das als Unterrichtssprache stark von der Alltagssprache der Kinder abweicht und nicht nur als Mitteilungswortschatz aktiv beherrscht, sondern im ersten Schritt überhaupt erst einmal verstanden werden muss. So mag es sein, dass Kinder im Fach Mathematik keinesfalls an den fachlichen, sondern an den sprachlichen Anforderungen scheitern. Mit Fug und Recht kann z. B. davon ausgegangen werden, dass die Bedeutung der Fragestellung aus der letzten IQB-Vergleichsstudie »IQB-Bildungstrends« von 2016 (Stanat, Schipolowski, Rjosk, Weirich & Haag, 2017) »Welche Zahl liegt am nächsten bei 5000?« wegen der ungewohnten präpositionalen Ortsangabe mit einer unregelmäßigen Superlativ-Bildung sich nicht allen Kindern korrekt erschlossen hat.

Das Beherrschen einer altersgemäßen Fachsprache ist von daher für alle Kinder gleichermaßen ein Lernziel und wird für viele Kinder zu einer regelrechten Lernhürde. Nicht nur die kommunikative Funktion der Sprache, sondern auch ihre kognitive, heuristische Funktion (Sprache als Mittel des Verstehens) leiden darunter.

Fachwörter tragen die Hauptinformation der fachlichen Kommunikation. Die Schülerinnen und Schüler müssen »... *fachliche Begriffe* beherrschen, um sich mit Fachinhalten auseinandersetzen zu können sowie ihr Fachwissen aufzubauen und zu erweitern« (Beese et al., 2014, S. 58). Das Beherrschen fachbezogener Sprachmittel trägt zu Eindeutigkeit und Genauigkeit der angesprochenen mathematischen Sachverhalte bei. Das gilt ganz besonders auch für Kinder, denen das Rechnenlernen schwerfällt.

Es ist sinnvoll, dass die Kinder einer Lerngruppe möglichst über einen gemeinsam geteilten Wortschatz verfügen (Maier & Schweiger, 1999). Das wird deutlich, wenn man sich anschaut, wie unterschiedlich einzelne Schülerinnen und Schüler ihre Entdeckungen zu einem beziehungshaltigen Päckchen in Worte fassen. Die Kinder sprechen davon, dass »die Zahlen rückwärts gehen«, »sinken«, »immer da runter gehen« oder auch »kleiner/weniger werden«. Sie beschreiben die regelmäßige Verringerung von Zahlen mal eher ordinal, mal eher kardinal orientiert. Das kann unter Umständen zu Verständigungsschwierigkeiten führen.

Die fachgebundene Sprache ist ein Teil der Bildungssprache und zeichnet sich entsprechend neben der spezifizierenden, präzisen fachlichen Terminologie mit Verwendung von Oberbegriffen unter anderem durch eine abstrahierende, unpersönlichere Ausdrucksweise mit Substantivierungen und Passivkonstruktionen aus. Der Fachwortschatz umfasst hierbei keineswegs nur die bloße Anhäufung einzelner Fachbegriffe. Er besteht »nicht aus losen Vokabeln, sondern stellt ein System von unterschiedlichen Beziehungen und Verflechtungen dar, die nicht nur das Behalten fördern, sondern auch das schnelle Abrufen, d. h. eine rasche Verfügbarkeit des nötigen Vokabulars ermöglichen« (Targońska, 2011, S. 118). Der Fachwortschatz umfasst daher – Kollokationen mit einbeziehend (damit gemeint ist das gehäufte benachbarte Auftreten von Wörtern, z. B.: wird um ..., bleibt gleich, erhöht sich um ..., Ergebnis oder allgemeiner Auto, Verkehr, Stau, tanken, abbiegen) – auch Wortgruppen, Satzglieder und ganze Satzmuster.

Die Arbeit mit dem Wortschatz

Allerdings reicht es bei Weitem nicht aus, den Kindern lediglich den benötigten Fachwortschatz unterstützend an die Hand zu geben. Um die neuen Begriffe wirklich zu verwenden und selbstständig auf neue Sachverhalte zu übertragen, also gesichert in den Mitteilungswortschatz zu übernehmen, bedarf es einer intensiven weiterführenden Wortschatzarbeit. Darauf verweisen zahlreiche Autoren, wenn sie die Notwendigkeit ausgiebiger Wiederholungen – je nach Schwierigkeitsgrad des Fachwortschatzes bis zu 50 – betonen (Nodari, 2006). »Zielgerichtete, schematische Übungen zielen auf das direkte Festigen und Behalten des eingeführten Fachwortschatzes und seinen normgerechten Gebrauch ab. Dazu wird eine komplexe Aufgabe in Übungen und Teilaufgaben zerlegt, die jeweils nur einen Teil der sprachlichen Anforderungen verlangen« (Storch, 1999, S. 72). Hierzu bedarf es nach Heidi Rösch (2014) einer – in einzelnen Fällen sicher massiven – Steuerung durch unterrichtliche Maßnahmen, die möglichst früh einsetzen sollte.

Letztlich sollen die Schülerinnen und Schüler befähigt werden, den erworbenen Fachwortschatz auch in variierten Lernsituationen eigenständig produktiv anzuwenden.

2 WEGE – ein Konzept zur gezielten Einführung und Festigung des benötigten Fachwortschatzes

Im Folgenden soll mit dem WEGE-Konzept ein Verfahren vorgestellt werden, das helfen kann, eine strukturierte Wortschatzarbeit zu unterstützen.

Das WEGE-Konzept stimmt mit seiner Schrittigkeit in weiten Teilen mit dem Wortschatzlernprozess aus dem Deutsch-als-Fremdsprache(DaF)-Bereich und dem Fremdsprachenlernen überein, wurde allerdings unabhängig von diesen Ansätzen entwickelt.

Viele Konzepte zur Wortschatzarbeit beziehen sich auf das Fremdsprachenlernen. Beim Erwerb eines neuen Wortschatzes kann man drei Phasen unterscheiden.

- Wahrnehmen/Verstehen: Wie gelangen die Wörter in den Kopf?
- Behalten: Wie bleiben die Wörter im Kopf?
- Anwenden (produktiv): Wie kommt das passende Wort bei der Sprachproduktion an die richtige Stelle? (De Florio-Hansen, 1998)

Diese Vorgehensweise auch auf die Wortschatzarbeit im Fach Mathematik zu beziehen, hat sich in der Praxis als sehr wirkungsvoll erwiesen: Zum einen stellten die Fachlehrerinnen und -lehrer eine vermehrte mündliche Mitarbeit fest, zum anderen wurden signifikante Verbesserungen in den Lernstandserhebungen festgestellt. Im WEGE-Konzept wurde das Vorgehen systematisch und durchgängig umgesetzt.

Ausgehend von der Erarbeitung neuer fachbezogener Redemittel besteht es aus den vier Komponenten

- *Wortspeicher:* Erarbeitung und Visualisierung des benötigten Fachwortschatzes (Fachbegriffe und ihre sprachliche Einbettung in fachbezogene Ausdrücke – Wortgruppen und Wortverbindungen – Satzmuster).
- *Einschleif-Übungen:* differenzierter Einsatz grundlegender Übungen zur direkten gedächtnismäßigen Verankerung und korrekten Verwendung der aktuell erworbenen einzelnen Fachbegriffe in einem eng begrenzten inhaltlichen und sprachlichen Rahmen (mit gleichbleibenden Satzmustern).
- *Ganzheitliche Übungen:* individualisiertes Angebot weiterführender Übungen zur Aktivierung und flexiblen Anwendung einer Vielzahl erworbener Fachbegriffe in einem erweiterten inhaltlichen und sprachlichen Rahmen (mit unterschiedlichen Satzmustern).
- *Eigenproduktionen:* Impulse zur selbstständigen Anwendung erworbener Sprachmittel mit inhaltlicher und sprachlicher Öffnung (Verboom, 2013).

Die vier Elemente des WEGE-Konzepts werden im Laufe einer Unterrichtsreihe realisiert. Die Fachbegriffe und weitere sprachliche Mittel werden schrittweise eingeführt und sukzessive eingeschliffen. Insbesondere die Einschleifübungen werden je nach individuellem Förderbedarf mehr oder weniger umfangreich durchgeführt. Sie sind der zentrale Bestandteil des WEGE-Konzepts. Dabei werden einfache grammatische Strukturen zumeist lediglich implizit vermittelt, wenn auch Abweichungen z. B. durch das korrektive Feedback oder das Sprachvorbild der Lehrkraft besonders betont werden: »Es heißt die dritte Zeile. Aber man sagt: Die 26 steht in der dritten Zeile.«

An dieser Stelle sei darauf hingewiesen, dass die Einschleifübungen als individuelle Angebote zu betrachten sind, die entsprechend mehr oder weniger, früher oder später von Erfolg gekrönt sind. Es ist unbedingt zu vermeiden, dass die Schülerinnen und Schüler die Sprachmittel voreilig und womöglich unverstanden-schematisch eintrainieren und gezwungenermaßen – sozusagen »papageienartig« – anwenden. Auch auf der sprachlichen Ebene findet Lernen als individueller Prozess statt!

2.1 Der Wortspeicher: Einführung und Visualisierung des Fachwortschatzes

Der erarbeitete Fachwortschatz sollte zur dauerhaften Vergegenwärtigung auf einem Plakat, dem sogenannten »Wortspeicher«, schriftlich festgehalten werden. Der Begriff »Wortspeicher« wurde 2008 das erste Mal verwendet (Verboom, 2008). Inzwischen hat er Allgemeingültigkeit erlangt (z. B. Götze, 2015).

Allerdings sind nicht alle angefertigten Wortspeicher wirklich lernförderlich. Insbesondere die ausschließliche Auflistung einzelner Fachbegriffe erweist sich als wenig hilfreich, wenn den Schülerinnen und Schülern die Bedeutung eines bestimmten Begriffs entfallen ist.

Folgende Gestaltungselemente für einen Wortspeicher haben sich als lernwirksam bewährt:

- Themenangabe in der Überschrift
- Reduzierte Anzahl von Begriffen
- Übersichtliche Strukturierung, ggf. durch unterschiedliche Farbgebung
- Geordnete Darstellung von thematischen Zusammenhängen (Unterthemen)
- Bildliche Veranschaulichungen, Foto-Beispiele oder Erläuterungen zur Unterstützung des Verständnisses und Erleichterung des Behaltens
- Nomen mit bestimmtem Artikel; ggf. auch im Plural
- Ggf. Konjugation bzw. verschiedene Zeitangaben bei Verben
- Zusätzliche Einbettung der Fachbegriffe in einen für den thematisierten Unterrichtsinhalt relevanten sprachlichen Kontext (Ausdruck oder Satz); insbesondere sollten präpositionale Angaben, bei denen sich in der Regel durch die Kasusveränderung auch der Artikel verändert, in die Wortgruppen mit aufgenommen und optisch hervorgehoben werden, z. B.: »die Hunderterstelle« – »*an der* Hunderterstelle«, genauso wie Abweichungen von der üblichen Wortbildung (»drei« – »*dritte*«).

Für die Praxis sind folgende Hinweise hilfreich:

- Wenn man Drehkalender mit den Lernplakaten anfertigt, können diese platzsparend im Klassenraum aufgehängt und bei der jeweiligen Aktualisierung des Themas – z. B. in höheren Jahrgängen – zur Erinnerung wieder vorgezeigt werden.
- Individualisiert kann einzelnen Schülerinnen und Schülern die Übersetzung zentraler Begriffe in die Muttersprache auf einem Kärtchen für die Federmappe angeboten werden.
- Wenn Kinder die von ihnen vorgeschlagenen Begriffe selbst handschriftlich festhalten, wird eine hohe Identifizierung mit »ihren« Mathewörtern erzielt.
- Es macht Sinn, die angefertigten Wortspeicher zu fotografieren und auf kleinen Ständern an den Gruppentischen aufzustellen (bzw. auf DIN-A-4-Blättern für jedes einzelne Kind zur Verfügung zu stellen). Bei schriftlich zu erledigenden Arbeiten erleichtert die größere räumliche Nähe das Nutzen des Wortspeichers.

Um eine überdauernde Wirkung zu erzielen, sollte der Wortspeicher immer wieder ins Bewusstsein der Schülerinnen und Schüler gerückt und ihnen regelmäßig ein aktiver Zugang zu den einmal eingeführten Begriffen ermöglicht werden. Dazu gehört in erster Linie der konsequente Verweis auf die Wortsammlung, wenn es den Schülerinnen und Schülern schwerfällt, die neuen Begriffe selbst aktiv zu verwenden. Des Weiteren sollten die Begriffe – insbesondere schwer auszusprechende – regelmäßig von den Schülerinnen und Schülern noch einmal laut vorgelesen, rechtschreiblich gesichert, erklärt und in einen passenden Beispielsatz eingebunden werden.

Seitens der Schülerinnen und Schüler ist die Akzeptanz des Wortspeichers dann am größten, wenn sie erleben, dass ihnen Worte und Satzmuster fehlen, um neue Entdeckungen versprachlichen zu können (»Ich weiß gar nicht, was das heißt«). Idealerweise wird dann gemeinsam mit den Kindern überlegt, welche »Mathewörter« benötigt werden. In Lerngruppen mit unterschiedlichen sprachlichen Vorkenntnissen machen einzelne Mitschülerinnen und Mitschüler dazu auch Vorschläge und der Wortspeicher kann gemeinsam erstellt werden.

Gelegentlich kann auch »von außen« ein Anstoß durch die Lehrkraft erfolgen, indem sie den Kindern »spielerisch« aufzeigt, dass »Mathematiker« sich oft anders ausdrücken als Kinder:

Wir haben gesagt:	Ein Mathematiker würde sagen:
Die Zahlen gehen immer höher.	Die Zahlen werden immer größer.
Die Zahlen in der Schräge ...	Die Zahlen in der Diagonale ...

Als zusätzliche Sensibilisierung für Sprachgenauigkeit kann ein Arbeitsblatt mit fiktiven Schüleräußerungen eingesetzt werden. Die Schülerinnen und Schüler sollen z. B. beim Thema »Orientierung an der Hundertertafel« beurteilen, welche der beiden Äußerungen genauer ist: »Das ist immer alles gleich. Immer die gleichen Zahlen.« Oder: »Bei den Zahlen in der ersten Spalte steht an der Einerstelle immer eine 1.«

2.2 Einschleifübungen: Fachliche und sprachliche Progression

Wie bereits erwähnt, erfolgen Einschleifübungen direkt nach der Einführung des neuen Fachwortschatzes. In der Regel handelt es sich dabei um das kleinschrittige Festigen von zwei bis drei neu eingeführten Begriffen und eines gleichbleibenden Satzmusters oder einer Wortgruppe.

Um Zufälligkeit und Beliebigkeit bei der Auswahl und Konzeption von Übungen zu vermeiden, orientiert sich das WEGE-Konzept an zwei Leitfragen:

- Wie können sprachliche Übungen und Trainings in den Mathematikunterricht integriert werden, ohne die fachlichen Inhalte zu vernachlässigen? Welche Übungsformen sind dafür geeignet und wie können sie gestaltet werden?
- Wie kann sprachfördernder Mathematikunterricht *systematisch* und *strukturiert geplant* werden?

Mit der vertiefenden Auseinandersetzung steigen in der Regel auch die sprachlichen Anforderungen. Diese reichen von der einfachen, zumeist alltagssprachlichen mündlichen Wiedergabe von Aktivitäten und Beobachtungen über Beschreibungen und Erklärungen von erkannten Zusammenhängen in zunehmend fachgebundener Sprache bis hin zum argumentativ-verallgemeinernden Formulieren allgemeingültiger Besonderheiten und Gesetzmäßigkeiten, zunehmend losgelöst vom konkreten Beispiel. Damit gilt es, bei der Unterrichtsplanung – neben der fachlichen Progression – immer auch die sprachliche Progression mitzudenken und anzustreben. Dies soll im Folgenden an einigen Beispielen illustriert werden:

Tab. 4.1: 1. Beispiel: Subtraktionsaufgaben mit Umkehrzahlen (3. Schuljahr)

Einfache Aktivität: Zuordnung zweier Satzbausteine zur Häufigkeit der Aufgaben mit einem bestimmten Ergebnis: • »Es gibt 8 Aufgaben ... mit dem Ergebnis 18.« • »Es gibt 6 Aufgaben ... mit dem Ergebnis 6.«	Anspruchsvollere Aktivität: Zuordnung des Ziffernunterschieds innerhalb einer Umkehrzahl (75–57/Ziffernunterschied 2) zu dem passenden Ergebnis: 18; (74–47 / Ziffernunterschied 3): 27
Fachliche/sprachliche Ziele: • Fachlich: Erkenntnis: Je größer das Ergebnis ist, desto weniger passende Aufgaben mit Umkehrzahlen gibt es dazu. • Sprachlich: Sicherung der Wortgruppe »Der Unterschied beträgt«; Festigen eines einfachen Satzmusters mit generalisierender Ausdrucksweise (»Es gibt ...«)	Fachliche/sprachliche Ziele: • Fachlich: Komplexe Erkenntnis: Das Ergebnis hängt vom Ziffernunterschied innerhalb der Umkehrzahlen ab. Je größer der Ziffernunterschied, desto größer das Ergebnis. • Sprachlich: Sicherung der Wortgruppe »Der Unterschied beträgt«; Festigen eines komplexen Satzmusters (Haupt-, Nebensatz (»Wenn ..., dann«))

Tab. 4.2: 2. Beispiel: Relationaler Zahlbegriff als Grundlage für das Nutzen von Aufgabenbeziehungen – vorteilhaftes Rechnen (erstes Schuljahr)

Einfache Aktivität: Bingospiel mit neun Zahlenkarten am Neunerfeld: »Welche Zahl ist um 1 größer/kleiner als ...?«	Anspruchsvollere Aktivität: Aufgabenbeziehungen 3 + 3 (Verdopplungsaufgabe)/4 + 3 vergleichen
Fachliche/sprachliche Ziele: • Fachlich: Sicherung des relationalen Zahlbegriffs (»um 1 größer / kleiner«) • Sprachlich: Sicherung der Begriffe »größer als«, »kleiner als«; Einschleifen eines Fragesatzmusters mit komparativem Vergleich »als«	Fachliche/sprachliche Ziele: • Fachlich: Aufgabenbeziehungen allgemein erkennen; Verdopplungsaufgaben nutzen • Sprachlich: Einschleifen eines Satzmusters (Aussagesatz) mit komparativem Vergleich »als«

Für die meisten Übungen wird Lesekompetenz vorausgesetzt. Das folgende Beispiel zum Unterrichtsthema »Zahlzerlegung« soll aufzeigen, dass mit Unterstützung von Piktogrammen auch rein auf der mündlichen Ebene gearbeitet werden kann. Die Idee, in einem ersten Schuljahr Piktogramme einzusetzen, stammt von den Kolleginnen aus unserem Duisburger BiSS-Verbund.

Tab. 4.3: 3. Beispiel: Zerlegen (1. Schuljahr)

Einfache Aktivität: Verschiedene Objekte (Steckwürfelstangen, Punktestreifen) und Mengen (Plättchen) zerlegen	Anspruchsvollere Aktivität: Systematische Zerlegung einer Plättchenmenge
Fachliche/sprachliche Ziele: • Fachlich: Mengenzerlegung; Erkenntnis: Objekte/Mengen können in kleinere Einheiten zerlegt werden • Sprachlich: Alltagssprachliche Beschreibung der Aktivität (mündliches Erzählen) passend zu den gemachten Fotos	Fachliche/sprachliche Ziele: • Fachlich: Mengen systematisch zerlegen; ausgleichende Mengenkompensation • Sprachlich: Zahlbeziehungen auf allgemeiner Ebene ausdrücken (»immer eins mehr / eins weniger«); neuer Fachbegriff: »systematisch zerlegen«
Einfache Aktivität: Ein Objekt mit gleich vielen Elementen unterschiedlich zerlegen	Anspruchsvollere Aktivität: Einsortieren fehlender Zahlenpaare in ein Zahlenhaus mit Lücken
Fachliche/sprachliche Ziele: • Fachlich: Zahlzerlegung; Erkenntnis: Zahlen können unterschiedlich zerlegt werden • Sprachlich: Fachbezogene Ausdrucksweise: »Nurije zerlegt die 5 in 1 und 4.«, »Nurije zerlegt die 5 in 2 und 3.« • Loslösung vom konkreten Objekt	Fachliche/sprachliche Ziele: • Fachlich: Zerlegungen geordnet notieren; Zahlbeziehungen erkennen und nutzen • Sprachlich: Generalisierende Ausdrucksweise; Zusammenhänge begründen, argumentieren; Begriff: »geordnet«
Einfache Aktivität: Schriftlich vorgegebene Zahlenrätsel zu zweistelligen Zahlen nach dem DOMINO-Karten-Prinzip zu Stundenbeginn vortragen und beantworten (2. Schuljahr): »Meine Zahl hat 6 Zehner und 5 Einer. • Wie heißt meine Zahl?« • »Deine Zahl heißt 23.« • »Meine Zahl hat ...«	Anspruchsvollere Aktivität: Schriftlich vorgegebene Zahlenrätsel zu Veränderungen der Plättchen an der Stellenwerttafel (Plättchen dazulegen, wegnehmen, verschieben) vortragen: »Ich habe die Zahl 555. Ich lege in jede Spalte ein Plättchen dazu. Wer hat die neue Zahl?« »Ich habe die 666. Ich nehme ...«
Fachliche/sprachliche Ziele: • Fachlich: Sicherung des Stellenwertverständnisses	Fachliche/sprachliche Ziele: • Fachlich: Stellenwertverständnis bei dreistelligen Zahlen sichern;

Tab. 4.3: 3. Beispiel: Zerlegen (1. Schuljahr) – Fortsetzung

• Sprachlich: zweistellige Zahlwörter richtig lesen und aussprechen	Hinführung zum vorstellenden Rechnen; Auswirkung der Veränderung der Anzahl der Plättchen an der Stellenwerttafel • Sprachlich: dreistellige Zahlen richtig lesen und aussprechen; Einschleifen eines komplexeren Satzmusters

Wiederkehrende Einschleifübungen

Während die Einschleifübungen – wie ausgeführt – unmittelbar im Anschluss an die Einführung neuer Fachbegriffe eingesetzt und mit den neuen Unterthemen einer Unterrichtsreihe sukzessive erweitert werden, ergibt sich bei Unterrichtsreihen, in denen Inhalte und Aufgabenstellungen lediglich variiert werden, die Möglichkeit, gleiche bzw. ähnliche fachbezogene Satzstrukturen auch innerhalb einer einzelnen Unterrichtsstunde immer wieder aufzugreifen und zu vertiefen. Das ist vor allem bei Unterrichtsreihen zu operativen Aufgabenformaten der Fall, wie am Beispiel einer Unterrichtsstunde zu dem substantiellen Format »Zahlenketten« knapp veranschaulicht werden soll.

Im Rahmen der Reihe wurden bereits zahlreiche Variationen zu operativen Erkundungen behandelt, z. B.: »Was geschieht mit der Zielzahl, wenn die erste Startzahl um 1 erhöht / verringert wird; … beide Startzahlen gleich / gerade / ungerade sind?« Für die einzelnen Unterrichtsstunden ergeben sich dadurch ähnliche Abläufe.

Der Forscherauftrag für die zu skizzierende Stunde lautete: Wie verändert sich die Zielzahl, wenn die zweite Startzahl erhöht wird und die erste Startzahl gleich bleibt?«

Es ergaben sich zahlreiche Gelegenheiten für das wiederholende Einschleifen von Fachbegriffen und Satzmustern. Einige seien hier wiedergegeben:

- Wiederholung am Wortspeicher: Benennen der Bezeichnungen für die fünf einzelnen Zahlen einer Zahlenkette sowie anderer Begrifflichkeiten wie: »die erste Startzahl«, »die zweite Startzahl«, »die dritte Zahl«, »Summe«, »Differenz«; Zuordnen der passenden Wortkarten zu den Abbildungen auf dem Wortspeicher; Chor- und Einzelsprechen der Satzmuster: »Ich addiere *zu* der ersten Startzahl die zweite Startzahl. Ich erhalte als Summe die dritte Zahl.« »Ich subtrahiere *von* der Zielzahl die vierte Zahl. Als Differenz erhalte ich die dritte Zahl.« Hierbei besondere Berücksichtigung eines typischen sprachlichen Fehlers von türkischsprachigen Kindern: »Ich addiere zu die erste Startzahl …« sowie Vereinfachung des Satzmusters für ein Kind mit dem Förderschwerpunkt Lernen: »Die erste Startzahl plus die zweite Startzahl gleich die dritte Zahl.«
- Wiederholung der Satzmuster zu vorangegangenen Forscheraufträgen: »Wenn ich die erste Startzahl um 1 (2, 3) erhöhe (vermindere), erhöht (vermindert) sich die Zielzahl um …«
- Zuordnung von schriftlich fixierten Satzbausteinen mit unpersönlicher Ausdrucksweise im Passiv: »Wenn die erste Startzahl um 1 erhöht wird, … dann

wird die Zielzahl um 2 größer.« »Wenn die erste Startzahl um 2 vermindert wird, ... dann wird die Zielzahl um 4 kleiner.«

- Einschleifen des Satzmusters zu den drei verschiedenen Vermutungen der Kinder zum Forscherauftrag der Stunde: »Ich vermute, dass die Zielzahl um 1 (2, 3) größer wird.«
- Zur Überprüfung des Verständnisses des Zusammenhangs zwischen Erhöhung der zweiten Startzahl und der Zielzahl am Ende der Stunde: »Wenn die zweite Startzahl um 1, 2, 3, 4, 20 erhöht wird, dann ...«
- Für die leistungsstarken Schülerinnen und Schüler: Erklärungsversuche: »Es hängt von ... ab.«

2.3 Die ganzheitlichen Übungen

Ganzheitliche Übungen werden eher am Ende des Lernprozesses eingesetzt. Sie werden je nach Leistungsvermögen der einzelnen Schülerinnen und Schüler differenziert angeboten. Ganzheitliche Übungen machen bei komplexeren Themen mit schrittweiser Erarbeitung verschiedener Aspekte (Unterthemen) und umfangreicherer sprachlicher Mittel Sinn. Sie werfen noch einmal abschließend einen Blick auf das bisher Gelernte – fachlich und sprachlich. Eine Vielzahl an verschiedenen Fachbegriffen und Satzmustern wird aufgegriffen.

Es gibt ein breites Repertoire an geeigneten Übungsformen. Zahlreiche »Methodenwerkzeuge« aus dem Handbuch von Josef Leisen (2013) können auch bereits in der Grundschule Verwendung finden und erfüllen dabei eine Vielfalt an sprachfördernden Funktionen. Typische Übungsangebote aus dem »Vokabel«-Lernen des Deutsch als Zweitsprache (DaZ-)Bereiches wie »Kreuzworträtsel«, »Buchstabensalat« oder »Suchsel« entsprechen jedoch nicht dem Übungsansatz des WEGE-Konzepts, weil sie z. B. auf die Rechtschreibung fokussieren oder auf das reine Erlernen einer isolierten Vokabel.

Tab. 4.4: Überblick über typische Übungsformate aus dem WEGE-Konzept und deren Funktionen

Übungsformen »Methoden-Werkzeuge«:	**Funktionen:**
• Wortliste (Wortspeicher) • Satz-/Textpuzzle • Lückentext • Wortfelder (paarweise Zuordnung von Begriffen) • Fehlersuche • Satz-/Fragemuster (übertragbare Mustersätze) • Rätsel (Frage-/Antwort-Umformung) • spielerische Übungen: (LOTTO, DOMINO, BINGO, TABU)	• Wiederholung und Festigung des Fachwortschatzes • Förderung/Überprüfung des Begriffsverständnisses • Förderung des Leseverstehens • Förderung des Hörverstehens • Einschleifen bestimmter sprachlicher Strukturen • Förderung der sprachlichen Bewusstheit (Genauigkeit) • Vorbildcharakter für die Sprachproduktion • Förderung der Kommunikation

2.4 Eigenproduktionen

Erst wenn die Kinder in der Lage sind, mit den erworbenen Sprachmitteln selbstständig kleine Texte (mündlich oder schriftlich) zu verfassen, können sie zeigen, ob sie das Gelernte verinnerlicht haben und »frei« darüber verfügen können. Für solche Eigenproduktionen gibt es verschiedene Anregungen:
Die Kinder können z. B.

- für ein BINGO- oder LOTTO-Spiel selbstständig Fragen zu ausgewählten Zahlen formulieren.
- zu vorgegebenen Fachbegriffen passende Sätze bilden.
- (im Lerntagebuch) aufschreiben, was sie über das behandelte Thema gelernt haben oder zu einer Variation der Aufgabenstellung einen Forscherbericht formulieren.

Um Transparenz zu gewährleisten, sollten sie dabei darauf hingewiesen werden, möglichst viele der gelernten »Mathewörter« zu verwenden. Es ist eine schöne Bestätigung, wenn die Kinder diese Wörter in ihren Verschriftlichungen einkreisen und dabei ablesen können, welche sprachlichen Lernfortschritte sie erzielt haben.

3 WEGE mit Plan – Nutzung eines Planungsrahmens

Es dürfte deutlich geworden sein, dass die verschiedenen sprachfördernden Übungen nicht einfach nur beliebig und gießkannenartig im Unterricht eingesetzt werden können. Um bei allen Kindern verständiges Lernen auf der fachlichen Ebene sprachlich zu begleiten und zu unterstützen, bedarf es von Anfang an einer Planung, die wohlüberlegt fachliche und sprachliche Aktivitäten initiiert und einen sich gegenseitig bedingenden Lernzuwachs auf beiden Seiten anstrebt.

Als Grundlage für eine solch gezielte Planung ist es empfehlenswert, bei der vorausschauenden Vorbereitung des Unterrichts als Grundlage das Template des »SIOP®-Planungsrahmens für den sprachfördernden Fachunterricht« von Castillo und Teyechea (n.d.) zu nutzen. Die Kolleginnen des Duisburger BiSS-Verbundes »Sprachbrille auf! im Mathematikunterricht« haben dieses Template in einigen Punkten abgewandelt und durch die Komponenten des WEGE-Konzepts ergänzt (siehe Planungsrahmen zur Orientierung am Hunderterfeld; ▸ Tab. 4.5)

Auf der Grundlage einer vorausschauenden Lernstandsanalyse (»Wortspeicher«, Schlüsselvokabular«) sowie einer informellen Sprachstandsfeststellung (»Vorwissen«, »Verknüpfung mit Vorkenntnissen«) werden die Ziele für themenbezogene sprachfördernde Übungen und angemessene Aktivitäten, die ein Versprachlichen herausfordern, festgelegt – zunächst einmal für die gesamte Lerngruppe, wenn nötig,

Tab. 4.5: Planungsrahmen

Titel der Stunde(n)/der Reihe: ***Orientierung an der Hundertertafel***	**Klassenstufe:** ***2. Schuljahr***
Verknüpfung zu Vorwissen/Erfahrungen der SchülerInnen und zu bereits Gelerntem (fachlich): • Zwanzigerfeld/Zwanzigertafel (1. Schuljahr) • Hunderterfeld • Zahlvorstellung im ZR bis 100 (Stellenwert, Bündelung)	**Verknüpfung zu Vorwissen/Erfahrungsfeld der SchülerInnen und zu bereits Gelerntem (sprachlich):** *»Einer«, »Zehner«, »immer 10 in einer Reihe (Zeile)«, »Zwanzigertafel«, »immer 10 mehr«; »unter(einander)«*
Eingangsstandortbestimmung (Lernausgangslage): **Einführendes Unterrichtsgespräch zur Hundertertafel; weitere Beobachtungen in den Folgestunden**	
Fachliche(s) Lernziel(e): Die SuS sollen • den Aufbau der Hundertertafel verstehen (Analogien, Zahlbeziehungen, …) • sich an der Hundertertafel geläufig orientieren können	**Sprachliche(s) Lernziel(e):** Die SuS sollen • typische Fachbegriffe und Ausdrücke zur Beschreibung der Struktur der Hundertertafel sicher verwenden können • die Positionen von Zahlen an der HT sprachlich korrekt angeben können (Stolpersteine: Präpositionen; Verwendung des Artikels im richtigen Kasus nach Präpositionen) • zweistellige Zahlen richtig aussprechen können (Stolperstein: Zahlendreher) • die Ordnungszahlen 1. bis 10. korrekt bilden können
Unterstützende Materialien/Medien (auch non-verbale Veranschaulichung): Hundertertafel, Ausschnitte aus der HT, farbige Streifen (durchsichtig), Markierungen, Wortkarten mit Fachbegriffen, Wortspeicher (entsteht im Prozess)	***Wortspeicher*** (Schlüsselvokabular; Fachwortschatz): *»die Zeile«. »die Spalte«, »die Diagonale«. »Einer«, »Zehner«, »an der Einer-(Zehner-)stelle«, »glatte Zehner« (»die Zehnerzahl«) »die Ziffer«, »gleiche Ziffern«, »über, unter, rechts von, links von, neben«, »untereinander«, »nebeneinander«, »immer um 1/10 größer/kleiner«; »gleich bleiben«* **Satzmuster:** *»Die … steht über/ unter/links von/rechts von der …«* *»Die … steht in der … Zeile und in der … Spalte.«* *»In der … Spalte haben alle Zahlen … Einer.«* *»In der … Zeile haben fast alle Zahlen … Zehner.«* *»Hier kommt die 36 (…) hin, weil …«*

Tab. 4.5: Planungsrahmen – Fortsetzung

Eingangsstandortbestimmung (Lernausgangslage): **Einführendes Unterrichtsgespräch zur Hundertertafel; weitere Beobachtungen in den Folgestunden**	
Sinnvolle Aktivitäten, die ein Sprachhandeln erfordern: • Beschreibung der Hundertertafel (beschreiben) • Rätsel zur Position von Zahlen mündlich/schriftlich entwerfen (Frage-/Antwortsätze formulieren) • Eine zerschnittene Hundertertafel zusammensetzen/ Lücken in Ausschnitten der HT ausfüllen (begründen) • Fehlerhafte Aussagen korrigieren (begründen)	***E*****inschleifübungen** (grundlegende sprachliche Übungen): • Zahlenrätsel nach vorgegebenen Muster; • Verschiedene Arbeitsblätter zum Einschleifen von präpositionalen Angaben und von Satzmustern • Textpuzzle zusammensetzen
Fragen/Aufgaben, die kognitiv höhere Denkprozesse hervorrufen, nach oben differenzierte Angebote: • Erkennen von gemeinsamen Eigenschaften eines vorgegebenen Zahlenmaterials • Beschreibung einer anders strukturierten Hundertertafel	***G*****anzheitliche Übungen** (erweiterte sprachliche Übungen): • Fehlersuche • Lückentexte • LOTTO-, DOMINO-Spiel ***E*****igenproduktionen** (weitgehend selbstständige [schriftliche] Sprachproduktionen) • Mit Begriffen aus dem Wortspeicher mündlich/schriftlich Sätze oder Texte bilden lassen • Rätsel formulieren; Beschreibung einer veränderten Hundertertafel
Abschlussstandortbestimmung (Lernzielüberprüfung): *(Veränderte) Hundertertafel schriftlich beschreiben*	

d. h. bei individuellem Bedarf, aber durchaus auch für einzelne Schülerinnen und Schüler.

Wie eingangs bereits erwähnt, ist mit dem WEGE-Konzept der Versuch unternommen worden, fachbezogene Sprachförderung geplant und strukturiert anzulegen. Es wird vor allem darauf ankommen, die Grundschullehrkräfte von der Notwendigkeit einer integrierten fachsprachlichen Förderung zu überzeugen.

4 Ansätze für den Theorie-Praxis-Transfer

Um Grundschullehrkräfte von der Notwendigkeit der integrierten fachsprachlichen Förderung zu überzeugen, strebt der Duisburger BiSS-Verbund einen möglichst breit angelegten Theorie-Praxis-Transfer an.
Folgende Ansätze konnten bisher realisiert werden:

- Hospitationsnetzwerk
- Fortbildung in sechs Modulen: »Unterrichts- und Schulentwicklung durch kollegiale Hospitation und professionelle Lerngemeinschaften umgesetzt mit dem WEGE-Konzept«
- Materialkisten: »Konzepttransfer durch Materialangebot«
- Informationsfilme: »Fortbildungsunterstützung durch Anschauungsfilm und Material«

Im Folgenden werden die vier Ansätze genauer beschrieben.

Hospitationsnetzwerk: »Konzepttransfer durch den Besuch in der Praxis«

An fünf Terminen im Jahr laden die Verbundschulen in Duisburg seit 2015 zu einem Hospitationstag ein. Nach dem Besuch von Mathematikunterricht nach dem WEGE-Konzept wird in einem Workshop das WEGE-Konzept vorgestellt und eine eigene sprachsensible Unterrichtssequenz geplant. Neben der Vermittlung des WEGE-Konzepts stehen die kollegiale Hospitation und die Arbeit in einer sogenannten Professionellen Lerngemeinschaft (PLG) im Vordergrund. Kollegiale Hospitation ist eine Form der Weiterbildung, bei der sich Lehrkräfte aus dem gleichen oder einem fachfremden Gebiet gegenseitig im Unterricht besuchen, anschließend zur beobachteten Stunde kriteriengeleitete Rückmeldungen geben und gemeinsam Maßnahmen ableiten. Die Zusammenarbeit in Form einer kollegialen Hospitation mit anschließendem Feedback stellt eine sehr wirksame Form der unterrichtsbezogenen Qualitätsentwicklung dar. Es gibt nur wenig andere Formen der unterrichtsbezogenen Qualitätsentwicklung, bei der die Fortbildung dort stattfindet, wo sie wirken soll: im Unterricht. Bei der kollegialen Hospitation reflektieren Lehrkräfte kriteriengeleitet »auf Augenhöhe« ihr Unterrichtshandeln und seine Wirkung. Sie haben die Möglichkeit, sich inspirieren zu lassen, kommen in den Austausch, kooperieren und haben die Gelegenheit, an zuvor definierten Aspekten des Unterrichts zu arbeiten (Koch, 2017).

Eine gute Kooperation von Lehrkräften kann nicht nur zu einem Kompetenzaufbau, zu Zeitersparnis und Stressreduktion führen, sie kann auch ein Schlüssel dafür sein, mit den wachsenden Aufgaben in den Klassenzimmern umzugehen, Bestätigung zu erfahren und Wertschätzung zu erhöhen (Richter & Pant, 2016). Die kollegiale Hospitation kann auf drei Ebenen wirken.

- *Ebene der einzelnen Lehrkraft:* Die Wahrnehmung einer verbesserten Selbstkompetenz kann zu einer höheren Berufszufriedenheit und auch zu einer größeren individuellen Zufriedenheit führen, gemeinsames konstruktives Lernen im Team kann dies noch verstärken (Buhren, 2011a).
- *Ebene des Kollegiums:* Eine größere individuelle Zufriedenheit der einzelnen Lehrkräfte wirkt sich positiv auf die Zufriedenheit des Gesamtkollegiums aus, darüber hinaus erhöht sie die Bereitschaft für Neuerungen und Veränderungen im Kollegium.
- *Ebene des Unterrichts:* Auf der Ebene des Unterrichts bietet die kollegiale Hospitation der Lehrkraft die Möglichkeit, neue Anregungen zu erhalten, so können die Lehrkräfte ihr Qualitätsbewusstsein steigern und dadurch bessere Lernbedingungen für die Schülerinnen und Schüler schaffen (Buhren, 2011b). Die besuchende Lehrkraft hat während der Hospitation die Möglichkeit, sich auf die Schülerebene zu begeben und so ein neues Verständnis der Bedeutsamkeit der eigenen Lehrerrolle zu entwickeln. Themen wie: »Wird genug Planungszeit gewährt?«, »Gibt es genügend sprachliche Unterstützung auf individueller Ebene?«, »Wie geht die Lehrkraft mit Einwort-Sätzen oder falschen Schüleräußerungen um?« können nach einem solchen »Rollentausch neu wahrgenommen und bewertet werden. Die Beobachtung von z. B. der Langwierigkeit von Lernprozessen bei einzelnen Schülerinnen und Schülern oder das Erleben von überzeugenden Konzepten können zu einer Weiterentwicklung der eigenen Unterrichtsdidaktik oder der Bereitschaft zu Fortbildung beitragen.

Fortbildung in sechs Modulen: »Unterrichts- und Schulentwicklung durch kollegiale Hospitation und professionelle Lerngemeinschaften umgesetzt mit dem WEGE-Konzept«

In der Fortbildung »WEGE zu einem sprachsensiblen Mathematikunterricht« wird neben den fachlichen Inhalten des WEGE-Konzepts der Fokus auch auf die gerade beschriebene kollegiale Hospitation und die Bildung von professionellen Lerngemeinschaften als Motor für sprachfokussierte Schul- und Unterrichtsentwicklung gelegt.

Die Fortbildung wird über das Schulamt Duisburg zunächst für alle interessierten Grundschulkollegien angeboten und findet an sechs Terminen statt, die über ein Schulhalbjahr verteilt werden. Die Maßnahme fokussiert auf den Aufbau und die Weiterentwicklung des mathematikdidaktischen Professionswissens der beteiligten Lehrerinnen und Lehrer, besonders auf die Sensibilisierung und die Planung von sprachsensiblem Mathematikunterricht mit Elementen des Scaffoldings, der Arbeit mit Planungsrahmen und der Nutzung des WEGE-Konzepts.

Der Schwerpunkt Hospitation wird rezeptiv und produktiv umgesetzt: zum einen durch die Teilnahme an einem Hospitationstag und zum anderen durch die Durchführung einer eigenen Hospitation als Gastgeber.

Materialkisten: »Konzepttransfer durch Materialangebot«

Vollständig vorbereitete und evaluierte Unterrichtsreihen zu den grundlegenden mathematischen Themen der Grundschule erleichtern den Einstieg in den sprachfokussierten Mathematikunterricht. Die Materialkisten »Mathebox mit Sprachfokus« werden ausschließlich in Kombination mit einer didaktischen Einführung der Multiplikatorinnen und Multiplikatoren der interessierten Bildungseinrichtungen verliehen. Diese Voraussetzung soll zum einen eine sachgerechte Nutzung sichern und zum anderen die Chance eröffnen, dass sich Gesamtkollegien mit dem WEGE-Konzept auseinandersetzen und das Konzept ins Schulcurriculum integriert wird.

Informationsfilm: »Fortbildungsunterstützung durch Anschauungsfilm und Material«

Über die Homepage www.pikas.dzlm.de im »Haus 4« finden sich in Kürze Informationsfilme zum WEGE-Konzept und zur »kollegialen Hospitation«. Das schon bestehende Angebot von Unterrichts- und Fortbildungsmaterial ergänzt das Angebot.

5 Was wurde schon erreicht? Ein Blick auf die bisherigen Projekterfolge

Seit 2015 läuft das Evaluationsprojekt der Universität Koblenz/Landau »Eva-Prim: Evaluation im Primarbereich – Sprachförderung in alltäglichen und fachlichen Kontexten« im Verbund-»Sprachbrille auf! im Mathematikunterricht«. Im Zentrum des Evaluationsvorhabens steht seitdem die Sprachförderung mit einem besonderen Fokus auf die Sprachförderung im Mathematikunterricht der Klassen 3 und 4. Die Evaluation erfolgte zu drei Messzeitpunkten je auf Verbund-, Schul- und Schülerebene. Ziel ist es, erfolgreiche Maßnahmen der Sprachförderung zu erfassen. Die Ergebnisse der Studie sollen dazu dienen, Rückmeldung über die Wirksamkeit der eingesetzten Fördermaßnahmen zu liefern, damit diese Erkenntnisse für die tägliche Arbeit in der Schule von Nutzen sein können. Die drei Messungen fanden bereits statt, bisher wurden zwei Messungen ausgewertet. Die Auswertungen bestätigen die Ergebnisse und Einschätzungen der beteiligten Mathematiklehrkräfte des Verbundes. Diese konnten durch Leistungserhebungen in den beteiligten Klassen feststellen, dass Schülerinnen und Schüler nach der Anwendung des WEGE-Konzepts erheblich häufiger in der Lage waren, das eingeführte Fachvokabular und die dazugehörenden Satzmuster korrekt anzuwenden. Die bisherigen Evaluationsergebnisse zeigen darüber hinaus, dass die Schülerinnen und Schüler der teilnehmenden Klassen verstärkt in der Lage sind, ihre Überlegungen in

Mathematik zu *erklären*, zu *begründen* und zu *verallgemeinern* (Wildemann, Lenske, Bien-Miller & Merkert, 2018).

Diese Evaluationsergebnisse und das Erleben der Mathematiklehrkräfte in den Schulklassen zeigen, dass das WEGE-Konzept ein vielversprechender Ansatzpunkt ist, den Erwerb der Fach- und Bildungssprache zu unterstützen, auch für die Kinder, die durch ungünstige Ausgangsvoraussetzungen einen erschwerten Zugang zur Fach- und Bildungssprache haben.
Anmerkung:

- Umfangreiches Material: Vorbereitung der Hospitation, Hospitationsbogen, Feedbackregeln, Video etc.: www.pikas.dzlm.de/material/hospitation-und-feedback
- Termine und Anmeldungen zur Hospitation im Duisburger BiSS-Verbund: http://www.biss-sprachbildung.de/hospitationsschulen_duisburg.de
- Einige Passagen dieses Beitrags sind mit leichten Abwandlungen dem Tagungsband 7 des AK Grundschule GDM 2017 übernommen: Verboom, L. (2017). WEGE durch den Sprachförderdschungel – Strukturierung des Fachwortschatz-Lernprozess. In A. Steinweg (Hrsg.), *Mathematik und Sprache. Tagungsband des AK Grundschule GDM 2017 Band 7*. Bamberg: University of Bamberg Press.

Literatur

Beese, M., Benholz, C., Chlosta, C., Gürsoy, E., Hinrichs, B., Niederhaus, C. & Oleschko, S. (2014). *Sprachbildung in allen Fächern.* Förderung sprachlicher Kompetenzen von Migranten im schulischen Fachunterricht. München: Langenscheidt.

Buhren, C. G. (2011a). *Kollegiale Hospitation. Verfahren, Methoden und Beispiele aus der Praxis.* Köln: Carl Link.

Buhren, C. G. (2011b). Unterrichtsentwicklung durch Kollegiale Hospitation. In H.-G. Rolff et al. (Hrsg.), *Unterrichtsentwicklung – Eine Kernaufgabe der Schule. Die Rolle der Schulleitung für besseres Lernen* (S. 176-178). Köln: LinkLuchterhand.

Castillo, M. & Teyechea, N. (n.d.). *SIOP lesson Plan Template 4.* Verfügbar unter: http://blog.smu.edu/projectconnect/files/2013/08/ELA3-G6.pdf [04.12.2017].

De Florio-Hansen, I. (1998). Fremdsprachenlernende zu Wort kommen lassen oder: Vom Umgang mit dem Wortschatz. In: U. O. H. Jung (Hrsg.), *Praktische Handreichung für Fremdsprachenlehrer* (S. 302-309). Frankfurt am Main und andere: Lang.

Götze, D. (2015). *Sprachförderung im Mathematikunterricht.* Berlin: Cornelsen.

Koch, A. (2017). Ist die Stunde so gelaufen, wie geplant? *Grundschulmagazin, 3*, 11-17.

Koch, A. & Verboom, L. (2017). Sprachbrille auf! im Mathematikunterricht, *Grundschulmagazin 1*. 2017, S. 12-20.

Leisen, J. (2013). *Sprachförderung im Fach – Sprachsensibler Fachunterricht in der Praxis.* Stuttgart: Klett.

Maier, H. & Schweiger, F. (1999). *Mathematik und Sprache. Zum Verstehen und Verwenden von Fachsprache im Unterricht.* Wien: Öbv & hpt Verlagsgesellschaft.

Nodari, C. (2006). *Grundlagen zur Wortschatzarbeit.* Zürich: IIK. Verfügbar unter: http://www.netzwerk-sims.ch/wortschatz/ [17.01.2018].

Richter, D. & Pant, H. A. (2016). *Repräsentative Studie: »Lehrerkooperation in Deutschland: Eine Studie zu kooperativen Arbeitsbeziehungen bei Lehrkräften«*. Bertelsmann Stiftung, Gütersloh; Robert Bosch Stiftung, Stuttgart; Stiftung Mercator, Essen; Deutsche Telekom Stiftung, Bonn.

Rösch, H. (2014). Konzeption und Grundlage. In E. Huber-Lang & Ch. Kotzian-Hörist (Hrsg.), *Mitsprache. Deutsch als Zweitsprache Band 3* (S. 8). Wien: E. Doner.

Stanat, P., Schipolowski, S., Rjosk, C., Weirich, S., & Haag, N. (2017). *IQB-Bildungstrend 2016. Kompetenzen in den Fächern Deutsch und Mathematik am Ende der 4. Jahrgangsstufe im zweiten Ländervergleich*. Münster: Waxmann.

Storch, G. (1999). *Deutsch als Fremdsprache – Eine Didaktik*. Paderborn: Wilhelm Fink Verlag.

Targońska, J. (2011). Lexikalische Kompetenz – ein Plädoyer für eine breitere Auffassung des Begriffs. *Glottodidactica XXXVII*, 117-127.

Verboom, L. (2008). Mit dem Rhombus nach Rom – Aufbau einer fachgebundenen Sprache im Mathematikunterricht der Grundschule. In Ch. Bainski & M. Krüger-Potratz (Hrsg.), *Handbuch Sprachförderung* (S. 95-112). Essen: Neue Deutsche Verlagsgesellschaft mbH.

Verboom, L. (2013). Das WEGE-Konzept am Beispiel »Orientierung auf der Hundertertafel«. *Grundschule Mathematik, 39*(4), 16-20.

Wildemann, A., Lenske, G., Bien-Miller, L. & Merkert, A. (2018). Zwischenergebnisse und Projektstand der Evaluation im Rahmen des Projekts Eva-Prim: Evaluation im Primarbereich – Sprachförderung in alltäglichen und fachlichen Kontexten (unveröffentlicht).

Kapitel 5: Leseförderung mit BiSS – Das Hamburger Primarstufen-Projekt für Schülerinnen und Schüler mit hoher sozialer Belastung aus theoretischer, methodischer und empirischer Perspektive

Steffen Gailberger

Im vorliegenden Text wird aus theoretischer, methodischer und empirischer Perspektive ein Primarstufenprojekt zur systematischen Leseförderung von Schülerinnen und Schülern mit hoher sozialer Belastung vorgestellt, mit dem sich die Hansestadt Hamburg am bundesweiten BiSS-Projekt beteiligt. Ausgehend von der Populationsbeschreibung und der darin zum Ausdruck gebrachten Überzeugung, dass systematische Sprach- bzw. Leseförderung für benachteiligte Jungen und Mädchen sozialphilosophisch, soziologisch wie pädagogisch zu begründen ist, wird in einem zweiten Schritt der Lesebegriff herausgearbeitet, der im Konzept der Studie Verwendung fand. Kognitive Anteile des Lesens kommen dabei ebenso zur Sprache wie emotionale oder motivationale. Dem schließt sich eine Beschreibung der systematisch vorbereiteten wie durchgeführten Förderung »im Feld« an. Im Alltag bewährte Methoden kommen dabei ebenso zur Anwendung wie für das Projekt neu entwickelte. Nach einer knappen Beschreibung des Designs folgen schließlich erste interessante sowie erfreuliche Ergebnisse, die wiederum darauf schließen lassen, dass Leseförderung bei benachteiligten Schülerinnen und Schülern nur dann nachhaltig wirkt, wenn sie von anhaltender Kontinuität, möglichst hoher Frequenz sowie von Dauer ist.

Einleitung

Das Lesen von Schülerinnen und Schülern gilt mittlerweile als die am besten erforschte sprachliche Teilkompetenz. Mit primarstufenspezifischen Studien aus *bildungswissenschaftlicher* Perspektive wie IGLU 2001 bis 2016 (vgl. zuletzt Hußmann et al. 2017 im Allgemeinen sowie Bremerich-Vos, Wendt & Bos 2017 im Speziellen), dem IQB-Ländervergleich 2011 (vgl. Stanat, Pant, Böhme & Richter, 2012), dem IQB-Bildungstrend 2016 für die Primarstufe (vgl. Stanat, Schipolowski, Rjosk, Weirich & Haag, 2017) oder den bisherigen VERA-3-Untersuchungen (vgl. etwa Groß Ophoff, Isaac, Hosenfeld & Eichler, 2008 oder Krelle, 2015) auf der einen Seite sowie einzelnen Projekten wie jenes von Gold, Behrendt, Lauer-Schmaltz und Rosebrock (2013) zur Förderung der *Leseflüssigkeit*, von Marx, Weber und Schneider (2005a; 2005b) zu Aspekten *phonologischer Bewusstheit*, von Klicpera, Gasteiger-Klicpera und Schabmann (1993) zu Längsschnittentwicklungen bei Lese- und Rechtschreibschwäche oder von Helmke und Schrader (1998) zur entwicklungs- und motivationspsychologischen Entwicklung von Grundschülerinnen und -schülern auf der anderen Seite, werden seit über zwei Jahrzehnten immer wieder neue Aspekte des Lesens und Lernens in Schule und Unterricht in den Fokus gerückt, so dass wir mittlerweile auf ein sehr breites Wissen zurückgreifen können. Aufzuführen wären ggf. noch Doppelungen vergleichbarer Designs, die kaum überschaubare Fülle anglo-amerikanischer Studien seit den frühen 1970er-Jahren oder verschiedene Replikationsstudien, worauf aus Platzgründen aber verzichtet wird.

Die Entscheidung, dennoch einen lesespezifischen Beitrag im Rahmen des von Bund und Ländern finanzierten BiSS-Projektes beizusteuern, ist *einerseits* in Design und Lauflänge der Hamburger Intervention begründet. Während nicht wenige Interventionsstudien (auch im Bereich der Sekundarstufen) über eine überschaubare Verlaufsdauer verfügen, begleitet das Hamburger Primarstufenprojekt eine Kernkohorte von $N = 292$ Kindern über einen Zeitraum von drei Jahren, die im Sommer 2015 in die zweite Klasse wechselte und drei Jahre später, im Juli 2018, die Grundschule auf eine weiterführende Schule verließ. Dem Interventionszeitraum wurde ferner ein Jahr vorgeschaltet, in dem verschiedene Förderverfahren an zwei früheren Jahrgängen derselben Schulen ausprobiert und mit den beteiligten Lehrkräften diskutiert und reflektiert werden konnten, so dass nach Abschluss der Studie insgesamt Daten und Werte von mehr als 1000 Schülerinnen und Schülern vorliegen werden. Nach sieben Testzeitpunkten zwischen Jahrgangsstufe 2 und 4 sieht das Studien-Design in Jahrgangsstufe 5 schließlich noch einen letzten Testzeitpunkt als *Follow Up* vor, um die Langzeiteffekte der Förderung einschätzen zu können. Das Hamburger Primarstufen-Projekt kann daher als eine echte Longitudinalstudie gelten, deren zahlreiche Testzeitpunkte wie Erhebungsinstrumente Aufschluss darüber geben, zu welchem Zeitpunkt welche Form von Leseförderung wirkt, oder auch nicht.

Neben Design und Lauflänge kann aber noch *ein weiterer Grund* zur Durchführung dieses Projektes genannt werden, der – je nach Blickwinkel – als sozialphilosophisch, soziologisch oder pädagogisch, also kurz: als lesedidaktisch zu bezeichnen ist. Wie der Titel dieses Beitrages bereits impliziert, geht es beim Hamburger BiSS-Projekt für die Primarstufe nicht um die Förderung von Kindern, die aus sozio-kulturell oder sozio-ökonomisch stabilen Milieus stammen, sondern im Gegenteil um Mädchen und Jungen, die strukturell als benachteiligt gelten müssen, was sich wiederum auch auf eine benachteiligende Ausformung ihrer sprachlichen Kompetenzen wie bspw. das Lesen auswirkt (vgl. etwa Haag, Kocaj, Jansen & Kuhl, 2017).

Im Folgenden werden die theoretischen Hintergründe, die methodische Vorgehensweise sowie erste empirische Befunde, die nach zwei Jahren systematischer Leseförderung bei den teilnehmenden Mädchen und Jungen erhoben werden konnten, vorgestellt.

1 Ziel und Konzept der Verbundarbeit

Das Hamburger BiSS-Projekt für die Primarstufe wird unter dem offiziellen Titel *Systematische Leseförderung in der Grundschule* geführt. Dem vorherrschenden Lesebegriff folgend (namentlich dem aus der Perspektive der Lesesozialisationsforschung *sensu* Rosebrock & Nix, 2017), verfolgt sie das Ziel, die in diesem Sinne modellierte Lesekompetenz der in der Population versammelten Schülerinnen und Schüler in einem weiten Sinne zu fördern. Beides, die Zusammensetzung der Population sowie der beim Hamburger BiSS-Projekt verwendete Lesebegriff, soll im Folgenden geklärt werden.

1.1 Zusammensetzung der Population

Die Gesamtpopulation des Hamburger BiSS-Primarstufenprojektes setzt sich aus 1045 Schülerinnen und Schülern, die engere Kernkohorte aus 292 Mädchen und Jungen zusammen. Diese Schülerinnen und Schüler stammen mehrheitlich aus Familien mit hoher sozialer Belastung. Der Index zur Feststellung sozialer Belastung von Kindern und Jugendlichen wird in Hamburg *KESS* genannt. (Das Akronym *KESS* stand ursprünglich für »Kompetenzen und Einstellungen von Schülerinnen und Schülern«, wird für den Index zur Feststellung sozialer Belastung aber auch heute noch verwendet.) Zur Feststellung des KESS-Faktors werden in Hamburg in regelmäßigen Abständen alle Schulen befragt und anschließend einem KESS-Faktor zwischen 1 und 6 zugeordnet. Der Sozialindex KESS beschreibt damit die sozialen Rahmenbedingungen der Schulen, wobei eine »1« für Schulen mit sehr schwierigen sozialen Rahmenbedingungen steht und eine »6« Schulen mit sehr begünstigten sozialen Rahmenbedingungen ausweist. Der Sinn von KESS besteht unter anderem darin, für mehr Verteilungsgerechtigkeit unter den Schulen bzw. bei den Schülerinnen und Schülern zu sorgen, z. B. indem er von der Behörde für Schule und Berufsbildung zur ausgleichenden Planung der Ausstattung von Schulen herangezogen wird. So erhalten Schulen mit schwierigen sozialen Rahmenbedingungen für ihre Schülerinnen und Schüler zusätzliche Ressourcen, bspw. für die Verkleinerung von Klassengrößen oder für die Errichtung und Unterhaltung von Sprachfördermaßnahmen. Wie wichtig dies ist, wurde zuletzt erneut etwa von Haag et al. (2017) im Rahmen des letzten IQB-Bildungstrends (vgl. Stanat et al. 2017) betont, da die *sozialen* Disparitäten unter den Schülerinnen und Schülern strukturell auch zu *sprachlichen* Kompetenzdisparitäten führen.

Dies sei an dieser Stelle deswegen so explizit betont, um die Arbeit des Hamburger Primarstufen-Verbundes besser verstehen, die verwendeten Fördermaßnahmen besser nachvollziehen und die ersten empirischen Ergebnisse besser einordnen zu können. Mit einer Ausnahme sind sämtliche teilnehmenden Schulen[1] dem KESS-

1 Aus datenschutzrechtlichen Gründen werden die an BiSS-Hamburg teilnehmenden Grundschulen im Folgenden nicht ausgeschrieben, sondern mit den Kürzeln CBS, WSB, FFB, SW sowie GSK abgekürzt.

Faktor 1 zuzuordnen, d. h. die am Projekt teilnehmenden Mädchen und Jungen sind (im Sinne eines weiten Inklusionsbegriffs; vgl. Deutsche UNESCO-Kommission, 2010) von unterschiedlichsten Marginalisierungsrisiken bedroht: sei es von Armut, von sprachlichen Aspekten (wie Deutsch als Zweitsprache/DaZ), von Migration, von Aspekten sozial-emotionaler Entwicklung etc.

1.2 Konzept und Lesebegriff

Der Lesebegriff, der beim Hamburger BiSS-Projekt Verwendung findet, ist als genuin didaktisch zu bezeichnen und wurde aus den umfangreichen Studien der Lesesozialisationsforschung hergeleitet. Diese Vorabklärung ist wichtig, da unser Verständnis von Lesekompetenz unmittelbar Einfluss auf die Auswahl der Methoden nimmt, mit denen im Rahmen von »BiSS Hamburg«

- das Lesen aus kognitiver Perspektive,
- die individuelle wie kollektive Einstellung zu Literatur und Schriftlichkeit,
- die emotionale und motivationale Einstellung gegenüber dem eigenen Leseunterricht wie auch
- die sozialen Kompetenzen im Rahmen eines stark an Partner- oder Gruppenarbeit orientierten »Lesebandes«

gefördert werden soll (zur Erläuterung des Begriffs »Leseband«, s. Abschnitt 2.1).

In diesem Sinne gehen wir hier also von einem weiten Begriff von Lesekompetenz aus, der neben der Kognition verschiedene weitere »Ebenen« (Rosebrock & Nix, 2017) bzw. »Dimensionen« (Gailberger, 2007) des Lesens zu berücksichtigen hat. Namentlich seien hier zunächst die Leseflüssigkeit sowie anschließend die Lesemotivation, das Leseinteresse und die Emotionen beim Lesen herausgestellt, deren Förderung gerade in schriftfernen Lerngruppen mit sprachlicher und sozialer Belastung so außerordentlich wichtig ist, soll intendierte wirksame und nachhaltige Sprach- bzw. Leseförderung nicht von vornherein zum Scheitern verurteilt sein.

Leseflüssigkeit und kognitive Prozesse des Lesens

Auf *kognitiver* Ebene sei vor allem die Förderung der Leseflüssigkeit genannt, die gemeinhin als Brücke zur Lesekompetenz bezeichnet wird. Vier Aspekte von Leseflüssigkeit gilt es zu differenzieren:

Flüssiges Lesen bedarf zunächst einer hohen *Dekodiergenauigkeit*, so dass sich der Zugriff auf das semantische Lexikon fehlerfrei vollziehen lässt, oder genauer: so dass dem dekodierten Schriftbild des Wortes eine passende Bedeutung zugewiesen werden kann. In diesem Sinne sind disfluent lesende Mädchen und Jungen leicht daran zu erkennen, dass ihr Anteil an sinnentstellenden Verlesungen sowie ihr Aufwand, dies selbst fortwährend korrigieren zu müssen, sehr hoch sind. Positiv formuliert, geht es bei diesem ersten Aspekt also um etwas, das auch als Lesegenauigkeit bezeichnet werden kann.

Flüssig zu lesen bedeutet zweitens, *automatisiert* zu lesen, d. h. also nicht mehr den Lesevorgang an sich dekodierend oder lautierend fokussieren zu müssen, sondern die Dekodierprozesse ohne gesonderte Aufmerksamkeit vollziehen zu können. Das setzt kognitive Ressourcen frei, die dann zur Verarbeitung bspw. der Semantik des Textes dienen können. Nicht automatisiert lesende Schülerinnen und Schüler sind daran zu erkennen, dass sie beim Entziffern eines Wortes mehrfach ansetzen müssen oder dass sie beim Dechiffrieren längerer Wörter auffällig langsam sind. Der Grund hierfür ist darin zu suchen, dass ihnen noch der sogenannte Sichtwortschatz fehlt, der versierte Leserinnen und Leser dazu befähigt, Wörter »auf einen Blick« zu erkennen: nämlich automatisiert.

Wenn Lesegenauigkeit und Automatisierung zusammenkommen, ergibt sich als dritte Komponente des flüssigen Lesens die *Lesegeschwindigkeit*, gemessen in »Wörter pro Minute« (wpm). Mangelt es aber an Lesegenauigkeit und Automatisierung, so können schwach lesende Schülerinnen und Schüler dadurch diagnostiziert werden, dass sie deutlich langsamer lesen als lesekompetentere Gleichaltrige. Das Zusammenkommen von Lese*un*genauigkeit und *fehlender* Automatisierung bewirkt, dass schwach lesende Schülerinnen und Schüler im Laufe eines Satzes vergessen, weiterhin auf den Inhalt desselben zu achten, so dass sie am Satzende schon wieder vergessen haben, was am soeben noch gelesenen Satzanfang stand. Bezüge innerhalb von Sätzen oder zwischen diesen (sogenannte *lokale Kohärenzen*) können daher nicht angemessen hergestellt werden.

Viertens geht es schließlich darum, inwiefern eine Schülerin oder ein Schüler die Sätze eines Textes mit einer im Sinne der Grammatik der Geschichte angemessenen *Betonung und Phrasierung* lesen bzw. vorlesen kann. Ist die Betonung stimmig, kann davon ausgegangen werden, dass die Vorgaben des Textes berücksichtigt wurden und somit syntaktische und semantische Sinnabschnitte bewusst wahrgenommen werden konnten. Ist das Gegenteil der Fall, vermögen es disfluent lesende Schülerinnen und Schüler nicht, die Sätze im Rezeptionsprozess prosodisch in sinnvolle, grammatisch zusammengehörige Teilabschnitte zu segmentieren. Sie verharren dann häufig noch auf der Ebene von Ein- oder Zweiwortschritten und schaffen es noch nicht, unter Verwendung von impliziten oder expliziten Textsignalen mit einer sinnvollen Betonung, einer flexiblen und sinngebenden Intonation, mit Pausengestaltungen und angemessenen Rhythmisierungen das eigene Verstehen des Gelesenen zu unterstützen. Dies alles gilt für laut bzw. vorlesende als auch für leise lesende Settings (vgl. Nix, 2011).

Im ersten Absatz dieses Abschnitts wurde der Leseflüssigkeit metaphorisch eine Brückenfunktion hin zur Lesekompetenz zugewiesen. Dieses Bild wird nun noch klarer, wenn sie holistisch betrachtet und als ein erfolgreich arbeitendes und v.a. *interdependentes Zusammenspiel* aller vier genannten Aspekte (der Dekodiergenauigkeit, der Automatisierung, der Lesegeschwindigkeit und der gekonnten Phrasierung/Betonung) Beachtung findet und als solche auf das *Textverständnis* im Sinne hierarchiehöherer Verstehensprozesse beim Lesen bezogen wird. Hierbei fällt der Blick auf das begrenzte menschliche Arbeitsgedächtnis, dessen Limitierung eben darauf angewiesen ist, dass alle weiteren beim Lesen aktivierten und notwendigen Teilprozesse so reibungslos wie möglich verlaufen. In diesem Sinne sind *fluent* lesende Schülerinnen und Schüler ihren *dis*fluent lesenden Kompagnons gegenüber klar im Vorteil, weil sie keine gesonderte kognitive Aufmerksamkeit mehr auf die beschriebenen basalen Leseprozesse richten müssen. Vielmehr sind sie bereits dazu in der Lage, ihre kognitiven Ressourcen uneingeschränkt für den eigentlichen Lese- und Verstehensvorgang zu nutzen. Demgegenüber leiden disfluent lesende Mädchen und Jungen daran, dass das Lesen, d. h. hier noch ihr Dekodiervorgang an sich, das Arbeitsgedächtnis auf eine Weise blockiert, dass sie sich neben dem Lesen selbst nur schwer auch auf den Inhalt des Gelesenen konzentrieren können (von der sprachlichen Textgestaltung ganz zu schweigen). Disfluent lesende Mädchen und Jungen benötigen zusätzliche mentale Kapazitäten für die Entzifferung der Schrift, was neben einem mangelhaften Verstehen des Textes zu früher Erschöpfung und damit einhergehend zu einer mangelhaft ausgebildeten Lesemotivation führt.

Flüssiges Lesen stellt daher (im Sinne einer Brückenfunktion) eine sehr wichtige Vorläuferfähigkeit des *verstehenden Lesens* dar, wenn im Laufe des Rezeptionsprozesses (oder danach) Mentale Modelle (respektive Situationsmodelle) des Textes generiert werden sollen. Nach der einschlägigen Beschreibung von Christmann und Groeben (2006) kann dies dann gelingen, wenn es der bzw. dem Rezipierenden gelingt,

- auf der Basis der vornehmlich semantischen Prädikat-Argument-Struktur und über sogenannte Segmentierungsstrategien unter Zuhilfenahme der Syntax (auf *Satzebene*),
- über Koreferenzstrategien, Thema-Rhema-Struktur-Erkennungen[2] und Inferenzbildungen (auf *Absatzebene*),
- und schließlich über die zyklische Verarbeitung der im Arbeitsgedächtnis gesammelten und abgespeicherten Propositionen sowie über die schemaorientierte Verwendung von vorwissensbasierten Scripts und Story Grammars (als *Text-Leser-Interaktion*)

eben jene Mentalen Modelle zu prozessieren, die es der bzw. dem Rezipierenden erlaubt, mehr oder weniger *ad hoc* über den zuvor gelesenen Text – das heißt über dessen Figur(en), Ort(e), Zeit(en), Handlungskern(e) sowie Intention(en) – in anschlusskommunikativen Settings engagiert und/oder kritisch zu reflektieren.

---

2 Bezüglich der »Thema-Rhema-Strategie« geht es darum, leserinnenseitig Satzteile inhaltlich danach zu unterscheiden, ob sie sich auf alte und damit der Leserin bekannte Informationen (das Thema), oder auf neue, der Leserin bislang unbekannte Informationen beziehen (das Rhema), so dass im Verarbeitungsprozess die jeweils neuen Informationen kohärenz- und damit verständnisstiftend auf die bereits bekannten Informationen bezogen werden können. Je nach thematischer Entfaltung eines Textes, kann aus einem jeweiligen Rhema ggf. ein Thema werden – und so weiter. Für schwach lesende Schülerinnen und Schüler mit einer mangelnden Leseflüssigkeit und fehlender Automatisierung im Leseprozess ist diese Thema-Rhema-Struktur-Erkennung ein großes Hindernis und hemmt daher deren Verstehen nachhaltig.

Zur Lesemotivation

Neben der Förderung der Leseflüssigkeit gilt es beim Hamburger BiSS-Projekt im Sinne eines weiten, didaktischen Lesebegriffs außerdem darum, die *Lesemotivation*, das *Interesse* sowie die (positiven) *Emotionen* beim Lesen zu fördern.

Zur Klärung der Frage, was beim Hamburger BiSS-Projekt unter Lesemotivation verstanden wird, bedienen wir uns des lesespezifischen Modells nach Möller und Schiefele (2004), das in der pädagogisch-psychologischen Forschung unter dem Begriff »Erwartungs-mal-Wert-Modell« firmiert (aus lesedidaktischer Hinsicht vgl. bspw. auch Gold, 2007). Nach diesem Modell wird jegliche Tätigkeit aus motivationaler Sicht hinsichtlich *zweier* Fragen beschrieben, deren Antworten miteinander »verrechnet« den motivationalen Grad bestimmen, mit dem eine Tätigkeit (wie bspw. das Lesen) schließlich durchgeführt wird: Auf der Seite der *Wert*-Komponente lautet die zu beantwortende Frage: *Mag ich das, was ich da tun soll/tun werde?* Die entsprechende Antwort repräsentiert dabei die sogenannte *Wert-Komponente* der vorzunehmenden Tätigkeit. Auf der Seite der *Erwartungskomponente* lautet die zu beantwortende Frage: *Schaffe ich das, was ich da tun soll/ tun werde?*

Im Sinne des damit skizzierten »Erwartungs-mal-Wert-Modells« werden Handlungen folglich dann besonders gerne und/oder erfolgreich ausgeführt, wenn sie a) auf der *Wertebene* hochgradig positiv aufgeladen sind und die Furcht vor einem etwaigen Scheitern verdrängen oder relativieren; wenn sie b) extrinsisch motiviert sind und somit als eine zwingende Notwendigkeit gelten, so dass ein Blick auf den *Wert* der Handlung mehr oder weniger irrelevant wird; oder c) wenn sie – im besten Fall – zu jenen Handlungen gehören, die beide Komponenten stimulieren und somit zu nachhaltigen »Erfolgen« mit hohem Gratifikationspotenzial führen.

In Bezug auf die lesespezifische »Situation Deutschunterricht« (Gailberger, 2011) macht vor allem das dritte Szenario (c) deutlich, dass Settings zur Förderung des Lesens von jungen Schülerinnen und Schülern vor allem dann qualitativ wie quantitativ nachhaltig positiv wahrgenommen werden, wenn im Rahmen eben dieser Förderung *beide* oben aufgeworfenen Fragen positiv beantwortet werden können, wenn es ihnen also möglich gemacht wird, in hohem Maße unterschiedliche Empfindungen wie Lust, Interesse, Freude, kurz: Begeisterung für das Lesen (die Wert-Komponente), mit der eigenen Überzeugung zu verbinden, den Lesevorgang an sich auch erfolgreich meistern zu können (Erwartungskomponente). Dass dies mitunter ein nicht allzu leichtes Unterfangen darstellt, weiß jede und jeder, die oder der schon einmal als Lehrkraft mit schwach lesenden Schülerinnen und Schülern gearbeitet hat. Umso wichtiger aber erscheint es uns, die Förderung der Lesemotivation systematisch und damit nachhaltig zu gestalten, damit sie (neben der Leseflüssigkeit) zu einer zweiten Brücke hin zur Lesekompetenz werden kann.

Zum Leseinteresse

Eine dritte Brücke (neben Leseflüssigkeit und Lesemotivation) ist die Komponente des Leseinteresses. Von der soeben skizzierten Lesemotivation unterscheidet sie sich dahingehend, dass jene als *quantitative* Komponente lediglich darüber Auskunft gibt, wie intensiv Schülerinnen und Schüler in einer bestimmten Situation lesen. Das allein reicht lesedidaktisch aber nicht aus. Das Lese*interesse* stellt hingegen die *qualitative* Komponente dar, die darüber Auskunft gibt, welche Textsorten und/ oder Thematiken gerne von den Schülerinnen und Schülern gelesen bzw. welche Lesestoffe nur mit Widerwillen angegangen oder gar abgelehnt werden. Nur wer es also schafft, neben der Motivation (= *Quantität* des Lesevorgangs, gemessen in Länge und Dauer) auch das Interesse (= *Qualität* des Lesevorgangs, gemessen in Intensität und Tiefe) zu berücksichtigen, wird eine nachhaltige Leseförderung bewirken können. Eine interessensensible Leseförderung (auch und vor allem in der Primarstufe) wird daher darauf achten, möglichst *interessante Lektüren* aus der Sicht der Schülerinnen und Schüler auszuwählen bzw. Unterrichtsarrangements zu wählen, in denen die Lernenden diese Auswahl selbst treffen können.

Zu den Emotionen beim Lesen

Wie wichtig eine solche Selbstbesinnung auf Seiten der Lehrerschaft ist, soll *viertens* hinsichtlich der Emotionen gezeigt werden, die beim Lesen (wie bei allen anderen Tätigkeiten auch) zum Tragen kommen und das Handeln determinieren (vgl. im Überblick Lewis, Haviland-Jones & Barrett, 2010), wobei gerade auch aus lesedidaktischer Sicht (vgl. Willenberg, 1999) auf dreifache Weise zu unterscheiden ist, ob es sich dabei um *aktivierende positive* Emotionen (wie Stolz oder Freude), um *aktivierende negative* Emotionen (wie Angst vor schamvollen Situationen) oder um *desaktivierende negative* Emotionen (wie Hoffnungslosigkeit oder auch Langeweile z. B. hinsichtlich bestimmter Methoden oder Themen im Unterricht) handelt. Während nämlich positiv »begeisternde« Emotionen kognitive Lernprozesse in Gang setzen, beschleunigen und fördern, bewirken negative Gefühle beim Lesen und Lernen genau das Gegenteil und können im schlimmsten Fall die Ausbildung von Kompetenzen verhindern (vgl. Hasselhorn & Gold, 2006). Nicht ohne Grund nannte bereits Willenberg (1999, S. 127 ff.) die Emotionen die »heimliche Basis« des Lesens und Lernens.

Jede Form von Leseförderung hat daher notwendigerweise zu hinterfragen, inwiefern sie die emotionalen Befindlichkeiten beim Lesen der Schülerinnen und Schüler berücksichtigt, so dass diese der eigentlichen Förderung mit Vorfreude entgegen- bzw. später glücklich und zufrieden auf dieselbe zurückblicken können. Dass dies nicht jedem Deutschunterricht gelingt, sondern dass ihm vielmehr negativ attribuierte Gefühle wie Langeweile, Überflüssigkeit und sogar Angst zugewiesen werden, hat die Lektüreautobiographieforschung eindrucksvoll bewiesen (vgl. etwa Graf, 2007; für Kinder aus schriftfernen Welten vgl. Pieper, Rosebrock, Volz & Wirthwein, 2004). Leseförderung im Sinne des Hamburger BiSS-Projektes für die Primarstufe muss aus emotionspsychologischer Perspektive also für eine Auswahl von Methoden sorgen, die es auch und vor allem schwach lesenden Mädchen und Jungen aus schriftfernen Welten und mit einer hohen sozialen Belastung ermöglicht, *aktivierende positive* Emotionen beim Lesen zu entwickeln, um diese wiederum als positive Wertzuschreibung einer Handlung für ihre eigene (auszubildende) Lesemotivation nutzen zu können (s. oben).

2 Wege der Förderung

Nachdem nun geklärt ist, was beim Hamburger BiSS-Projekt unter Lesekompetenz verstanden wird, sollen nun die Mittel und Wege ihrer Förderung beschrieben werden. Dabei wird zwischen organisatorisch-administrativen Anteilen auf der einen Seite und konkret methodischen Anteilen auf der anderen Seite unterschieden.

2.1 Lesebänder und verbindliche Lesezeiten

Um als Grundschule am Hamburger BiSS-Projekt teilnehmen und von diesem (z. B. durch Ausstattung mit Lektürematerial, kostenlose Lehrerfortbildungen und laufende Ergebnisevaluationen) auch profitieren zu können, mussten einige zentrale organisatorisch-administrative Voraussetzungen geschaffen und im Laufe des Projektes vertraglich bindend eingehalten werden. Neben der verbindlichen Teilnahme an zwei Methodenworkshops pro Schuljahr für jede beteiligte Lehrkraft (in denen die in diesem Kapitel vorgestellten Methoden sowie theoretische Aspekte des Lesens im obigen Sinne thematisiert wurden), ist hierbei vor allem das Schaffen eines sogenannten »Lesebandes« in den beteiligten Schulen zu nennen, das je nach organisatorischen Möglichkeiten vor Ort drei bis fünf Mal in der Woche eine additive Lesezeit von mindestens zwanzig Minuten für die Schülerinnen und Schüler garantiert. Diese additive Lesezeit ist ausdrücklich *nicht* dem Deutschunterricht zugeordnet, es sind vielmehr alle Lehrkräfte der Kollegien am »Leseband« beteiligt. Das »Leseband« wird ein- wie ausgeläutet und gehört somit zur festen Ausstattung des täglichen Unterrichts- und Schulalltags der Mädchen und Jungen, auf das sich diese daher als verlässliche Größe auch freuen können (vgl. die obigen Ausführungen zu Emotionen etc. als Teilaspekte von Lesekompetenz und Leseförderung). Diese Form der organisierten, systematischen und die gesamte Schule umspannende Leseförderung hat (freilich neben anderen organisatorischen wie pädagogischen Entscheidungen vor Ort) dazu geführt, dass die an »BiSS Hamburg« teilnehmende Grundschule Kirchdorf Preisträgerin des Deutschen Lesepreises 2017 wurde (vgl. hierzu ausführlich Gailberger & Hauschild, 2018). Sie kann auch als Grundvoraussetzung dafür gewertet werden, dass die ausgewählten Methoden auch wirklich wirken können, um die es im Folgenden gehen soll.

2.2 Methoden zur Leseförderung

Wie eingangs skizziert, sind das Lesen und auch seine theoretischen Hintergründe (bspw. aus psychologischer oder soziologischer Perspektive) bereits sehr breit erforscht. Weitgehend unbekannt ist hingegen, welche Methoden zur Förderung des Lesens nicht allein Eingang in den landläufigen primarstufenspezifischen Deutschunterricht gefunden haben, sondern welcher spezifisch lesedidaktische Wert ihnen tatsächlich zugeschrieben werden kann (vgl. hierzu etwa Meyer, 2011 sowie Boll & Scholz, 2012 zum Einsatz auditiver Medien in der Primarstufe). Um dieses empirische Desiderat zu schließen, greift das Hamburger Primarstufen-Projekt z. T. auf Leseförderverfahren zurück, die bereits weitgehend Einzug in den Grundschulalltag gefunden haben, z. T. wurden aber auch neue Methoden entwickelt, die die Bandbreite und damit die Variabilität wie auch die Flexibilität der Lehrerinnen und Lehrer erhöhen sollten. Ziel ist es dabei, aus Lehrenden- wie aus Lernenden-Sicht zu untersuchen, welche Leseförderverfahren nicht allein beliebt sind (und somit ggf. Emotionen und Motivationen beim Lesen fördern), sondern ebenso nachzuweisen, welchen Beitrag bestimmte Lautlesetrainings zur Ausbildung einer stabilen Leseflüssigkeit (resp. Lesekompetenz) leisten.

Im Folgenden werden jene Methoden vorgestellt, die im Rahmen des Projektes in den Lesebändern am häufigsten zur Anwendung kommen. Dabei werden die Methoden nach ihrer Komplexität bzw. ihrem Schwierigkeitsgrad für die beteiligten Schülerinnen und Schüler geordnet, beginnend mit der einfachsten Methode (dem »Vorlesen und Mitlesen«), endend mit der erfahrungsgemäß schwersten (dem »Lesen mit Hörbüchern«).

Die Methode Vorlesen und Mitlesen

Das *Vorlesen und Mitlesen* ist ein lautes wie leises Lesen, bei dem ein zuvor ausgewähltes Buch bzw. eine zuvor ausgewählte Geschichte je nach Lesefertigkeit der Kinder zehn bis zwanzig Minuten von der Lehrkraft vor- und von den Schülerinnen und Schülern mitgelesen wird. Die Kinder nutzen die gut hörbare Stimme als Lese-Modell, sie lehnen sich an dieses Modell an und kompensieren die eigenen Leseschwierigkeiten, indem sie simultan *leise* (das heißt entweder stumm oder halblaut) in den eigenen Texten mitlesen.

Wird mit den Kindern eine Ganzschrift gelesen, so hat es sich bewährt, die Bücher nach Beendigung der Leseeinheit wieder einzusammeln. Diese Maßnahme ist in schwach lesenden Klassen deswegen von Vorteil, da somit keines der schon stärker lesenden Kinder dazu verleitet werden kann, den ausgewählten Text alleine weiterzulesen und ggf. den Klassenkameraden (z. B. aus Stolz oder Missgunst) den Ausgang der Geschichte zu verraten. Ein weiterer Vorteil dieser unbestritten einschränkenden Maßnahme liegt darin, das beliebte »Leseband« als *positiv* aufgeladene Lese-Situation zu verfestigen und es somit zu einem Ort zu machen, auf den sich die Kinder (bereits in der Pause/vor dem Einläuten) freuen können (vgl. Meyer, 2011).

In den ersten zwei oder drei Wochen kann es vorkommen, dass nicht alle Kinder die Konzentration aufbringen, länger als zehn Minuten am Stück zu lesen. Vor allem die ganz schwach lesenden Kinder dürfen an dieser Stelle nicht überfordert werden, sonst verlieren sie schnell die Motivation, weiterhin an der Leseförderung teilzunehmen. In solchen Fällen sollte unbedingt vorzeitig gestoppt und die Textstelle markiert werden, um mit der Lektüre am Folgetag fortzufahren.

Die Methode *(Vor)*Lesetheater

Das *Vorlesetheater* (oder auch nur *Lesetheater*) stammt ebenso wie die Methode *Vorlesen und Mitlesen* aus dem Pool der Lautlese-Verfahren, kombiniert diese aber um Aspekte der Wiederholung (vgl. ausführlich Nix, 2006). Bei Lesetheater-Projekten werden vorzugsweise kurzepische Texte im narrativen Modus in einen quasi dramatischen Modus überführt. Es können aber auch Teile bzw. Kapitel von Ganzschriften präpariert werden. Die so gewonnenen Lese-Scripts, die die Dialoge und Gedanken der Figuren und des Erzählers in direkter Rede enthalten, können je nach Leistungsniveau der Klasse entweder von den Schülerinnen und Schülern selbst oder aber im Vorfeld von der Lehrkraft angefertigt werden. Leichter zu realisieren sind freilich Texte, die bereits dramatisiert vorliegen, z. B. in Form kurzer Theaterstücke oder lustiger Sketche.

Die Lehrkraft kann den Text zu Beginn einmal laut vorlesen. Da es allerdings auch Lerngruppen gibt, die sich die Geschichte selbst erlesen wollen, ist dies eine fakultative Vorgabe. Jedes Kind übernimmt nun die Rolle einer literarischen Figur, bei narrativen Texten sollte die Erzählinstanz je nach quantitativer Dominanz unter mehreren Kindern aufgeteilt werden. Die Übungsroutine wird von Rosebrock und Nix (2017, S. 47 f.) folgendermaßen beschrieben: »Die Kinder üben mit diesen Scripts in Gruppenarbeit zum einen, eine von ihnen ausgewählte Figur des Textes durch das Vorlesen ›zum Leben zu erwecken‹, also durch verschiedene sprecherische Mittel (vgl. dazu Ockel, 2000) die charakterlichen Eigenschaften, Gefühle, Gedanken und Motive der Figur im Kontext der jeweiligen Handlungssituation möglichst angemessen stimmlich zu interpretieren. Andererseits müssen die Schülerinnen und Schüler ihren individuellen Vortrag mit den anderen Sprechern der Gruppe abstimmen, im Gruppenprozess die klangliche Inszenierung des Textes diskutieren und so eine Gesamtdeutung des Gelesenen zusammen erarbeiten. Die Zielsetzung des Lesetheaters besteht für die Schülerinnen und Schüler einer Gruppe darin, sich durch das wiederholte Lautlesen und den Austausch in der Gruppe für die abschließende Lese-Aufführung des Textes vorzubereiten: Im Lesetheater soll den Zuhörerinnen und Zuhörern der Text möglichst bildhaft und einprägsam, eben ›lebendig‹, vor Augen geführt werden.«

Aufwerten und ergänzen lassen sich Lesetheater-Projekte, indem sie mit bekannten Routinen des Kasperle- bzw. Puppen-Theaters zusammengebracht werden. Hierbei kann es (durch Los, durch Freiwilligkeitsentscheidungen oder durch regelmäßige Abwechslung) zu einer Teilung der Gruppe in *Vorleser* auf der einen Seite und *Puppenspieler* auf der anderen Seite kommen.

Die Methode Lesen mit dem Ich-Du-Wir-Würfel

Eigens für das Hamburger BiSS-Projekt wurde die Methode Lesen mit dem *Ich-Du-Wir-Würfel* entwickelt. Dabei handelt es sich um eine Art Gesellschaftsspiel, welches den Förderprinzipien des *wiederholten* Lautlesens folgt. Es setzt am Spaß in der Gruppe an und nutzt diesen lesedidaktisch aus. Das »Würfel-Lesen« wird am besten in Dreier- oder Vierergruppen gespielt. Der vorher zu präparierende (oder zu erwerbende) Extra-Würfel wird jeweils zwei Mal mit den Seiten ICH, DU und WIR ausgestattet. Die ausgewählten Texte müssen in vier bis sechs etwa gleichgroßen Abschnitten vorliegen. Die Länge eines Abschnitts sollte in Abhängigkeit von der Leseflüssigkeit der Kinder 30 bis 50 Wörter nicht überschreiten. Sitzen die Kinder in ihren Gruppen im Kreis, beginnt das erste Auswürfeln, z. B. in alphabetischer Reihenfolge der Vornamen. Würfelt das erste Kind ein ICH, liest es den ersten Abschnitt halblaut vor. Bei DU darf ein Dritter als Vorleser bestimmt werden. Die anderen Kinder lesen jedes Mal still (!) im eigenen Text simultan mit. Fällt die WIR-Seite, liest die gesamte Gruppe im Chor. Sollte es von den Mitgliedern der Gruppe erwünscht sein, dürfen die bereits besser lesenden Kinder immer dann leise einhelfen, wenn ein lesendes Kind stockt oder sich verliest. In der zweiten Würfelrunde liest das nächste gewürfelte Kind den vorherigen, also bereits bekannten Abschnitt erneut laut vor, danach dann den eigenen, neuen Absatz. In der dritten Runde wiederholt sich diese Routine mit dem nächsten Kind, erst danach liest dieses wiederum den eigenen Textabschnitt. Dieses Vorgehen wiederholt sich so oft, wie der Text Abschnitte hat. Zum Abschluss dürfen ein Kind oder alle Kinder im Chor den Text laut (und dann auch flüssig) vorlesen.

Die Methode Lesen mit Hörbüchern

Das *Lesen mit Hörbüchern* ist eine denkbar einfache und zugleich sehr effektive Form der Förderung, die bereits für die Sekundarstufe 1 (vgl. Gailberger, 2013) sowie in Ansätzen auch für die Primarstufe (Boll & Scholz, 2012; Meyer, 2011) empirisch erprobt wurde. Dabei wurde gezeigt, dass sich (in der Primarstufe ebenso wie in der Sekundarstufe 1) nach nur wenigen Wochen die Leseflüssigkeit (auf kognitiver Ebene), mehr noch aber die Lesemotivation, die Freude am Lesen im Deutschunterricht und weitere Determinanten des Lesens (auf subjektiver Ebene) gesteigert werden konnten. Darüber hinaus wertet das Lesen mit Hörbüchern das Lesen in der Schule an sich auf, indem das gemeinsame simultane Lesen und Hören eine »literarische Geselligkeit« erzeugt, die von den Kindern wie von ihren Lehrkräften zu gleichen Teilen genossen wird (vgl. Gailberger, 2013).

Wie schon beim *Lesen und Mitlesen* läuft auch beim Hörbuchlesen für zehn bis zwanzig Minuten im Rahmen des Lesebandes ein Hörbuch in angenehmer Zimmerlautstärke. Auch hier sollte die Lesedauer in Abhängigkeit von der Übung und der Leseflüssigkeit der Kinder gewählt und im Laufe der Förderung gesteigert werden. Da das Lesen mit Hörbüchern bei »BiSS Hamburg« aber frühestens gegen Ende der dritten Klasse eingesetzt wurde, sind grundsätzliche Probleme des Lesens wie bei der Methode *Vorlesen und Mitlesen* nicht zu erwarten. Dennoch ähnelt vieles der ersten Methode, so auch das Einsammeln der Texte nach Beendigung der täglichen Förderung (aus denselben Gründen).

Lesetagebücher und Lesestrategien

Wiederholende und/oder begleitende Lautleseverfahren fördern also die Leseflüssigkeit sowie weitere Determinanten des Lesens wie Lesemotivation etc. Diese sind ja aber nur Vorbedingungen dafür, dass in einem anschließenden Schritt auch die Lese*kompetenz* im weiteren Sinne (also wie bei Christmann & Groeben, 2006, skizziert) ausgebildet werden kann (vgl. Rosebrock & Nix, 2017). Für eine systematische Förderung von Lese*kompetenz* im weiteren Sinne reichen sie daher nicht aus. Je nach individuellem Kompetenzstand der jeweiligen Klassen werden die bislang vorgestellten Fördermethoden daher spätestens mit Beginn der Jahrgangsstufe 4 darüber hinaus durch Lesetagebücher und einfache Lesestrategien ergänzt, die aber aus Platzgründen konzeptionell nicht breite Erwähnung finden können. Nur so viel:

Die Förderinstrumente, namentlich die verwendeten Lesetagebücher »Das Lesetagebuch für Erzähltexte. 2.-4. Klasse« (von Wietzke, 2011), »Das Lesetagebuch für Sachtexte. 3./4. Klasse« (von Wietzke, 2013) sowie die verwendeten Lesestrategien aus »LESEN: Das Training« (von Kruse, Rickli, Riss & Sommer, 2011), folgen in ihrer Fördersystematik der grundlegenden Struktur »Vor dem Lesen«, »Während des Lesens« und »Nach dem Lesen« und stützen sich in ihrer behutsamen Vorgehensweise auf lesetheoretische Annahmen wie lesedidaktische Prämissen, die mittlerweile als gesichert gelten und erfolgreich für die Primarstufe (wie für die Sekundarstufe) aufbereitet wurden (vgl. etwa Rosebrock & Nix, 2015, Kap. 5).

Da sowohl das Arbeiten mit Lesetagebüchern als auch mit Lesestrategien in der Regel weitaus mehr Zeit in Anspruch nimmt, als das Hamburger BiSS-Leseband den Lerngruppen Zeit bieten kann, werden die hierbei begonnenen Aufgaben bei Bedarf im regulären Deutschunterricht und unter Anleitung der jeweiligen Deutsch-Lehrkraft fortgeführt und beendet.

3 Empirie

Das Hamburger BiSS-Projekt zur Leseförderung in der Primarstufe läuft noch bis Herbst 2018, so dass hier nur von ersten Zwischenergebnissen berichtet werden kann. Zu diesem Ziele wird zunächst das Design der Intervention skizziert.

3.1 Design

Das Design des Hamburger BiSS-Projektes zur systematischen Leseförderung schwach lesender und sozial benachteiligter Schülerinnen und Schüler stellt eine Intervention im Rahmen einer klassischen Longitudinalstudie dar. Bei ihrer Planung und Erstellung wurde auf ein ausgewogenes Verhältnis geachtet, das unter den Gesichtspunkten der sogenannten Testökonomie eine empirisch sichere Aufarbeitung der Daten (auf der einen Seite) ebenso wie eine Test-sensible Behandlung der beteiligten Mädchen und Jungen (auf der anderen Seite) berücksichtigt.

Die Untersuchungsgruppe

An der Untersuchung beteiligen sich sechs Grundschulen, die sich offiziell für eine Teilnahme am BiSS-Programm beworben und dafür die Zustimmung ihrer jeweiligen Lehrer- und Schulkonferenz eingeholt haben. Die Standorte der Schulen liegen in den Hamburger Stadtteilen Lurup, Wandsbek, Wilhelmsburg, Kirchdorf und Rahlstedt und sind somit breit über das Gebiet der Freien und Hansestadt Hamburg gestreut. Mit einer Ausnahme weisen die ausgewählten Schulen einen Sozialindex/KESS-Faktor von 1 auf – lesespezifisch ist somit von einer stark unterdurchschnittlichen Population aus schriftfernen Welten mit einer hohen sozialen Belastung auszugehen (zur Bedeutung des KESS-Faktors, siehe Abschnitt 1.1).

In den Schulen nehmen alle Kinder einer Jahrgangsstufe an den Maßnahmen zur Leseförderung teil. Sie werden – aufwachsend von der Jahrgangsstufe 2 und 3 im Schuljahr 2014/15 – in die Untersuchung einbezogen, sofern eine schriftliche Einverständniserklärung ihrer Eltern hierzu vorliegt. Dadurch ergeben sich bis zum Ende der Projektlaufzeit zum Ende des Schuljahres 2017/18 drei verschiedene Kohorten:

- Kohorte 1 (vornehmlich zur Pilotierung 1): Kinder der Jahrgangsstufe 3 im Schuljahr 2014/15 und der Jahrgangsstufe 4 im Schuljahr 2015/16.
- Kohorte 2 (vornehmlich zur Pilotierung 2): Kinder der Jahrgangsstufe 2 im Schuljahr 2014/15, der Jahrgangsstufe 3 im Schuljahr 2015/16 und der Jahrgangsstufe 4 im Schuljahr 2016/17.
- Kohorte 3: Kinder der Jahrgangsstufe 2 im Schuljahr 2015/16, der Jahrgangsstufe 3 im Schuljahr 2016/17 und der Jahrgangsstufe 4 im Schuljahr 2017/18. Diese Schülerinnen und Schüler bilden die sogenannte »Kernkohorte« des Hamburger BiSS-Projektes für die Primarstufe.

Messzeitpunkte, Untersuchungsinstrumente, Differenzialbetrachtungen

Die zahlreichen, für die Auswertung des Projektes relevanten Messzeitpunkte der sogenannten Kernkohorte im Halbjahresrhythmus zwischen September 2015 und Juli 2018 sind dem Zeitstrahl zu entnehmen, der die kontinuierliche Abwechslung von Förderung und (Zwischen-)Testungen visualisiert (▶ Abb. 5.1). Die regelmäßigen Testungen der Schülerinnen und Schüler zu insgesamt acht Messzeitpunkten dienen dazu,

- die Ausgangswerte speziell der Kernkohorte,
- ihre Veränderung im Laufe des Projektes, d. h. hier im Laufe der Schulhalbjahre,
- die Zielwerte am Ende des Projektes
- sowie die Nachhaltigkeit der Intervention (als Follow-Up-Testung) in Jahrgang 5 nach Übertritt in die Sekundarstufe 1 zu dokumentieren. Hierzu werden Hamburg-spezifische Ergebnisse der bundesweit laufenden Vergleichsarbeiten VERA (in Hamburg KERMIT genannt, vgl. Lücken et al., 2014) sowie Testresultate des sekundarstufenspezifischen Salzburger Lesescreenings 5-8 (vgl. Auer, Gruber, Mayringer & Wimmer, 2005) zu erheben, zu interpretieren und auf der Ebene aller am Projekt teilnehmenden Schülerinnen und Schüler didaktisch-methodisch aufzubereiten sein.

Die Werte werden hierzu auf der Ebene der Gesamtpopulation, der einzelnen Jahrgangskohorten, der Schulen und Klassen in den »klassischen« Kategorien des Geschlechts, der Muttersprache, des Alters, der sozialen Belastung etc. sowie hinsichtlich ihrer Ausgangsdaten zum Testzeitpunkt T1 und einer vergleichbaren Kontrollgruppe betrachtet.

Die Wahl der Erhebungsinstrumente wurde hinsichtlich der Fördermaßnahmen getroffen, d. h. diese sollten die Kompetenz in den Bereichen des Lesens erfassen können, die durch die Förderung verbessert werden sollen. Diese Verfahren können hier aus Platzgründen aber neben einer bloßen Nennung nicht näher erläutert werden. Zum Einsatz kommen

- das *Salzburger Lesescreening 1-4* (SLS 1-4, Mayringer & Wimmer, 2003) zur Messung der Lesegeschwindigkeit (wpm) und des Leseverstehens auf Satzebene,
- audiogestützte *Lautleseprotokolle* zur Einschätzung der Leseflüssigkeit (sensu Rieckmann, 2009),
- die Hamburger VERA-Erhebungen zu Klasse 3 (genannt *KERMIT-3*[3], vgl. Lücken et al., 2014),
- als Follow Up nach Übergang in die Sekundarstufe 1 die Erhebungen zu *KERMIT-5*[4] (vgl. ebenda) und das *Salzburger Lesescreening* für die Klassenstufen fünf bis acht (SLS 5-8, Auer et al., 2005) sowie zwei speziell für das Projekt erstellte Fragebögen, die die teilnehmenden Schüler und Lehrer kurz vor Vollendung der Jahrgangsstufe 4 hinsichtlich ihrer subjektiven Einschätzung zu BiSS beantworten werden (vgl. hierzu Gailberger, 2013).

3.2 Erste Ergebnisse

Die ersten Ergebnisse[5] des Hamburger BiSS-Projektes für die Primarstufe liegen vor und können hier mit Vorbehalt berichtet sowie vorsichtig interpretiert werden. Dabei handelt es sich um Ergebnisse zur Förderung der Leseflüssigkeit. Zur Förderung des Lesens sowohl auf Textebene als auch auf der Ebene von Lesemotivation oder Lesefreude liegen noch keine Ergebnisse vor.

Lesegeschwindigkeit (Salzburger Lesescreening 1-4)

Zum jetzigen Zeitpunkt wurde die Lesegeschwindigkeit der Hamburger Kernkohorte (N = 292) zu bislang fünf Testzeitpunkten mithilfe des Salzburger Lese-

3 Vgl. https://www.kermit-hamburg.de/index.php?id_page=11 [27.10.2017]
4 Vgl. https://www.kermit-hamburg.de/index.php?id_page=12 [27.10.2017]
5 Aus datenschutzrechtlichen sowie aus schulorganisatorischen Gründen war lange Zeit ungeklärt, welche Schulen Kontrollklassen für das Hamburger BISS-Projekt stellen würden. Mittlerweile läuft eine Kontrollgruppe, die Werte können hier aber noch nicht verwendet werden. Anstelle dessen wird zur Einschätzung der Leistungssteigerungen hinsichtlich des Salzburger Lesescreenings 1-4 die darin verwendeten Werte der ursprünglichen Normierungsstichprobe herangezogen.

screenings 1-4 (SLS 1-4, Mayringer & Wimmer, 2003) sowie ergänzend dazu die Leseflüssigkeit zu drei Messzeitpunkten mithilfe von Lautleseprotokollen bei einer Teilstichprobe der Kernkohorte erhoben (N = 37). Das Salzburger Lesescreening misst, wie viele Sätze ein Kind in drei Minuten inhaltlich korrekt lesen und verarbeiten kann. Bezüglich des Rohwertes wuchs die durchschnittliche Lesegeschwindigkeit der Kernkohorte von anfänglich 16,4 auf mittlerweile 39,5 korrekt gelesene Sätze in drei Minuten an. Die Abbildung 5.1 und die dazu gehörige Tabelle 5.1 zeigen, dass sich die ursprünglich unterdurchschnittlich lesenden Hamburger KESS-1-Kinder in ihrer Lesegeschwindigkeit konsequent entlang des vom Salzburger Lesescreening erwarteten Durchschnittswerts (und damit statistisch hoch signifikant[6]) entwickelt haben – tendenziell sogar über den erwarteten SLS-Durchschnittswert hinaus.

Tab. 5.1: Durchschnittliche Entwicklung der Lesegeschwindigkeit nach dem Salzburger Lesescreening Testzeitpunkt 1 bis Testzeitpunkt 5 (zu den Abkürzungen, s. Fußnote 1)

	GSK	FFB	SCS	SW	WSB	Durchschnitt	SLS Erwartung
T1	14,46	18,43	18,19	11,59	19,32	16,4	20
T2	23,88	24,28	25,31	19,47	31,7	24,93	26
T3	30,59	30,71	30,7	25,92	33,26	30,24	29
T4	35	36	33	31	37	33,3	35
T5	38	40	38	38	45	39,5	39

Das Ergebnis zur Zeit des letzten Messzeitpunktes, nach dem die hier dargestellte Kernkohorte nach 24 Monaten systematischer Leseförderung den vom Salzburger Lesescreening erwarteten Durchschnitt von 39 Sätzen in drei Minuten zum jüngsten Testzeitpunkt T5 um 0,5 Punkte sogar überschreiten konnte, ist ein außerordentlicher Erfolg. Diese Interpretation kann wie folgt erklärt werden: Die Mädchen und Jungen der Hamburger BiSS-Stichprobe stammen (wie eingangs angemerkt) aus sozial wie sprachlich stark benachteiligten Familien und Milieus. Die ursprünglich in Bayern und Salzburg gewonnene Normierungsstichprobe hingegen repräsentiert – wie alle Normierungsstichproben psychometrischer Lesetests – die gesamte Spannbreite *aller* damalig erhobenen Grundschülerinnen und -schüler, so dass beim SLS 1-4 neben den schwach oder gar sehr schwach lesenden Kindern eben *auch* jene repräsentiert waren, die als durchschnittlich, überdurchschnittlich oder gar als stark lesende Mädchen und Jungen einzustufen sind. Wenn nun die hier beschriebene benachteiligte Hamburger BiSS-Kohorte (mit dem dominierenden KESS-Faktor 1) ihre Lesegeschwindigkeit der der ursprünglichen

6 Der durchgeführte gepaarte T-Test ergab eine hoch signifikante Steigerung der Lesegeschwindigkeit zwischen den Testzeitpunkten T1 bis T5 ($M = 23,14$; $df = 167$; $p < 0,001$).

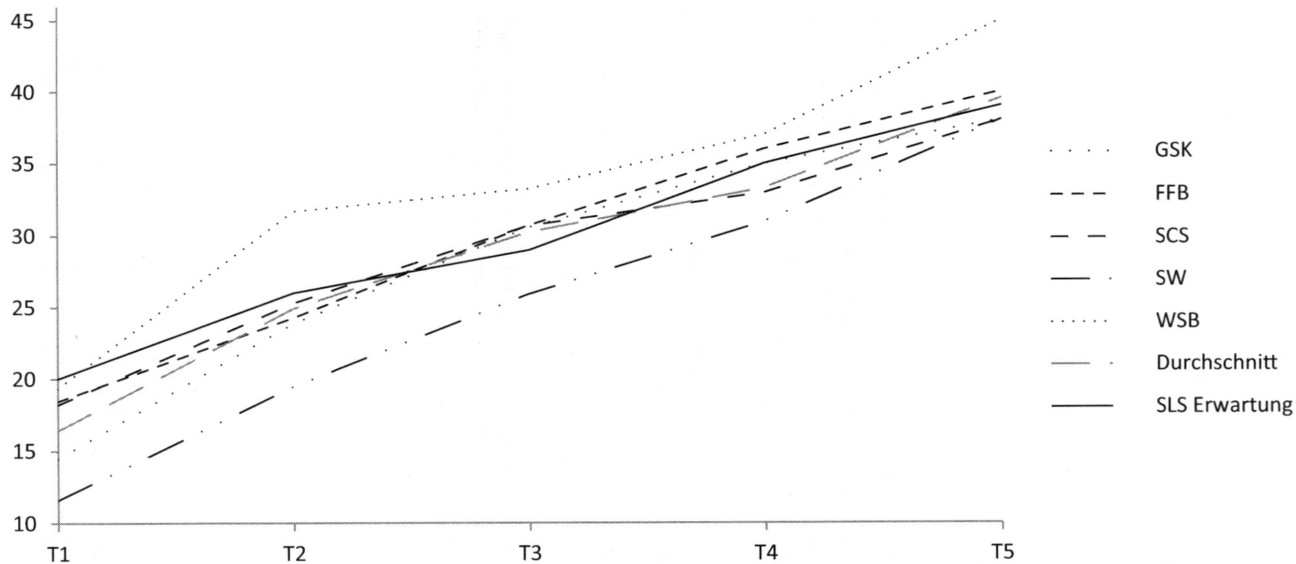

Abb. 5.1: Durchschnittliche Entwicklung der Lesegeschwindigkeit nach dem Salzburger Lesescreening (Rohwert), T1 bis T5 (die Abkürzungen GSK, FFB usw. stehen für die Verbundschulen, SLS Erwartung = Das erwartete Mittel der Normierungsstichprobe) (eigene Darstellung)

Normierungsstichprobe des SLS 1-4 angleichen kann, so ist das – wie angemerkt – ein großer Erfolg, und zwar für alle Beteiligten: für die Schülerinnen und Schüler ebenso wie für die beteiligten Lehrkräfte und ihren Unterricht.

Betrachtet man dieselben Ergebnisse erneut, nun aber mithilfe des *Lesequotienten*[7] des SLS 1-4, dessen anzustrebendes Mittel zu jedem Testzeitpunkt den durch die Normierungsstichprobe gewonnenen und dadurch vorgegebenen Wert von 100 angibt, lässt sich darüber hinaus ermitteln, wann die Leseförderung des Hamburger BiSS-Projektes besonders erfolgreich wirkte.

Mithilfe der Abbildung 5.2 ist zu erkennen, dass die Mädchen und Jungen der Schule WSB (als die einzige Schule, die nicht dem KESS-Faktor 1, sondern seit neuestem dem Faktor 3 zugerechnet wird) quasi mit Einsetzen der Förderung das erwartete Mittel des Salzburger Lesescreenings übersteigen und auch nicht mehr dahinter zurückfallen – auch wenn es zwischen den Testzeitpunkten T2 und T4 zu erheblichen Rückschritten kam, die mittlerweile aber wieder aufgefangen worden sind (zur Erläuterung dieser und nachfolgender temporärer Rückschritte im Laufe von Lesefördereinheiten, siehe Abschnitt 5 zur Gesamtdiskussion der Ergebnisse). Auch die übrigen Schulen können bereits nach kurzer Zeit erhebliche Erfolge vermelden, auch wenn ihre (im direkten Vergleich schwächer lesenden) Schülerinnen und Schüler etwas mehr Zeit zur Entfaltung ihrer Lesegeschwindigkeit benötigten. Doch auch hier müssen z. T. erhebliche Rückschritte verkraftet werden (z. B. bei den Grundschulen GSK und CBS), die bis dato nur zum Teil wieder wettgemacht werden konnten (► Abb. 5.2). Den längsten Atem zeigen die Schülerinnen und Schüler der Grundschule SW: Sie starten augenscheinlich unter den mit Abstand schwersten Bedingungen und schaffen es dennoch zum Testzeitpunkt T5, nach 24 Monaten Lesen im »Leseband« fast bis zum Lesequotienten von 100 aufzuschließen. Auch sie lesen mittlerweile also beinahe auf durchschnittlichem Niveau.

Die noch ausstehenden Testzeitpunkte 6 und 7 werden schließlich zeigen, wie sich die einzelnen Schulen weiterentwickeln und inwiefern es den dortigen Lehrerinnen und Lehrern gelingen wird, etwaige Rückschritte bei Teilen der Mädchen und Jungen wieder aufzufangen.

---

7 Um Missverständnissen vorzubeugen, sei an dieser Stelle nochmal betont, dass ein Rückschritt im Lesequotienten des SLS 1-4 nicht zugleich eine reale Rückentwicklung der Lesegeschwindigkeit bezogen auf den gemessenen Rohwert bedeuten muss. Der Lesequotient gibt unter Bezugnahme auf die ursprüngliche Normierungsstichprobe vielmehr an, welche Lese- bzw. Steigerungswerte zu den einzelnen Testzeitpunkten im Mittel erwartet werden können. Bleiben also einige Schulen zwischen den Testzeitpunkten 2, 3 und 4 gemessen am Lesequotienten »hinter den Erwartungen« zurück, so kann der reale Zuwachs einer jeweiligen Population (wie der unsrigen) dennoch statistisch signifikant sein. So ergab bspw. der durchgeführte gepaarte T-Test zwischen den Testzeitpunkten T3 bis T4 ($M = 4{,}95$; $df = 200$; $p < 0{,}001$) eine hoch signifikante Steigerung der Lesegeschwindigkeit – trotz partieller Rückschritte beim Lesequotienten.

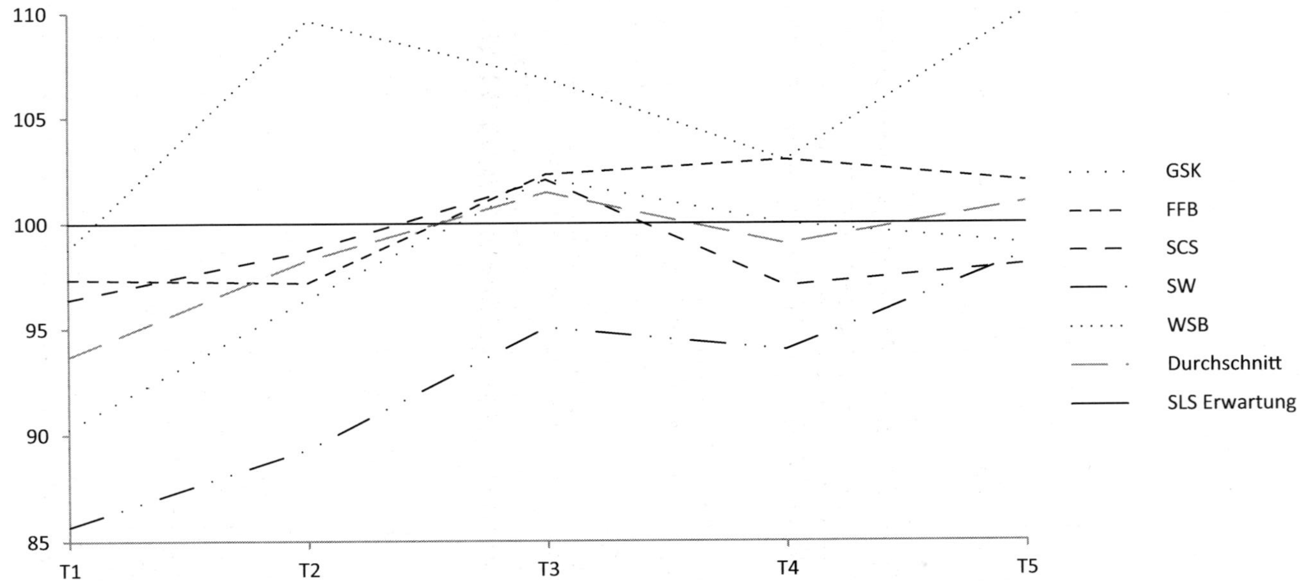

Abb. 5.2: Durchschnittliche Entwicklung der Lesegeschwindigkeit nach dem Salzburger Lesescreening (gemessen am Lesequotienten), T1 bis T5 (eigene Darstellung)

Leseflüssigkeit (Lautleseprotokolle)

Neben dem Salzburger Lesescreening als *quantitatives* Instrument wurden bei einer Teilpopulation (N = 37) zu bislang drei Testzeitpunkten *qualitative* Lautleseprotokolle angefertigt. Und auch hier können die bisherigen Ergebnisse als erfolgreich angesehen werden und somit die Ergebnisse zum SLS 1-4 bestärken.

Tab. 5.2: Leseflüssigkeit nach Lautleseprotokollen T1 (N = 37)

	Leseflüssigkeit T1 (September 2015)		
Schule/Abk.	Lesegeschwindigkeit (wpm)	Dekodiergenauigkeit	Sinnvolle Betonung
LBH	35	80,59 %	70,00 %
CBS	41,5	88,00 %	69,27 %
WSB	58,43	94,37 %	80,88 %
KD	46,94	85,8 %	75,91 %
Ø	45,46	87,19 %	74,01 %

Tab. 5.3: Leseflüssigkeit nach Lautleseprotokollen T2 (N = 37)

	Leseflüssigkeit T2 (Mai 2016)		
Schule/Abk.	Lesegeschwindigkeit (wpm)	Dekodiergenauigkeit	Sinnvolle Betonung
LBH	59,77	94,08 %	75,53 %
CBS	68,5	93,96 %	77,65 %
WSB	86,22	97,66 %	82,00 %
KD	86,1	93,86 %	74,13 %
Ø	75,15	94,89 %	77,32 %

Tab. 5.4: Leseflüssigkeit nach Lautleseprotokollen T3 (N = 37)

	Leseflüssigkeit T3 (Juli 2017)		
Schule /Abk.	Lesegeschwindigkeit (wpm)	Dekodiergenauigkeit	Sinnvolle Betonung
LBH	73,84	94,83 %	98,33 %
CBS	76,8	89,00 %	91,2 %
WSB	93	97,50 %	99 %
KD	96,83	95,71 %	98 %
Ø	85,12	94,26 %	96,69 %

Die Tabellen 5.2 bis 5.4 vergleichen die bisherigen Ergebnisse der Teilstichprobe von Testzeitpunkt 1 bis 3 zur *Lesegeschwindigkeit* (wpm), zur *Dekodiergenauigkeit* sowie zur grammatikalisch sinnvollen *Betonung* der Sätze. Sie zeigen auf, wie sich die Leistungen der Schülerinnen und Schüler von Testzeitpunkt zu Testzeitpunkt verbessern, und dies, obwohl die Schwierigkeit der ausgewerteten Textpassagen (berechnet über den sog. Lesbarkeitsindex LIX[8]; vgl. Lenhard & Lenhard, 2011) mit LIX = 37,5 überproportional anstieg und mittlerweile knapp über dem liegt, was allgemeinhin für die Klassenstufe 3 vorgesehen und erwartet wird (LIX < 30). So liegt die Lesegeschwindigkeit der ausgewählten Kinder mittlerweile durchschnittlich bei 85,12 Wörtern pro Minute (wpm), die Dekodiergenauigkeit bei 94,26 % und die syntaktisch sinnvollen Betonungen bei 96,69 %. Bezogen auf die anzuvisierenden Richtwerte von 120 Wörtern pro Minute und einer Dekodiergenauigkeit wie Betonung von jeweils > 95 % bzw. > 97,5 % am Ende von Jahrgang 4 (vgl. Rosebrock, Nix, Rieckmann & Gold, 2011) werden die noch verbleibenden 12 Monate zeigen, inwiefern sich das Lesen der an BiSS teilnehmenden Hamburger Primarstufenschülerinnen und -schüler noch weiter verbessern lässt. Jetzt aber kann bereits festgehalten werden: Systematische Leseförderung wirkt – und zwar auch, wenn die zu fördernden Schülerinnen und Schüler aus sozial wie sprachlich benachteiligten Verhältnissen stammen.

4 Differenzialbetrachtungen

Betrachtet man die bislang dargestellten gemittelten Zuwächse im Bereich der Leseflüssigkeit erneut, dieses Mal aber nicht auf Schulebene, sondern differenziert nach Klassen, so fallen zwischen den beiden Testzeitpunkten T4 und T5 neben quasi identischen Verbesserungen der einzelnen Parallelklassen (z. B. an der Grundschule FFB um jeweils vier Sätze in drei Minuten) auch Ergebnisse ins Auge, bei denen den denkbar höchsten Zuwächsen einer oder mehrerer Klassen frappierende Verluste einer anderen Parallelklasse gegenüberstehen.

So verbessert sich bspw. die Klasse 3a der Grundschule CBS zwischen T4 und T5 um 9 Sätze in drei Minuten, was gemessen am Lesequotienten einem Zuwachs von 95 auf 104 entspricht. Das ist ein außerordentlich großer Erfolg für Drittklässlerinnen und Drittklässler einer KESS-1-Schule. Ähnliche Zuwächse verzeichnet auch die dortige Klasse 3b. Diese Erfolge gehen bei der gemittelten Betrachtung auf Schulebene aber unter, da diesen positiven Ergebnissen der Klassen 3a und 3b Einbrüche in der Parallelklasse 3c gegenüberstehen, deren Kinder sich sogar um drei Sätze in drei Minuten (im Rohwert) verschlechtert haben und somit vom bereits erreichten Lesequotienten 102 (zu T4) auf 90 (zu T5) zurückgefallen sind (zur Erläuterung solcher Rückschritte, vgl. Abschnitt 5).

8 Vgl. www.psychometrica.de/lix.html (Abruf am 31.10.2017)

Ähnliches lässt sich im selben Zeitraum auch in der Grundschule GSK beobachten, wo die Klassen 3a und 3c mit Zuwächsen um sechs bzw. fünf Sätze in drei Minuten zum anzuvisierenden Lesequotienten von 100 aufschließen können, dieser Erfolg auf Schulebene aber durch die dortige Klasse 3d egalisiert und dadurch negiert wird. Sie verschlechtert sich zur selben Zeit um zwei Sätze und rutscht damit vom Lesequotienten 98 um drei Punkte auf 95 ab.

Die eindrucksvollsten Unterschiede zwischen den Klassen sind in der Grundschule SW auszumachen. Obwohl bereits äußerst schwach lesend, fällt die dortige Klasse 3a in Bezug auf den Lesequotienten noch einmal um 3 Punkte auf 87 zurück. Die Jungen und Mädchen der Klasse 3a lesen somit zum Zeitpunkt »Ende Klasse 3« in etwa auf dem Niveau von Zweitklässlerinnen und Zweitklässlern kurz vor Beginn der Sommerferien (vgl. Auer et al., 2005). Dieser negativen Entwicklung (die es ebenfalls noch zu diskutieren gilt) stehen nun aber enorme Zuwächse in den Parallelklassen 3b und 3c gegenüber, die hier nochmal gesondert gewürdigt werden sollen, da wir die Grundschule SW in Abschnitt 3.2 als jene Schule ausgemacht hatten, deren Schülerinnen und Schüler unter den schwersten sprachlichen wie sozialen Bedingungen in die Förderung mit BiSS gestartet waren: Die dortige Klasse 3b erreichte bereits zum Testzeitpunkt T4 mit 36 Wörtern in drei Minuten den Lesequotienten von 102, lasen also nach 18 Monaten systematischer Förderung bereits auf durchschnittlichem, d. h. vor dem Hintergrund ihrer Ausgangslage auf erfreulichem Niveau. Diesen aber können sie zu T5 noch einmal um zwei Punkte aufstocken, was einer realen Verbesserung von 36 auf 41 Sätze in drei Minuten entspricht. Noch erstaunlichere Zugewinne verzeichnen die Mädchen und Jungen der Parallelklasse 3c. Diese lasen mit 29 Wörtern in drei Minuten zum Testzeitpunkt T4 noch auf demselben schwachen Niveau wie die bereits benannte Klasse 3a (LQ = 90). Anders als diese aber verbessert sich das Mittel der Klasse 3c um sagenhafte 17 Wörter in drei Minuten, so dass ihr Lesequotient nun (um 22 Punkte gestiegen) bei 112 und damit auf einem Niveau liegt, das eigentlich erst ein Jahr später (Ende Klassenstufe 4) zu erwarten gewesen wäre (vgl. Auer et al., 2005).

5 Zusammenfassung der wichtigsten Befunde, Gesamtdiskussion und Ausblick

Die ersten Ergebnisse des Hamburger BiSS-Projektes für die Primarstufe lassen sich also wie folgt zusammenfassen und anschließend diskutieren:

1. Zunächst einmal kann gesagt werden: Systematische Leseförderung für junge schwach lesende Schülerinnen und Schüler aus sprachlich wie sozio-ökonomisch benachteiligten Familien und Milieus wirkt. Im Sinne des Hamburger BiSS-Projekts bedeutet systematische Leseförderung konkret

- die Einführung und feste Implementierung eines verbindlichen Lesebandes,
- zwei verbindliche Lehrerinnenfortbildungen pro Schuljahr zu bereits erfolgreich evaluierten Förderverfahren, in denen neben der Förderung der Leseflüssigkeit ebenso auch die Förderung von Lesemotivation, Leseinteresse und Emotionen beim Lesen thematisiert wurden.

2. Die durchschnittliche *Lesegeschwindigkeit* (gemessen mit dem Salzburger Lesescreening 1-4, Mayringer & Wimmer, 2003) steigt nach 24 Monaten zwischen den Testzeitpunkten 1 bis 5 von 16,4 auf 39,5 Sätze in drei Minuten. Damit entwickelt sie sich auf linear-progressive Weise in etwa parallel zu dem vom Lesescreening selbst erwarteten Mittel, das im Rahmen seiner Normierungsstudie mit Primarstufenschülerinnen und -schülern im bayrischen und Salzburger Raum generiert wurde (▸ Abb. 5.1 und Tab. 5.1). Statistisch konnte dieser Zuwachs als hoch signifikant ausgezeichnet werden.
3. Eine ähnlich positive Entwicklung bestätigen auch die 37 ausgewerteten Lautleseprotokolle auf den Ebenen *Lesegeschwindigkeit* (wpm), *Dekodiergenauigkeit* und *sinnvolle Betonung* (▸ Tab. 5.2 bis 5.4).
4. Im Mittel *profitieren alle Schulen* von der Förderung: die mit den günstigeren Startbedingungen (hier die Grundschule WSB) wie auch die mit sehr ungünstigen Startbedingungen (das ist hier v.a. die Grundschule SW). Während allerdings die bereits stärkeren Schülerinnen und Schüler die einsetzende Leseförderung auf Anhieb (das heißt zwischen T1 und T2) dafür nutzen konnten, ihr Lesen um Werte von umgerechnet bis zu einem Schuljahr zu verbessern, benötigten die Mädchen und Jungen mit besonderer sprachlicher und sozialer Belastung die gesamte Laufzeit von 24 Monaten, um zu den Werten der anderen Schulen aufschließen (bzw. *fast* aufschließen) zu können.
5. Auffallend ist hierbei, dass der durchschnittliche Lesequotient zwischen den Testzeitpunkten T3 und T5 nicht mehr sonderlich schwankt, sondern sich zwischen den Quotienten 95 und 105 mehr oder weniger stabil eingerichtet hat. Ohne hier bereits den endgültigen Ergebnissen nach Abschluss des Projektes im Herbst 2018 vorgreifen zu wollen, scheint sich jetzt aber bereits die Erkenntnis abzuzeichnen, dass junge Lerngruppen aus schriftfernen Welten mit hoher sprachlicher und sozialer Belastung zwar durchaus (und zwar für ihre Verhältnisse äußerst erfolgreich) sprachlich gefördert werden können, dass sie es zugleich aber schwerlich vermögen, sich zu überdurchschnittlichen oder gar guten/ sehr guten Leserinnen und Lesern zu entwickeln. Leseförderung wirkt also, und dies auf zuverlässige Weise. Sie *be*wirkt jedoch keine »Wunder«.
6. Zuletzt zeigen die nach Klassen differenzierten Ergebnisse, dass die gemittelten Leistungsveränderungen auf Schulebene zunächst nur eingeschränkte Aussagekraft besitzen. Diese werden erst dann klarer, wenn auf Klassenebene differenziert wird, ob sich alle Klassen eines Jahrgangs gleich stark entwickelt haben, ob sie alle im selben Maße Rückschritte verkraften mussten oder aber (wie gezeigt), ob die hohen Zuwächse einer Klasse hohen Verlusten einer oder mehrerer anderer Klassen gegenüberstehen.
7. Ist dies nämlich der Fall, kann auf Ebene der beteiligten Lehrerinnen und Lehrer sowie auf Schulleitungsebene (also zunächst schulintern) danach gefragt werden, wie solche unterschiedlichen Ergebnisse unter nahezu identischen Bedin-

gungen zustande kommen. Hierzu gehört ebenso die erweiternde Frage, aus welchem Grund wir einen gewissen »Knick« im Laufe der Leseförderung für den Zeitraum zwischen den Testzeitpunkten T2 und T4 bzw. T3 und T4 zu konstatieren haben. Zwar können die Schülerinnen und Schüler auf Schulebene auch in diesem Zeitabschnitt ihre Lesegeschwindigkeit gemessen am Rohwert signifikant steigern. Da aber die gemessenen Steigerungsraten hinter den (mittels der Normierungsstichprobe generierten) Erwartungen des Lesescreenings zurückblieben (vgl. Auer et al., 2005), nimmt ihr ermittelter Lesequotient eben nicht flächendeckend zu, sondern partiell ab (▸ Abb. 5.2). Im Rahmen solcher Reflexionsprozesse haben sich beim Hamburger BiSS-Projekt interessante Erkenntnisse herausgestellt, die aufzeigen, wie wirkungsmächtig nicht nur Leseförderung an sich ist, sondern ebenso, welchen direkten und starken Einfluss Lehrerinnen und Lehrer auf die Förderung sprachlicher Kompetenzen ihrer Schülerinnen und Schüler besitzen. So haben interne Auswertungen innerhalb der Schulen nach jeweiliger Rückmeldung der generierten Teilergebnisse ergeben, dass Rückschritte auf der Ebene des Lesequotienten (wie die in Abschnitt 3.2 berichteten) immer dann zu verzeichnen waren,

- wenn A) ein paar Wochen oder Monate vor dem nächsten Testzeitpunkt ein Lehrkraftwechsel, aber kein expliziter bzw. ausreichender Informationsfluss zu BiSS stattgefunden hatte. Diese erste Erkenntnis betont im besonderen Maße die Bedeutung von Netzwerken im Team sowie die zwingend notwendige Weitergabe von Wissen zwischen den Kolleginnen und Kollegen einer Schule, nicht zuletzt deswegen, da ja auch fachfremde Lehrerinnen und Lehrer das BiSS-Projekt im »Leseband« unterstützen.
- Rückschritte beim Lesequotienten waren außerdem B) immer dann zu verzeichnen, wenn einzelne Lehrkräfte entsprechender Schulklassen ihr individuelles BiSS-Engagement von Zeit zu Zeit merklich reduzierten. Als Gründe wurden hier vor allem eigene Nachlässigkeit wie auch mangelnde Zeit angegeben – was für das BiSS-Projekt besonders ärgerlich ist, da dafür ja von den Schulleitungen gerade (und schulorganisatorisch recht aufwendig) das »Leseband« eingeführt wurde, welches seitdem den Status einer eigenständigen Unterrichtsstunde genießt. So ist auch diese zweite Erkenntnis immens wichtig, zeigt sie doch, dass Sprach- bzw. Leseförderung nicht allein von geeigneten (und bestenfalls empirisch erprobten) Fördermethoden, sondern ebenso vom anhaltenden Engagement der Lehrkraft, von ihrem Zeitmanagement sowie von ihrem Wissen abhängt, dass systematische Leseförderung in i.w.S. benachteiligten Lerngruppen auf eine verlässliche Kombination aus Kontinuität, Frequenz und Dauer angewiesen ist.
- Zum Zusammenhang von Kontinuität, Frequenz und Dauer gehört C) auch die Erkenntnis, dass die BiSS-Leseförderung aufgrund von Krankheitsfällen zuweilen nur sehr eingeschränkt oder auch gar nicht stattfinden konnte, was sich ebenso auf die Testergebnisse auswirkte.

Diese Erkenntnisse sind von immenser Wichtigkeit, da sie auf empirische Weise zeigen, welche wirkungsmächtige Rolle Lehrkräften im Rahmen einer systematischen und auf Nachhaltigkeit zielenden Sprachförderung zukommt und wie sie diese zu beachtlichen Erfolgen, zuweilen aber auch zu Misserfolgen führen können. Etwaige Schwachstellen wie die in Abschnitt 5 skizzierten bis zum Auslaufen des Projektes im Juli 2018 weiter zu beobachten, gemeinsam mit den Lehrkräften zu reflektieren und ggf. zu beseitigen, ist ab jetzt eines der zentralen Ziele des Hamburger BiSS-Projektes für die Primarstufe.

Literatur

Auer, M., Gruber, G., Mayringer, H. & Wimmer, H. (2005). *SLS 5-8 – Salzburger Lese-Screening für die Klassenstufen 5-8*. Bern: Hans Huber.

Boll, V. & Scholz, J. (2012). *Leseförderung durch Hörbücher und durch Vorlesen im Vergleich. Eine empirische Studie in Grund- und Hauptschulklassen*. Lüneburg. (Masterarbeit)

Bremerich-Vos, A., Wendt, H. & Bos, W. (2017): Lesekompetenzen im internationalen Vergleich: Testkonzeption und Ergebnisse. In: A. Hußmann, H. Wendt, W. Bos, A. Bremerich-Vos, D. Kasper, E.-M. Lankes, N. McElvany, T. Stubbe & R. Valtin (Hrsg.): IGLU 2016. Lesekompetenzen von Grundschulkindern in Deutschland im internationalen Vergleich (S. 79-142). Münster: Waxmann

Christmann, U. & Groeben, N. (2006). Psychologie des Lesens. In B. Franzmann, K. Hasemann, D. Löffler, & E. Schön, E. (Hrsg.), *Handbuch Lesen* (S. 145-223). Baltmannsweiler: Schneider.

Deutsche UNESCO-Kommission e.V. (Hrsg.) (2010). *Inklusion: Leitlinien für die Bildungspolitik*. Bonn. Verfügbar unter: https://www.unesco.de/fileadmin/medien/Dokumente/Bildung/InklusionLeitlinienBildungspolitik.pdf [23.01.2018].

Gailberger, S. (2007). Lesen und Lesebewusstheit im Deutschunterricht. Versuch einer multidimensional fundierten Leseprozesstheorie zur Förderung des Lesens im Deutschunterricht. In S. Gailberger & M. Krelle (Hrsg.), *Wissen und Kompetenz. Entwicklungslinien und Kontinuitäten in Deutschdidaktik und Deutschunterricht* (S. 149-173). Hohengehren: Schneider.

Gailberger, S. (2011). *Lesen durch Hören. Leseförderung in der Sek. 1 mit Hörbüchern und neuen Lesestrategien*. Weinheim u. a.: Beltz Verlag.

Gailberger, S. (2013). *Systematische Leseförderung für schwach lesende Schüler. Zur Wirkung von lektürebegleitenden Hörbüchern und Lesebewusstmachungsstrategien*. Weinheim und Basel: Beltz-Juventa.

Gailberger, S. & Hauschild, K. (2018): BiSS zum Deutschen Lesepreis. Die Grundschule Kirchdorf als Beispiel gelungener Leseförderung für sprachlich wie sozial benachteiligte Schülerinnen und Schüler. In S. Kutzelmann & C. Rosebrock (Hrsg.), *Lautleseverfahren in der Praxis* (S. 45-60). Baltmannsweiler: Schneider

Gold, A. (2007). *Lesen kann man lernen*. Göttingen: Vandenhoeck & Ruprecht.

Gold, A., Behrendt, S., Lauer-Schmaltz, M. & Rosebrock, C. (2013). Förderung der Leseflüssigkeit in dritten Grundschulklassen. In C. Rosebrock & A. Bertschi-Kaufmann (Hrsg.), *Literalität erfassen: bildungspolitisch, kulturell, individuell* (S. 203-218). Weinheim: Beltz Juventa.

Graf, W. (2007). *Lesegenese in Kindheit und Jugend: Einführung in die literarische Sozialisation. Einführung in die literarische Sozialisation*. Baltmannsweiler: Schneider.

Groß Ophoff, J., Isaac, K., Hosenfeld, I. & Eichler, W. (2008). Erfassung von Leseverständnis im Projekt VERA. In B. Hofmann & R. Valtin (Hrsg.), *Checkpoint Literacy* (S. 36-51). Berlin: Deutsche Gesellschaft für Lesen und Schreiben (DGLS).

Haag, N., Kocaj, A., Jansen, M. & Kuhl, P. (2017). Soziale Disparitäten. In P. Stanat, S. Schipolowski, C. Rjosk, S. Weirich, S. & N. Haag (Hrsg.), *IQB-Bildungstrend 2016. Kompetenzen in den Fächern Deutsch und Mathematik am Ende der vierten Jahrgangsstufe* (S. 213-236). Münster: Waxmann.

Hasselhorn, M. & Gold, A. (2006). *Pädagogische Psychologie: Erfolgreiches Lernen und Lehren.* Stuttgart: Kohlhammer.

Helmke, A. & Schrader, F.-W. (1998). Entwicklung im Grundschulalter. Die Münchner Studie »SCHOLASTIK«. *Pädagogik, 34*(6), 24-28.

Hußmann, A., Wendt, H., Bos, W., Bremerich-Vos, A., Kasper, D., Lankes, E.-M., McElvany, N., Stubbe, T. & Valtin, R. (Hrsg.): IGLU 2016. Lesekompetenzen von Grundschulkindern in Deutschland im internationalen Vergleich. Münster: Waxmann.

Klicpera, C., Gasteiger-Klicpera, B. & Schabmann, A. (1993). *Lesen und Schreiben – Entwicklung und Schwierigkeiten. Die Wiener Längsschnittuntersuchungen über die Entwicklung, den Verlauf und die Ursachen von Lese- und Schreibschwierigkeiten in der Pflichtschulzeit.* Bern: Huber Verlag.

Krelle, M. (2015). Leseverstehen im Kontext der Vergleichsarbeiten für die dritte Klasse – Leistungen und Grenzen eines diagnostischen Instruments zur Sprachförderung. Leseforum Schweiz. *Literalität in Forschung und Praxis, 1*, 1-27. Verfügbar unter http://www.leseforum.ch/myUploadData/files/2015_1_Krelle.pdf [06.01.2017].

Kruse, G., Rickli, U., Riss, M. & Sommer, T. (2011). *LESEN. Das Training. Fertigkeiten, Geläufigkeit, Strategien.* Stuttgart: Ernst Klett Verlag.

Lenhard, W. & Lenhard, A. (2011). *Lesbarkeitsindex (LIX).* Verfügbar unter: https://www.psychometrica.de/lix.html [23.01.2018].

Lewis, M., Haviland-Jones, J. M. & Barrett, L. F. (Hrsg.) (2010). *Handbook of Emotions.* NYC: Guilford Press.

Lücken, M., Thonke, F., Pohlmann, P., Hofmann, H., Golecki, R., Rosendahl, J., Benzing, M. & Poerschke, J. (2014). KERMIT – Kompetenzen ermitteln. In D. Fickermann & N. Maritzen (Hrsg.), *Grundlagen für eine daten- und theoriegestützte Schulentwicklung. Konzeption und Anspruch des Hamburger Instituts für Bildungsmonitoring und Qualitätsentwicklung (IfBQ)* (S. 127-154). Münster: Waxmann.

Marx, P., Weber, J. & Schneider, W. (2005a). Langfristige Auswirkungen einer Förderung der phonologischen Bewusstheit bei Kindern mit Defiziten in der Sprachentwicklung. Die Sprachheilarbeit, 50(6), 280-285.

Marx, P., Weber, J. & Schneider, W. (2005b). Phonologische Bewusstheit und ihre Förderung bei Kindern mit Störungen der Sprachentwicklung. Zeitschrift für Entwicklungspsychologie und Pädagogische Psychologie, 37(2), 80-90.

Mayringer, H. & Wimmer, H. (2003). *SLS 1-4. Salzburger Lese-Screening für die Klassenstufen 1-4.* Bern: Verlag Hans Huber.

Meyer, P.-L. (2011). *Leseförderung schwach lesender Schülerinnen und Schüler in der Grundschule – Lesen mit Hörbuch in der Jahrgangsstufe 3. Ein Forschungsprojekt in Kooperation mit dem Landesinstitut für Lehrerbildung in Hamburg.* Lüneburg. (Masterarbeit)

Möller, J. & Schiefele, U. (2004). Motivationale Grundlagen der Lesekompetenz. In U. Schiefele, C. Artelt, W. Schneider & P. Stanat (Hrsg.), *Entwicklung, Bedingungen und Förderung der Lesekompetenz: Vertiefende Analysen der PISA-2000-Daten* (S. 101-124). Wiesbaden: Verlag für Sozialwissenschaften.

Nix, D. (2006). Das Lesetheater. Integrative Leseförderung durch das szenische Vorlesen literarischer Texte. *Praxis Deutsch, 199*(5), 23-29.

Nix, D. (2011). *Förderung der Leseflüssigkeit. Theoretische Fundierung und empirische Überprüfung eines kooperativen Lautlese-Verfahrens im Deutschunterricht.* Weinheim: Beltz Juventa.

Ockel, E. (2000): *Vorlesen als Aufgabe und Gegenstand des Deutschunterrichts.* Baltmannsweiler: Schneider.

Pieper, I., Rosebrock, C., Volz, S. & Wirthwein, H. (2004). *Lesesozialisation in schriftfernen Lebenswelten. Lektüre und Mediengebrauch von HauptschülerInnen.* Weinheim: Juventa.

Rieckmann, C. (2009). *Leseförderung in sechsten Hauptschulklassen. Zur Wirksamkeit eines Vielleseverfahrens*. Baltmannsweiler: Schneider.
Rosebrock, C. & Nix, D. (2017). *Grundlagen der Lesedidaktik und der systematischen Leseförderung*. Baltmannsweiler: Schneider.
Rosebrock, C., Nix, D., Rieckmann, C. & Gold, A. (2011). *Leseflüssigkeit fördern. Lautleseverfahren für die Primar- und Sekundarstufe*. Seelze: Klett Kallmeyer.
Stanat, P., Pant, H. A., Böhme, K. & Richter, D. (Hrsg.) (2012). *Kompetenzen von Schülerinnen und Schülern am Ende der vierten Jahrgangsstufe in den Fächern Deutsch und Mathematik. Ergebnisse des IQB-Ländervergleichs 2011*. Münster: Waxmann.
Stanat, P., Schipolowski, S., Rjosk, C., Weirich, S. & Haag, N. (Hrsg.) (2017). *IQB-Bildungstrend 2016. Kompetenzen in den Fächern Deutsch und Mathematik am Ende der vierten Jahrgangsstufe*. Münster: Waxmann.
Wietzke, F. (2011). *Das Lesetagebuch für Erzähltexte. 2.-4. Klasse*. Hamburg: Persen Verlag.
Wietzke, F. (2013). *Das Lesetagebuch für Sachtexte. 3./4. Klasse*. Hamburg: Persen Verlag.
Willenberg, H. (1999). *Lesen und Lernen. Eine Einführung in die Neuropsychologie des Textverstehens*. Heidelberg: Spektrum Verlag.

Kapitel 6: Verstärkte Leseförderung an hessischen Schulen – ein Programm zur Leseförderung in allen Schulformen

Ulrike Krug & Daniel Nix

Das Fortbildungsprogramm »Verstärkte Leseförderung an hessischen Schulen« zeigt, dass eine wissenschaftsbasierte Anleitung zur Leseförderung umsetzbar und in den schulischen Alltag zu integrieren ist. Eine wichtige Voraussetzung hierfür ist die Bereitschaft der Lehrpersonen, sich für Neuerungen zu öffnen und diese zu erproben. Ebenso wichtig ist jedoch auch die institutionelle Rahmung und dauerhafte Implementation der Leseförderung auf der Ebene der Schulorganisation sowie des ganzen Kollegiums. Im vorliegenden Beitrag wird die Vorgehensweise, die im Programm »Verstärkte Leseförderung an hessischen Schulen« zur Erreichung dieser Zielsetzung praktiziert wird, im Überblick dargestellt: Neben einer einführenden Veranstaltung zur Bilanzierung der schulischen Leseförderung werden drei Fortbildungsmodule vorgestellt, die sich auf unterschiedliche Förderbereiche von Lesekompetenz beziehen. Umsetzungsperspektiven und Implementationsstrategien werden abschließend beschrieben.

Einleitung

Leseförderung wird in Schulen aller Schulformen angeboten – das ist den bereits vorliegenden schulischen Leseförderkonzepten zu entnehmen und das verdeutlichen Lehrpersonen immer wieder, wenn sie von den zahlreichen Aktivitäten und Angeboten zur Leseförderung berichten, die sie an ihren Schulen durchführen. Zugleich aber weisen die Leseleistungen deutscher Schülerinnen und Schüler in den internationalen wie nationalen Leistungserhebungen weiterhin deutlichen Entwicklungsbedarf auf, wie folgende Beispiele zeigen:

- Zwar liegen die Leseleistungen der deutschen 15-jährigen Schülerinnen und Schüler bei PISA 2015 nun über dem OECD-Durchschnitt (vgl. Reiss, Sälzer, Schiepe-Tiska, Kleine & Köller, 2016), diese haben sich jedoch seit PISA 2006 kaum verändert (vgl. Deutsches PISA-Konsortium, 2007).
- Nur 8 % der Schülerinnen und Schüler gehören zur Spitzengruppe im Lesen (Kompetenzstufe V und VI); damit ist die durchschnittliche Leseleistung an den

Gymnasien seit PISA 2000 in etwa auf dem gleichen Niveau geblieben (vgl. Deutsches PISA-Konsortium, 2013).
- Die Leistungsunterschiede in der Lesekompetenz zwischen Jungen und Mädchen sind in Deutschland nach wie vor groß (vgl. Reiss et al., 2016).
- Im IQB-Ländertrend 2015, in dem das Erreichen der nationalen Bildungsstandards ermittelt wird, zeigt sich, dass im Bereich der Leseförderung nach wie vor Handlungsbedarf besteht: 23 % der 15-jährigen Schülerinnen und Schüler erreichen nicht den KMK-Mindeststandard im Lesen, mehr als die Hälfte aller Schülerinnen und Schüler der neunten Jahrgangsstufe kann den Regelstandard nicht bewältigen (vgl. Stanat, Böhme, Schipolowski & Haag, 2016).
- Als besonders gravierend wird im IQB-Ländertrend der Unterschied in der Lesekompetenz zwischen Schülerinnen und Schülern mit niedrigem Sozialstatus und höherem Sozialstatus beschrieben: Er beträgt immer noch etwa ein Schuljahr (vgl. Stanat et al., 2016).
- Auch in der BiSS-Expertise »Bildung durch Sprache und Schrift« heißt es: »Etwa ein Viertel der Schülerinnen und Schüler der Sekundarstufe verfügt nur über unzureichende basale sprachliche Fähigkeiten, die sich insgesamt negativ auf die schulischen Lehr-Lernprozesse auswirken. Das zeigt sich konkret vor allem beim Lesen und Schreiben. Selbst relativ einfache und kurze Texte können nicht sinnverstehend gelesen werden, weil entweder zu langsam und zu ungenau gelesen wird (Mangel an Leseflüssigkeit), um die Textbedeutung zu erfassen oder aber es fehlt an Lesestrategien, um Lerntexte zu erschließen« (vgl. Schneider et al., 2012, S. 121).

Mit Blick auf die vorliegenden empirischen Befunde lässt sich somit schlussfolgern, dass die in den Schulen erbrachten Anstrengungen zur Leseförderung den tatsächlichen Leistungsbefunden der Schülerinnen und Schüler im Lesen noch immer deutlich gegenüberstehen. An dieser Stelle setzt das hessische Programm »Verstärkte Leseförderung an hessischen Schulen« mit der Zielsetzung an, das geschilderte Dilemma aufzulösen: Einzelne Lehrkräfte, vor allem aber ganze Kollegien einer Schule, sollen durch die hier vermittelten Fortbildungsmodule zu einer systematischen Leseförderpraxis angeleitet werden, damit diese die Schülerinnen und Schüler mit nachweislich wirksamen Förderansätzen in der Entwicklung ihrer Lesekompetenz möglichst nachhaltig unterstützen können.

1 Grundlagen und Zielsetzungen des Programms

Das Fortbildungsangebot »Verstärkte Leseförderung an hessischen Schulen« richtet sich an Lehrpersonen der Grund- sowie der Sekundarschulen, denn Leseförderung endet naturgemäß nicht mit dem Ende der Grundschulzeit, sondern muss auch darüber hinaus Bestandteil eines Lesecurriculums der weiterführenden Schulen werden – nur so kann Leseförderung als systematischer und kontinuierlicher Entwicklungsprozess in allen textbasierten Fächern etabliert werden. Zudem gilt es im Sinne der Nachhaltigkeit, die systemische Verankerung auch in den Organisationsstrukturen der Schulen sicherzustellen, um eine Verbindlichkeit in der Leseförderung in jeder Schule zu gewährleisten.

Im Rahmen des Leseprogramms wurden die Lesekonzepte vieler Grund- sowie weiterführender Schulen in Hessen gesichtet. Deutlich wird dabei, dass sich die vorliegenden Leseförderkonzepte zum Teil erheblich bezüglich der Konkretion der ausgewiesenen Lesefördermaßnahmen, der wissenschaftlich-didaktischen Fundierung, der curricularen Anlage und des Informationsgehalts der Ausführungen voneinander unterscheiden (vgl. Krug & Nix, 2017). Auch zeigt sich erfahrungsgemäß, dass leseanimierende Angebote aus dem motivationalen Bereich der Leseförderung die vorliegenden Lesekonzepte dominieren, während andere wichtige »Bausteine« einer systematischen Leseförderpraxis oftmals fehlen (vgl. Nix, 2010). Daraus lässt sich rückschließen, dass nach wie vor ein Problem im Wissenstransfer der universitären Forschungsbefunde in die schulische Praxis besteht (vgl. Kultusministerkonferenz, 2015) und an der Basis die Kenntnisse entsprechender Instrumente und Maßnahmen zur systematischen Förderung der Lesekompetenz noch nicht in ausreichendem Maß »ankommen« – und das, obwohl einschlägige lesedidaktische Konzeptionen seit Jahren vorliegen (vgl. z. B. Bertschi-Kaufmann & Graber, 2016; Philipp & Schilcher, 2012; Rosebrock & Nix, 2017; Rosebrock & Wirthwein, 2014).

Hinzu kommt die systemische Problematik: Selbst wenn wirksame Methoden zur Leseförderung von einigen Lehrkräften genutzt werden, sind diese in der Regel nicht dem ganzen Kollegium bekannt und verbindliche Vereinbarungen zur gemeinsamen Umsetzung fehlen oftmals. Wenn aber beschlossene Maßnahmen nicht auch in den Organisationsstrukturen der Schule (Lesekonzept, Jahresplan) systemisch verankert und damit »verbindlich« werden, hängt die Umsetzung mehr oder weniger vom besonderen Engagement einzelner Lehrpersonen ab, so dass eine Chancengerechtigkeit bezüglich individueller Lernangebote nicht verwirklicht werden kann.

Auch an dieser Stelle bietet das Leseprogramm »Verstärkte Leseförderung an hessischen Schulen« Unterstützung an. Der Wissenstransfer relevanter Forschungsbefunde in die Schulen wird dadurch gewährleistet, dass wissenschaftlich relevante und beeinflussbare Dimensionen der Lesekompetenz dezidiert ausgewiesen werden, um systematische Lesefördermaßnahmen an den Schulen zu etablieren. Die Grundlage hierzu bildet zum einen die Expertise »Bildung durch Sprache und Schrift« (Schneider et al., 2012), die zentrale Elemente von Leseförderung expliziert, die in jedem schulinternen Leseförderkonzept aufgegriffen und abgedeckt werden sollten. Sie bilden den Kernbereich des hessischen Leseprogramms und gleichsam einen Orientierungsrahmen für die schulische Leseförderung:

- Förderung der Leseflüssigkeit
- Einübung von Lesestrategien
- Lesen in allen Fächern
- Lesemotivation / Selbstkonzept

- Leseförderung von Jungen
- Einsatz von Leselernstandserhebungen als Grundlage von Fördermaßnahmen

Diese Dimensionen der Leseförderung lassen sich mit Hilfe des von Cornelia Rosebrock und Daniel Nix entwickelten Mehrebenenmodell des Lesens (vgl. Rosebrock & Nix, 2017) systematisieren, welches die zweite lesedidaktische Basis des hessischen Leseprogramms darstellt (▶ Abb. 6.1):

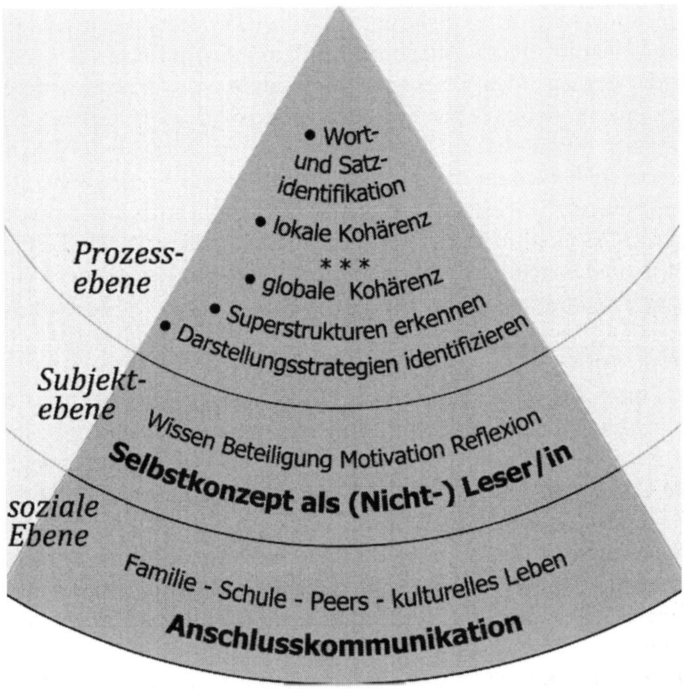

Abb. 6.1: Mehrebenen-Modell der Lesekompetenz (Rosebrock & Nix, 2017)

Leseflüssigkeit zu fördern, bedeutet vor diesem Hintergrund, basale Lesefertigkeiten auf der kognitiven Prozessebene so zu stabilisieren, dass die Schülerinnen und Schüler Worte im Satzzusammenhang genau, automatisiert, schnell und mit einer passenden Betonung (vor)lesen können (vgl. Rosebrock & Nix, 2006).

Die Vermittlung von Lesestrategien wird in der Leseforschung als effektiver Förderansatz beschrieben, um das globale Textverstehen auf der kognitiven Prozessebene zu schulen und auszudifferenzieren (vgl. Gold, 2010; Philipp, 2015).

Durch die nachhaltige Vermittlung von Lesestrategien kann das in der Fachliteratur vielbeschworene, in der Schulpraxis erfahrungsgemäß aber nur selten tatsächlich verwirklichte »Lesen in allen Fächern« gewährleistet werden (vgl. z. B. Staatliches Studienseminar für das Lehramt an Gymnasien Koblenz, 2009). Dazu ist es notwendig, dass Lesestrategien in den verschiedenen Jahrgangsstufen verbindlich eingeführt und die eingeführten Strategieformate von den Fachlehrkräften zur Texterschließung genutzt werden.

Die Förderung der Lesemotivation und des lesebezogenen Selbstkonzepts bezieht sich schwerpunktmäßig auf die im Mehrebenenmodell ausgewiesene Subjekt- und soziale Ebene. Hier stehen Dimensionen von Lesekompetenz im Zentrum, die die Person des Lesers als Ganze betreffen, da Leserinnen und Leser Texten mit einem spezifischen Vorwissen, einer inneren Beteiligung und Motivation sowie subjektiver Reflexion begegnen. Auch findet die Lektüre in der Regel nicht isoliert statt, sondern wird gerade in der Institution Schule von sozialen Anschlusskommunikationen vor, während und nach der Lektüre gerahmt (vgl. Rosebrock, 2009).

Subjektive Verarbeitungen des Gelesenen werden auch durch Genderaspekte geprägt und beeinflusst. Die Ergebnisse der großen Large-Scale-Untersuchungen zum Lesen belegen diesbezüglich immer wieder, dass Jungen weniger Lesemotivation entwickeln und in den Leistungstests schlechter abschneiden als die Mädchen. Daher sollten auch für die Jungen im motivationalen Bereich spezielle Förderangebote platziert werden, um ihnen einen Zugang zur Literalität zu eröffnen (vgl. z. B. Bundesministerium für Unterricht, Kunst und Kultur, 2007; Garbe, 2008; Philipp, 2013).

Leseförderung sollte mit Blick auf alle Förderschwerpunkte der unterschiedlichen Kompetenzebenen »systematisch« betrieben werden. Dies setzt voraus, dass die Lernausgangslage der Schülerinnen und Schüler durch (standardisierte) Leselernstanderhebungen und andere diagnostische Instrumente ermittelt wird (vgl. Schneider & Lindauer, 2016), damit Förderverfahren möglichst passgenau auf festgestellte Lesestärken und -schwächen abgestimmt werden können (vgl. Rosebrock & Nix, 2017).

Das Programm »Verstärkte Leseförderung an hessischen Schulen« wurde auf den lesedidaktischen Grundlagen der BiSS-Expertise 2012 als bildungsetappenübergreifendes Konzept entwickelt und vom Kabinett des Landes Hessen verabschiedet. Im Leseprogramm werden die in den folgenden Kapiteln näher beschriebenen Fortbildungsveranstaltungen angeboten, die von den Schulen nach Vorstellung des Programms und Durchführung einer Bilanzierung zur Leseförderung (Auftaktveranstaltung) abgerufen werden können (▶ Abb. 6.2):

- Modul 1 hat das Thema »Basale Lesefertigkeiten / Leseflüssigkeit« als zentralen und prioritären Schwerpunkt.
- In Modul 2 wird das Thema »Textverständnis/Lesestrategien« behandelt.
- In Modul 3 steht das Thema »Lesemotivation/Selbstkonzept« im Fokus.

Das hessische Leseprogramm wird seit 2013 in einem BiSS-Grundschulverbund (bestehend aus sechs Grundschulen) und in einem Verbund mit drei Sekundarschulen umgesetzt. Zudem wird es seit dem Schuljahr 2016/17 in Schulen der Schulamtsbezirke Darmstadt-Dieburg und Groß-Gerau-Main-Taunus angeboten und von den Schulen abgerufen. Eine Ausdehnung auf alle hessischen Schulen hat bereits begonnen.

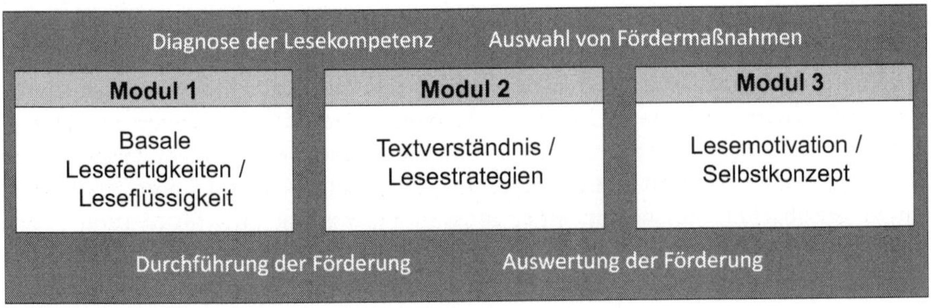

Abb. 6.2: Fortbildungsmodule des hessischen Leseprogramms

2 Vorstellung des Programms und Bilanzierung der schulischen Leseförderung

Im Rahmen der einführenden Auftaktveranstaltung zum hessischen Leseprogramm werden zunächst die theoretischen Grundlagen des Konzepts »Verstärkte Leseförderung« dargestellt. Sie dienen zugleich als Orientierungsrahmen für die Leseförderung:

- Leselernstandsermittlungen
- Dekodierfähigkeit (Leseflüssigkeit)
- Einübung von Lesestrategien
- Lesen in allen Fächern
- Lesemotivation/Selbstkonzept
- Leseförderung für Jungen

In einem nächsten Schritt werden diese Dimensionen der Leseförderung zur Bilanzierung genutzt, um die zahlreichen und vielfältigen Angebote zur Leseförderung in den Schulen im Sinne einer »Soll-Ist-Darlegung« des jeweils angesteuerten pädagogischen und didaktischen Zielbereichs zu prüfen. Die Bilanzierung ist ein wesentlicher Schritt für die Planung und Steuerung von Entwicklungsprozessen, der leider oftmals nicht konsequent durchgeführt oder ganz ausgespart wird. So werden häufig an Schulen neue Projekte und Vorhaben begonnen, ohne dass vorab überprüft wird, welche Voraussetzungen und Strukturen bereits vorhanden sind. Als Folge kann sich Missmut und Demotivation bei den Lehrpersonen einstellen, weil diesen das Gefühl vermittelt wird, dass die bisher geleistete Arbeit mehr oder weniger nutzlos war bzw. ist. Zugleich ist es aus der Perspektive der Schulentwicklung ungleich komplizierter, immer wieder Neues zu initiieren, als bereits Bekanntes und Erprobtes fortzuführen. Dies setzt jedoch voraus, dass sich die Lehrerinnen und Lehrer bewusst auf einen Veränderungsprozess einlassen und diesen aktiv mitgestalten. Eine professionell durchgeführte Bilanzierung ist der

Schlüssel, um diese Bereitschaft zu gewinnen und Entwicklungsprozesse auf bereits Vorhandenem aufzubauen (vgl. Krug & Nix, 2017).

Lesekompetenz wird im hessischen Lesekonzept im Sinne der Bildungsstandards als überfachliche Kompetenz verstanden (vgl. Rosebrock & Wirthwein, 2014). Auch vor diesem Hintergrund ist es von Beginn an entscheidend, dass sich das ganze Kollegium dem Thema Lesekompetenz zuwendet und dieses nicht nur dem Fach Deutsch als Aufgabe zugeordnet wird. Nur auf dieser Grundlage können alle Kolleginnen und Kollegen ihre Erfahrungen zum Thema einbringen und sich gemeinsam »auf den Weg« machen.

Die Bilanzierung erfolgt im Rahmen der Auftaktveranstaltung mit Hilfe einer Checkliste, in der die oben genannten Dimensionen der Leseförderung abgebildet sind. Damit wird der Wissenstransfer von der Forschung in die Schulen auf praxisorientierte und unterstützende Weise angelegt (► Tab. 6.1). Erfragt wird mit der Checkliste, ob

- Diagnoseverfahren zur Feststellung der Lesekompetenz und des Lernfortschritts eingesetzt werden.
- die Leseflüssigkeit überprüft und (mit welchen Verfahren) gefördert wird.
- Lern- und Lesestrategien systematisch (in welchen Jahrgangstufen) eingeübt werden.
- die Lesemotivation, insbesondere bei Jungen, gefördert wird und der Blick, insbesondere bei Schwierigkeiten im Lesen, auf das Lese-Selbstkonzept der Schülerinnen und Schüler gelegt wird.

Tab. 6.1: Beispielseite der im Projekt eingesetzten Checkliste zur Bilanzierung – hier zum Thema »Leseflüssigkeit« (in Anlehnung an Krug & Nix, 2017, S. 48)

Beispiele	**ja/nein**	**Kommentar**
Sind Kriterien für die Feststellung der Leseflüssigkeit bekannt? Wenn ja, welche?		
Werden Diagnoseinstrumente zur Überprüfung der Leseflüssigkeit eingesetzt? Wenn ja, welche?		
Werden Verfahren zur Förderung der Leseflüssigkeit eingesetzt? Wenn ja, welche?		
Gibt es Förderkurse, in denen die Leseflüssigkeit gezielt trainiert wird? Wenn ja, welche?		

Bei der Bilanzierung prüft jede Lehrkraft mit Hilfe der Checkliste die Angebote zur Leseförderung zunächst mit Blick auf den eigenen Unterricht. Nur diejenigen Instrumente, Verfahren und Vorgehensweisen sollen notiert werden, die auch tatsächlich im eigenen Unterricht regelmäßig angewendet werden. Im zweiten

Schritt werden die individuellen Befunde – je nach Schulgröße – auf Klassen- oder Jahrgangsebene ausgetauscht. Hierbei soll gemeinsam herausgearbeitet werden, welche Verfahren der Leseförderung tatsächlich von allen Kolleginnen und Kollegen der Klasse bzw. des Jahrgangs in den verschiedenen Bereichen durchgeführt werden. Der Austausch in dieser Phase der Bilanzierung ist für die meisten Lehrpersonen aufschlussreich, da sie in der Regel nur wenig über den Unterricht ihrer Kolleginnen und Kollegen wissen und der fachliche Austausch oftmals nicht zur Alltagsroutine in den Schulen gehört. Damit wird ein systematischer Entwicklungsprozess angestoßen, der auch auf der Ebene der Schulorganisation Wirkung entfaltet. In der letzten Phase der Bilanzierung werden die Ergebnisse aus den einzelnen Gruppen im Plenum zusammengeführt und festgehalten. Auf diese Weise wird der pädagogische Soll-Ist-Stand in der Leseförderung der Schule unmittelbar deutlich und das Kollegium nimmt gemeinsam wahr, dass die Schule in bestimmten Bereichen der Leseförderung bereits gut aufgestellt ist, mit Blick auf andere Dimensionen hingegen kaum Angebote bereithält (▶ zum Ablauf: Tab. 6.2).

Tab. 6.2: Ablauf der Bilanzierung im hessischen Leseprojekt (in Anlehnung an Krug & Nix, 2017, S. 43)

Zeit	Phasen
15 Minuten	Einzelarbeit Jede Lehrkraft bilanziert mit der Checkliste die individuelle Förderpraxis im eigenen Unterricht.
60 Minuten	Gruppenarbeit Bilanzierung der Leseförderung in Klassen- bzw. Jahrgangsteams
45 Minuten	Plenum Gemeinsame Auswertung der Ergebnisse Formulierung von Entwicklungszielen für die Schulen Priorisierung der Entwicklungsschritte und Arbeitsziele

Die durch die Bilanzierung festgelegten Entwicklungsziele unterscheiden sich von Schule zu Schule, wie das folgende Praxisbeispiel zeigt: In Tabelle 6.3 sind Entwicklungsziele der sechs hessischen Grundschulen im BiSS-Verbund dargestellt, die sich aus der jeweiligen Bilanzierung ableiten ließen. Mit Blick auf die Belastungen in den Schulen wird empfohlen, maximal drei Entwicklungsziele zu benennen. Wichtig ist die Priorisierung der Entwicklungsziele.

Deutlich wird: Viele Schulen erkennen, dass die Förderung der Leseflüssigkeit eine »Leerstelle« in ihrem bisherigen Lesekonzept darstellt, die dringend geschlossen werden muss. Andere Schulen sehen die Förderung des verstehenden Lesens als primären Entwicklungsbedarf und wollen entsprechend an der Erarbeitung von Lesestrategieansätzen ansetzen. Wieder andere sehen eine gezielte Fortschreibung des schulinternen Leseförderkonzepts als wichtigen Schritt der Schulentwicklung an. Auf der Grundlage dieser Ergebnisse beginnen die Schulen mit ihrer Arbeit zur Förderung der Lesekompetenz. Zur Unterstützung und

Tab. 6.3: Entwicklungsziele in den sechs hessischen Verbundschulen (Grundschulen) nach der Bilanzierung

Schule	Entwicklungsziel 1	Entwicklungsziel 2
Schule 1	Dekodierfähigkeit/Leseflüssigkeit	Überarbeitung des Lesekonzeptes
Schule 2	Standardisierten Test als Alternative zum »Stolperwörtertest« finden	Arbeitsmittel (z. B. Karte oder Fächer) erstellen, um Lesestrategien den Schülerinnen und Schülern besser vermitteln zu können
Schule 3	Alle Schülerinnen und Schüler trainieren im Regelunterricht die Leseflüssigkeit, um ihre Lesefähigkeit zu verbessern.	Das Kollegium wird begleitend zur Veranstaltung das bestehende Leseförderkonzept aktualisieren.
Schule 4	Förderung der Leseflüssigkeit	Systematische Vermittlung von Lesestrategien, eine verbindliche Festlegung von Lesestrategien, die fächerübergreifend vermittelt werden sollen.
Schule 5	Training von Dekodierfähigeit und Leseflüssigkeit	Einüben von Lesestrategien; Anwendung der Lesestrategien in allen Fächern
Schule 6	Leseförderung in allen Fächern mit verbindlichen Strategien entwickeln und vereinbaren	Fortschreibung des Leseförderkonzeptes

Anleitung stehen die im Folgenden vorgestellten Fortbildungsmodule zur Verfügung, um die selbst gesetzten Entwicklungsziele zu erreichen.

3 Fortbildungsmodule des Leseprogramms

Im Programm »Verstärkte Leseförderung an hessischen Schulen« werden nach der Durchführung der Bilanzierung drei Qualifizierungsmodule bereitgehalten, die die Schulen als Fortbildungsveranstaltungen zeitlich individuell abrufen können. Jedes Modul nimmt einen Rahmen von etwa drei Zeitstunden in Anspruch. Die Module decken die auf der Grundlage des Mehrebenenmodells von Rosebrock und Nix (2017) explizierten lesedidaktischen Förderbereiche ab und integrieren die aus der BiSS-Expertise (Schneider et al., 2012) extrahierten Dimensionen der Leseförderung.

Die methodische Konzeption aller Module ist strukturell gleich angelegt: Zunächst erhalten die Lehrpersonen eine theoretische Fundierung der jeweiligen Dimension von Lesekompetenz, die in der Fortbildungsveranstaltung im Zentrum steht. Anschließend werden Möglichkeiten der pädagogischen Diagnostik in diesem Bereich aufgezeigt und z. T. gemeinsam mit den Teilnehmerinnen und Teilnehmern erprobt. Darauf aufbauend werden passende Förderverfahren vorgestellt, die in einer praktischen Workshop-Phase von den Kolleginnen und Kollegen ausprobiert werden können. Auf der Grundlage dieser Erfahrungen werden abschließend offene Fragen geklärt und Umsetzungsperspektiven für den Unterricht diskutiert.

Für Kollegien aus Grund- und Hauptschulen empfiehlt es sich, dass alle Lehrpersonen an den Fortbildungen teilnehmen, u. a. auch, weil in diesen Schulformen der Anteil fachfremd unterrichtender Lehrkräfte besonders groß ist. In Realschulen und an Gymnasien sollte vor allem das zweite Modul »Textverständnis/Lesestrategien« von allen Lehrkräften besucht werden, um fächerübergreifende Absprachen treffen zu können. Die Fortbildungsmodule 1 (Basale Lesefertigkeiten/Leseflüssigkeit) und 3 (Lesemotivation/Selbstkonzept) können in diesen Schulformen schwerpunktmäßig von den Deutschlehrkräften und den Fachbereichsleitungen besucht werden, die als Multiplikatoren für die Fachschaften fungieren. Letztlich ist aber in allen Schulformen die Teilnahme des gesamten Kollegiums an allen Veranstaltungen zu empfehlen, um transparente Unterrichtsgestaltungen zu ermöglichen, um Synergieeffekte im Kollegium zu nutzen und um zu gemeinsam vereinbarten Verbindlichkeiten zu kommen.

3.1 Modul 1: Basale Lesefertigkeiten/Leseflüssigkeit

Im ersten Fortbildungsmodul geht es um Diagnose und Förderung der basalen Lesefertigkeiten. Die Teilnehmerinnen und Teilnehmer erhalten zunächst eine Einführung in die entsprechenden lesetheoretischen Grundlagen, um den Zusammenhang von flüssigem und verstehendem Lesen nachvollziehen zu können: Erst wenn Schülerinnen und Schüler Texte genau, automatisiert sowie mit einer grundlegenden Lesegeschwindigkeit und Betonung (vor)lesen können (vgl. Rosebrock & Nix, 2006), werden kognitive Ressourcen freigesetzt, die vollständig für die semantische Verarbeitung der gelesenen Passagen genutzt werden können (vgl. Nix, 2011). Daher sollte diese Dimension von Lesekompetenz als didaktischer Förderschwerpunkt in den Grundschulen, aber auch im Übergang zu den weiterführenden Schulen, fest verankert werden. Technisch schwache Leserinnen und Leser können unzureichende Lesefertigkeiten nicht von alleine verbessern, so dass sie dem textbasierten Unterricht in den Fächern nur mit großen Einschränkungen folgen können.

Im Anschluss werden im Modul Möglichkeiten aufgezeigt, wie das flüssige Lesen im Unterricht diagnostisch erfasst werden kann. Der Schwerpunkt liegt hierbei auf einfach zu handhabenden Screeningverfahren. Beispielsweise eignen sich

- Checklisten, in denen die Einzeldimensionen von Leseflüssigkeit (Genauigkeit, Automatisierung, Lesegeschwindigkeit, betontes Lesen) abgetragen sind, um beim Vorlesen das flüssige Lesen der Lernenden kriteriengeleitet zu beobachten (vgl. Rosebrock, Nix, Rieckmann & Gold, 2017).
- »Lautleseprotokolle«, um detaillierte Einblicke in die Ausprägung der technischen Lesefertigkeiten bei den Lernenden zu erhalten. Hierzu lassen sich die Lehrkräfte von einzelnen Schülerinnen und Schülern einen kurzen Text eine

Minute lang vorlesen und tragen auf einer Textkopie Lesefehler sowie mangelnde Automatisierungsleistungen ein. Die Lesegeschwindigkeit (gelesene Wörter pro Minute) lässt sich nach Ablauf der Zeit direkt auszählen (vgl. Rosebrock et al., 2017).
- Lückentexte (Cloze-Texte), um die Ausprägung im flüssigen Lesen in der ganzen Klasse zu ermitteln. Hierbei lesen die Lernenden still in ihrem jeweiligen Lesetempo einen Text und kreuzen einfache Auswahlalternativen zum Inhalt an. Wer mit dem Text fertig ist, schaut auf eine Zeitanzeige und notiert seinen individuellen Wert der Lesegeschwindigkeit. Auf diese Weise lässt sich eine Rangfolge der Klasse nach gelesenen Wörtern pro Minute erstellen (vgl. Rosebrock et al., 2017).

Als Verfahren zur Förderung der Leseflüssigkeit werden im Modul 1 die im deutschsprachigen Raum an den Schulen noch immer weitgehend unbekannten Lautlese-Verfahren (vgl. Opitz & Rasinski, 2008) am konkreten Umsetzungsbeispiel der »Lautlese-Tandems« empfohlen. Bei dieser Variante werden zentrale Wirkmechanismen des Lautlesens miteinander kombiniert: Einerseits werden Effekte der Kooperation genutzt, weil ein etwas besser lesender Schüler zusammen mit einem etwas schlechter lesenden Mitschüler gemeinsam laut vorliest, so dass der schwächere Leser Unterstützung im flüssigen Lesen erhält. Andererseits werden die Texte »im Chor« wiederholt gelesen, so dass sich die gelesenen Wörter in den Sichtwortschatz einprägen können (vgl. Rosebrock et al., 2017). Die Wirksamkeit der Lautlese-Tandems zur Förderung der Leseflüssigkeit konnte auch für den deutschsprachigen Raum für den Grundschul- und Hauptschulbereich belegt werden (vgl. Lauer-Schmaltz, 2014; Nix, 2011). Die Teilnehmerinnen und Teilnehmer erhalten anschließend die Möglichkeit, das Verfahren selbst auszuprobieren, so dass auf dieser Grundlage abschließende Fragen geklärt und die Umsetzung im Unterricht diskutiert werden kann.

3.2 Modul 2: Textverständnis/Lesestrategien

Das zweite Fortbildungsmodul hat solche Schülerinnen und Schüler als Zielgruppe im Fokus, die zwar flüssig lesen können, aber noch Schwierigkeiten damit haben, das Gelesene mental zu strukturieren und auf diese Weise zu verstehen. Wiederum beginnt die Veranstaltung mit einer theoretischen Einführung – hier zu Lernstrategien allgemein und im Besonderen zu Lesestrategien. In der Leseforschung wird bei mangelndem Textverständnis die Vermittlung von Lesestrategien empfohlen, mit denen die Lernenden Texte vor, während und nach der Lektüre bearbeiten, um Inhalte auf Kernaussagen zu reduzieren, um das Gelesene mit dem vorhandenen Vorwissen gezielt in Verbindung zu setzen und um wiederholte vertiefende Lektüreprozesse zu initiieren (vgl. Gold, 2010; Philipp, 2015). Auch die Vermittlung metakognitiver Lernstrategien ist in diesem Zusammenhang zentral, damit die Schülerinnen und Schüler dazu befähigt werden, den eigenen Leseprozess bzw. die eigene Strategieanwendung beim Lesen mit Blick auf Inkonsistenzen hin zu überwachen und entsprechende Problemlösungsschritte einzuleiten. Während es im Leseunterricht der Grundschule vor allem darum geht, einzelne Lesetechniken mit den Schülerinnen und Schülern einzuüben, sollte sich der Schwerpunkt im Verlauf des Curriculums an den weiterführenden Schulen auf die selbstregulative Anwendung verlagern. Erst wenn Lernende eigenständig bei einem vorliegenden Text entscheiden können, welche Lesetechnik effektiv ist, wird ein strategischer Umgang mit dem Gelesenen realisiert (vgl. Bräuer, 2010).

Der Schwerpunkt liegt im Fortbildungsmodul auf der Vermittlung von Lesestrategien. Einzelne Lesetechniken sind den Lehrpersonen zwar bekannt, aber deren Einführung durch die Lehrperson als Lesemodell sowie der längerfristige fächerübergreifende Umgang damit werden oftmals nicht systematisch bedacht, so dass entsprechende Erfahrungen und »organisatorische Infrastrukturen« an den Schulen fehlen. Daher werden in der Fortbildungsveranstaltung verschiedene Vermittlungslogiken vorgestellt, so dass die Kolleginnen und Kollegen der jeweiligen Schule darüber beraten können, wie sie ggf. bereits eingesetzte Lesetechniken integrieren und auf diese Weise nachhaltig mit den Schülerinnen und Schülern einüben können:

Erstens wird das Potenzial von Lesestrategieprogrammen als Vermittlungsformat von Lesestrategien dargestellt. Hierbei handelt es sich um mehr oder weniger feste Zusammenstellungen von Einzelstrategien, die bei der Texterschließung von den Lernenden immer wieder durchlaufen und so internalisiert werden können. Lesestrategieprogramme arbeiten in der Regel mit einer metaphorischen Rahmenhandlung (z. B. »Wir sind Textdetektive« von Souvignier & Trenk-Hinterberger, 2013), die die Anwendung motiviert. Weiterhin werden die Strategien zur Veranschaulichung in unterschiedlichen Formaten (Lesezeichen, Strategiekarten, Lesefächer, Schuhkarton mit Symbolkarten, Plakate usw.) vergegenständlicht. Solche Visualisierungen sind auch für den fächerübergreifenden Einsatz unabdingbar, da die Fachlehrerinnen und Fachlehrer mit den auf diese Weise eingeführten Formaten in ihren jeweiligen Unterrichtszusammenhängen weiterarbeiten können.

Zweitens werden am Beispiel des »Reziproken Lehrens und Lernens« die Möglichkeiten kooperativer Vermittlungen von Lesestrategien aufgezeigt. Die Anwendung erfolgt hierbei in Kleingruppen von vier bis sechs Schülerinnen und Schülern, wobei jede und jeder Lernende für einen Textabschnitt schwerpunktmäßig die Demonstration und Moderation einer Lesestrategie übernimmt. Die nachweislich positiven Effekte dieses Vermittlungsansatzes werden vor allem auf die »Erkenntnisdialoge« zurückgeführt, die die Schülerinnen und Schüler hierbei über die Strategieanwendung führen: Während bei den Strategieprogrammen die Lernenden zunächst auf sich alleine gestellt sind, erfahren sie im Rahmen solcher kooperativer Settings Unterstützung bei der Anwendung, so dass sie lernen können, welche Vorgehensweise jeweils »strategisch« sinnvoll und weiterführend ist (vgl. Spörer, Demmrich & Brunstein, 2014).

Drittens werden Visualisierungen von Textstrukturen als Möglichkeit dargestellt, Texte strategisch zu erschließen und bereits erlernte Lesetechniken zu integrieren. Sowohl Lesestrategieprogramme als auch kooperative Verfahren lassen den Eindruck entstehen, dass die hier erlernten Lesestrategien gleichsam »universell« für die Erschließung jeglicher Texte geeignet sind. Dabei kann die textlinguistische Forschung zeigen, dass sich Sachtexte durchaus strukturell und in ihrer Darstellungsintention erheblich voneinander unterscheiden (vgl. Rosebrock &

Nix, 2017). Graphische Schemata, die logische Strukturen reflektieren und visualisieren (z. B. »Thema–Unterthema«; »Problem–Lösung«; »Reihenfolge«), eignen sich daher, den Schülerinnen und Schülern eine differenzierte Textbegegnung zu eröffnen und die Anwendung einzelner Strategien zu operationalisieren (vgl. dazu Philipp, 2012b).

Die Kolleginnen und Kollegen erhalten in der anschließenden Workshop-Phase die Möglichkeit, in Form eines Stationenlernens alle dargestellten Vermittlungslogiken auszuprobieren. Auf dieser Grundlage können sie abschließend im Plenum klären, welche Lesestrategien in welcher Jahrgangsstufe sinnvollerweise an ihrer Schule eingeführt werden können und welches Vermittlungsformat (bzw. welche Format-Kombination) sich hierzu eignet.

3.3 Modul 3: Lesemotivation/Selbstkonzept

Im dritten Fortbildungsmodul geht es um die Diagnose und Förderung der Lesemotivation auf der Subjekt- und sozialen Ebene von Lesekompetenz (vgl. Rosebrock & Nix, 2017). Aus didaktischer Perspektive sind hier diejenigen Verfahren und Methoden anzusiedeln, die traditionell im deutschsprachigen Raum unter dem Begriff der »Leseförderung« subsumiert werden und vor allem auf eine Steigerung der intrinsischen Lesemotivation setzen (vgl. Hurrelmann, 1994). Im Modul werden jedoch einleitend Forschungsbefunde dargestellt, die deutlich machen, dass die intrinsische Motivation nur eine Dimension eines vielschichtigen Begriffs von Lesemotivation darstellt, der weitere Teilbereiche (z. B. Wert des Lesens, Leseinteresse, extrinsische Motivation, Lese-Selbstkonzept) umfasst (vgl. Philipp, 2012a). Vor allem der Begriff des Lese-Selbstkonzepts wird in der aktuellen Leseforschung hierbei in den Fokus gerückt (vgl. Rieckmann, 2012). Damit werden Selbstwirksamkeitseinschätzungen zum Lesen bezeichnet, die im Verlauf der Lesesozialisation aufgrund von Erfolgs- und Misserfolgserlebnissen subjektiv ausgebildet werden. Negative Lese-Selbstkonzepte führen dazu, dass die Betroffenen sich selbst nicht als Leser oder Leserin ansehen, Textrezeptionen bei den ersten Schwierigkeiten abbrechen und Lektüren aus eigenem Antrieb nicht aufnehmen (vgl. Pieper, Rosebrock, Wirthwein & Volz, 2004). Umgekehrt »tragen« gefestigte Selbstkonzepte die guten Leserinnen und Leser über Leseschwierigkeiten hinweg, die als potenziell veränderbare punktuelle Misserfolge verbucht werden und begünstigten eine habituelle Lektürepraxis.

Der Begriff des Lese-Selbstkonzepts macht auch deutlich, dass Lesemotivation nicht in jedem Fall durch eine Förderung der intrinsischen Motivation gesteigert werden kann, sondern dass bei vielen Lernenden auch andere Zusammenhänge wirksam werden können. Beispielsweise kann die Lesemotivation schwacher Leserinnen und Leser überhaupt erst angesteuert werden, wenn die Leseflüssigkeit durch technische Leseübungen so erhöht wird, dass sie dadurch Erfolgserlebnisse erfahren, die ihre Lese-Selbstkonzepte stärken.

Der differenzierte Begriff von Lesemotivation bietet einerseits die Möglichkeit, im zweiten Teil der Fortbildung Möglichkeiten der Lesediagnostik auf den verschiedenen Ebenen zu erörtern (z. B. kriteriengestützte Beobachtung, Gespräche in und außerhalb des Unterrichts, Lesebiographien, Fragebögen usw.). Andererseits können im dritten Teil des Moduls Chancen und Grenzen von Förderansätzen im motivationalen Bereich vor diesem Hintergrund dargestellt werden:

Leseanimierende Verfahren und Aktionen, die erfahrungsgemäß an den meisten Schulen in zahlreichen Variationen angeboten werden (z. B. Lesenächte, Autorenlesungen, Buchvorstellungen, Bücherkisten, Kooperationen mit außerschulischen Akteuren der Leseförderung usw.; für eine ausführliche Darstellung siehe Rosebrock & Nix, 2017), »werben« gleichsam für die Lektüre von Sach- und belletristischen Texten, indem sie Lektüre als genuss- und gewinnreiche Tätigkeit für die Schülerinnen und Schüler modellieren, um deren intrinsische Motivation zu steigern. Aus lesedidaktischer Perspektive sollte Leseanimation möglichst differenziert auf die Lernausgangslage der Lerngruppe abgestimmt werden: Schülerinnen und Schüler, die zwar gut lesen können, aber bislang keine Motivation dazu haben, profitieren von den Verfahren vermutlich genauso wie gute Leserinnen und Leser, die auf der Suche nach neuen Anregungen und Lesestoffen sind. Technisch schwache Leserinnen und Leser und Lernende aus »buchfernen« Elternhäusern, die im Verlauf ihrer Lesesozialisation noch keine habituellen Umgangsformen mit Büchern erworben haben, werden aber nur wenig »Lesefreude« in diesem Rahmen entwickeln.

Für solche Schülerinnen und Schüler wird im Fortbildungsmodul daher zunächst die Teilnahme an sogenannten Viellese-Verfahren empfohlen, die regelmäßige freie Lesezeiten im Unterricht für alle Lernenden installieren. In diesem Rahmen ist das Lesen für alle verpflichtend und der Umgang mit frei gewählter Literatur wird kleinschrittig eingeübt (vgl. Rieckmann, 2010). Die Lernenden führen begleitend zur Lektüre Lesepässe und in kürzeren Abständen werden Lesekonferenzen durchgeführt, in denen die Einzelnen Einblicke in ihre Lektüreprozesse geben und in denen Leseschwierigkeiten thematisiert werden können (vgl. Rieckmann, 2015).

Bei der Auswahl von Lektüren im Rahmen von Leseanimation und Viellese-Verfahren sollten Genderaspekte berücksichtigt werden (vgl. Garbe, 2007). Daher werden an dieser Stelle im Fortbildungsmodul Möglichkeiten aufgezeigt, gerade für die Jungen motivationssteigernde Förderansätze zu platzieren.

Abschließend wird in der Fortbildungsveranstaltung die Rolle der Lehrpersonen in einem motivationsfördernden Leseunterricht thematisiert. Die Veranstaltung schließt, indem die Kolleginnen und Kollegen Umsetzungsperspektiven für ihre Schule diskutieren und ggf. erste Absprachen treffen.

4 Umsetzung des Programms und Implementation

Um eine effektive Umsetzung des Programms »Verstärkte Leseförderung an hessischen Schulen« zu gewährleisten, wurde die Implementation (vgl. Philipp & Souvignier, 2016) von Anfang an als integraler Bestandteil des Fortbildungsprogramms konzeptualisiert. Die Umsetzung erfolgt in Form einer Implementationskaskade, die zunächst eine einheitliche Informationsbasis an den hessischen Schulen gewährleistet. Das heißt konkret:

- Alle Leiterinnen und Leiter der Staatlichen Schulämter in Hessen sowie die Dezernentinnen und Dezernenten wurden über das Leseprogramm informiert.
- Im Rahmen von Dienstversammlungen wurden die Schulleiterinnen und Schulleiter über das Projekt in Kenntnis gesetzt, da sie die entscheidenden Akteure sind, um Schulentwicklungsprozesse – auch im Bereich des Lesens – zu initiieren und zu steuern.
- Den Schulleiterinnen und Schulleitern wurde dabei die Aufgabe übertragen, das Angebot zur Leseförderung im Kollegium vorzustellen und eine Entscheidung über die Teilnahme am Leseprojekt herbeizuführen. Dass die Schulen über ihre Teilnahme und den jeweiligen Zeitpunkt selbst bestimmen können, hat sich angesichts der vielfältigen Aufgaben und Herausforderungen als ein wesentlicher Erfolgsfaktor erwiesen.

Die Durchführung der oben dargestellten Fortbildungsveranstaltungen kann in einem großen Kollegium gesondert, bei kleineren Kollegien auch in Form einer Kooperation mehrerer Schulen erfolgen. Als bedeutsam für den Erfolg einer Fortbildung hat sich erwiesen, dass durch die theoretische Fundierung die Bedeutung der jeweiligen Dimension von Lesekompetenz für die eigene Unterrichtspraxis der Lehrpersonen aufgezeigt und adaptiert wird und die vorgestellten Verfahren konkret erprobt werden können. Weiterhin ist es zentral, dass den Lehrpersonen nach Erarbeitung eines Moduls genügend Zeit eingeräumt wird, um die jeweiligen Maßnahmen im regulären Unterrichtszusammenhang ausprobieren zu können.

Tab. 6.4: Praxisbeispiel aus den hessischen Verbundschulen – Ablauf einer Pädagogischen Konferenz zur Evaluation der Umsetzung und Implementation des ersten Fortbildungsmoduls (in Anlehnung an Krug & Nix, 2017, S. 139)

Zeit/Phase	Inhalt
14:00	Begrüßung Organisatorisches
14:05	*Einzelarbeit* Selbstreflexion zur Arbeit mit den Lautlese-Tandems (Förderung der Leseflüssigkeit) mit dem Reflexionsbogen *Gruppenarbeit (Jahrgangsteams)* Austausch zur Selbstreflexion Formulierungsvorschläge für eine Vereinbarung (Minimalkonsens) zur Leseflüssigkeit für das Lesekonzept der Schule
15:05	Pause mit Ausstellung der verwendeten Texte
15:20	*Plenum* Berichte aus den Jahrgangsteams Einigung für die endgültige Formulierung zur Leseflüssigkeit für das Leseförderkonzept der Schule
16:00	Selbstreflexion und Feedback zum Abschluss

Auf dieser Grundlage von theoretischer Fundierung und praktischer Umsetzung kann die Schulleiterin oder der Schulleiter den Steuerungsprozess zur Leseförderung aufgreifen und effektiv anleiten. Hierzu empfiehlt sich, eine Pädagogische Konferenz mit dem Kollegium durchzuführen, auf der die bisherigen Erfahrungen gesammelt werden; ein möglicher Ablauf wird anhand des Praxisbeispiels einer hessischen Verbundschule in Tabelle 6.4 dargestellt. Als Vorbereitung kann die Schulleitung dazu einen Reflexionsbogen einsetzen, der dann im Rahmen der Pädagogischen Konferenz ausgewertet wird (vgl. die Vorlage bei Krug & Nix, 2017, S. 141). Als Ergebnis sollten abschließend konkrete Vereinbarungen zur jeweiligen Dimension von Lesekompetenz und deren Förderung stehen, die in Form eines Minimalstandards von allen Kolleginnen und Kollegen der Schule durchgeführt werden (▶ Praxisbeispiel zum Bereich »Lesestrategien« in Tab. 6.5).

Tab. 6.5: Praxisbeispiel: Ergebnisse einer Pädagogischen Konferenz – verbindliche Beschlüsse für den Förderschwerpunkt »Textverständnis/Lesestrategien«

	2. Modul: Textverständins/Lesestrategien	
Schule:	**Schule**	
Jahrgang	**Lesestrategien**	
	Bereits eingeführte Lesestrategien	**verbindlich einzuübende Lesestrategien**
1/2	• Vermutungen über den Inhalt eines Textes äußern • Bildbetrachtungen • Bilder zu Texten gestalten • Texte mehrfach lesen	→ Vermutungen über den Inhalt eines Textes äußern →Texte mehrfach lesen
3	• Nachfragen, Fragen zum Text formulieren • Wichtige Textstellen unterstreichen • Schlüsselwörter erkennen • Texte abschnittweise zusammenfassen, Kernaussagen treffen • Zwischenüberschriften finden • Lesepilot	→Wichtige Textstellen unterstreichen →Schlüsselwörter erkennen →Zwischenüberschriften finden
4	• Texte kommentieren, eigene Stellungnahmen verfassen • Lesekonferenzen • Lesekreuz	→Lesekonferenzen

Auf diese Weise führt die systematische Anleitung, Durchführung und Auswertung der Fortbildungsveranstaltungen zur Lesekompetenz Schritt für Schritt in einen Schulentwicklungsprozess, an dessen Ende verbindliche Vereinbarungen festgehalten werden (▶ Abb. 6.3).

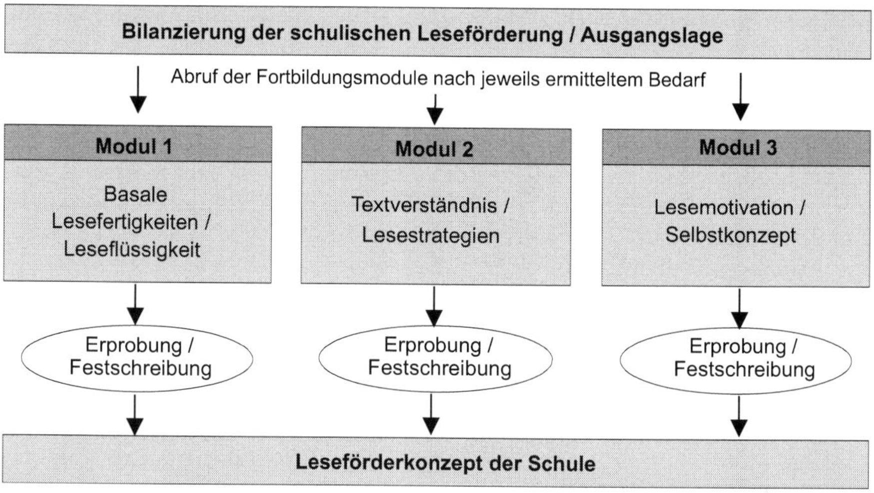

Abb. 6.3: Ablauf der Implementation von Fördermaßnahmen im hessischen Leseprogramm

Die Festschreibung erfolgt im (neuen) Lesekonzept der Schule, das wiederum aus den bereits in der Checkliste explizierten Dimensionen besteht, die nun mit konkreten Beschlüssen gefüllt werden können (▶ Tab. 6.6). Darüber hinaus empfiehlt es sich, die Durchführung diagnostischer Instrumente und die Einführung der Förderverfahren im Jahresplan der Schule zu verankern, um die Verbindlichkeit der Durchführung gewährleisten zu können.

Tab. 6.6: Bilanzierung der schulischen Leseförderung (zitiert aus Krug & Nix, 2017, S. 143)

Elemente der Lesekompetenz	Instrumente	Jahrgang/ Zeitpunkt	Zuständigkeit
»1. Leselernstandsermittlungen 2. Dekodierfähigkeit/Leseflüssigkeit 3. a) Einüben von Lesestrategien b) Einsatz der Lesestrategie in allen Fächern 4. Lesemotivation/Selbstkonzept«			

Aus diesem Grund, und um die Nachhaltigkeit der etablierten Leseförderung zu sichern, wurde den Schulleiterinnen und Schulleitern der BiSS-Verbundschulen nach Absolvierung der vorherigen Schritte zur Verankerung von Lesetrainingstagen im Jahresplan der Schule geraten (▶ Tab. 6.7). Die Lesetrainingstage finden nach Beginn des Schuljahres statt. An diesen Tagen sollen das Lesen und die Förderung der Lesekompetenz als überfachliche Kompetenz im Mittelpunkt der ganzen Schule stehen. Die Einrichtung von Lesetrainingstagen hat den Vorteil, dass die Schulorganisation nur geringfügig verändert werden muss, so dass neue Maßnahmen und Angebote zur Leseförderung (z. B. Lautlesetandems) in diesem

Zeitraum eingeführt werden können. Dieser Vorschlag wurde inzwischen umgesetzt und hat sich bewährt. Im Jahresarbeitsplan der Schulen sind die Lesetrainingstage verbindlich ausgewiesen, so dass alle Lehrpersonen bereits vor Beginn des Schuljahres um die bevorstehenden und zu planenden Angebote zur Förderung der Lesekompetenz wissen (► das Beispiel in Tab. 6.7). Mit den Lesetrainingstagen erhält die Leseförderung einen besonderen Stellenwert in jeder Schule – für die Schulleitungen, die Lehrpersonen, die Schülerinnen und Schüler und deren Eltern.

Tab. 6.7: Praxisbeispiel: Ablauf von Lesetrainingstagen

In den FlexKlassen	
• Implementation von Lautlesetandems • In allen Klassen Vermittlung der gleichen Lesestrategien (siehe Lesekonzept) • Für die Lesemotivation gibt es unterschiedliche Angebote	• Bilderbuchkino »Das Vierfarbenland« von Gina Ruck-Pauquet für alle Flex-Klassen (über Smart-Board in der Aula) • Dazu: Lesequiz (Erstklässler mit ihren Zweitklässler-Paten) • Dazu: handlungs- und produktionsorientierte Verfahren zum Vierfarbenland • Antolin • Buchvorstellungen • Individuelle Lesezeiten in Lese-Schmökerecken
Im 3. Schuljahr	
• Evtl. neue Zusammenstellung der Lautlesetandems	• Ganzschrift »Geheimnis um die alte Villa« von Insa Bauer • Individuelle Lesezeiten in Lese-/Schmökerecken • Vorlesezeit durch Lehrer; Einbezug von Lesementoren • Herstellung eines »Lesebüchleins« • Buchvorstellungen und -präsentationen • Verschiedene Texte für Lesetandems
Im 4. Schuljahr	
• Evtl. neue Zusammenstellung der Lautlesetandems	• Ganzschrift »Geheimnis um die alte Villa« von Insa Bauer • Individuelle Lesezeiten in Lese-/Schmökerecken • Diverse Texte für Lautlesetandems • SU: Recherche mit Tablets zum Thema Wald/Laubbäume; dazu: Erstellen von Steckbriefen • M: Lösen von Logicals • RU: »Das kleine Ich bin Ich« von Mira Lobe; vorlesen, selbst lesen • SP: Wörter-Memorys als Staffelspiele

5 Fazit und Ausblick

Mit der im Programm »Verstärkte Förderung an hessischen Schulen« angelegten systematischen und systemisch verankerten Leseförderung erhält die Lesekompetenz den in der Forschung modellierten Stellenwert als »Schlüsselkompetenz« für den Lernerfolg der Schülerinnen und Schüler. Mit dem Programm wurde insofern Neuland betreten, als dass Fortbildungsangebote – wie dargestellt – einerseits systematisch auf Dimensionen ausgerichtet sind, die in der Leseforschung als bedeutsam zur Förderung der Lesekompetenz angesehen werden. Andererseits wird der Prozess der systemischen Implementation von Beginn an mit den inhaltlichen Dimensionen verzahnt, so dass eine effektive und transparente Förderpraxis im Lesen an den teilnehmenden Schulen der hessischen BiSS-Verbünde verwirklicht werden konnte (▶ Kasten. 6.1). Vorliegende Rückmeldungen der Verbundschulen zeigen, dass das Fortbildungsprogramm eine positive Resonanz bewirken konnte und dass die Teilnehmerinnen und Teilnehmer sowie die Schulleitungen die Teilnahme als Gewinn für die Leseförderung und den Schulentwicklungsprozess ansehen. Als wesentlich für den Erfolg der Leseförderung in der ganzen Schule haben sich die gemeinsam entwickelten verbindlichen Vereinbarungen sowie die organisatorische Verankerung der Leseförderung im Jahresarbeitsplan erwiesen.

Kasten 6.1: Abfolge der einzelnen Etappen des Schulentwicklungsprozesses

1. Bilanzierung
Einsatz der Checkliste: Welche Maßnahmen zur Leseförderung werden in der Schule bereits durchgeführt? In welchen Dimensionen von Lesekompetenz gibt es Entwicklungsbedarf?

2. Formulierung von Entwicklungszielen
Kollegium entscheidet und priorisiert, in welchen Bereichen der Leseförderung Fortbildungen erforderlich sind.

3. Abruf der Fortbildungsmodule
Durchführung des jeweiligen Fortbildungsmoduls mit anschließender Erprobung und Evaluation der Fördermaßnahmen.

4. Leseförderkonzept
Verbindliche Vereinbarungen zur weiteren Umsetzung der Leseförderung in der Schule

5. Lesetrainingstage
Im Jahresplan verankerte Maßnahme zur jährlichen Initiierung der Leseförderung

Literatur

Bertschi-Kaufmann, A. & Graber, T. (Hrsg.) (2016). *Lesekompetenz – Leseleistung – Leseförderung. Grundlagen, Modelle und Materialien.* Seelze: Klett Kallmeyer.

Bräuer, C. (2010). Lesetechniken erlernen, Lesestrategien entwickeln im Unterricht. In M. Kämper-van den Boogart & K. H. Spinner (Hrsg.), *Lese- und Literaturunterricht. Teil 3* (S. 153-196). Baltmannsweiler: Schneider.

Bundesministerium für Unterricht, Kunst und Kultur (2007). *Geschlechtersensible Leseförderung. Daten, Hintergründe und Förderungsansätze.* Bundesministerium für Unterricht, Kunst und Kultur: Wien.

Deutsches PISA-Konsortium (Hrsg.) (2007). *PISA 2006. Die Ergebnisse der dritten internationalen Vergleichsstudie.* Münster u. a.: Waxmann.

Deutsches PISA-Konsortium (Hrsg.) (2013). *PISA 2012. Fortschritte und Herausforderungen in Deutschland.* Münster: Waxmann.

Garbe, C. (2007). Lesen – Sozialisation – Geschlecht. Geschlechterdifferenzierende Leseforschung und -förderung. In A. Bertschi-Kaufmann (Hrsg.), *Lesekompetenz – Leseleistung – Leseförderung. Grundlagen, Modelle und Materialien* (S. 66-82). Seelze: Klett Kallmeyer.

Garbe, C. (2008). »Echte Kerle lesen nicht!?« – Was eine erfolgreiche Leseförderung für Jungen beachten muss. In M. Matzner & W. Tischner (Hrsg.), *Handbuch Jungen-Pädagogik* (S. 301-315). Weinheim/Basel: Beltz.

Gold, A. (2010). *Lesen kann man lernen. Lesestrategien für das 5. und 6. Schuljahr.* Göttingen: Vandenhoeck & Ruprecht.

Hurrelmann, B. (1994). *Leseförderung.* Praxis Deutsch, 21, 17-25.

Krug, U. & Nix, D. (2017). *Entwicklung eines schulischen Leseförderkonzepts. Ein Praxisleitfaden für alle Schulformen.* Seelze: Klett Kallmeyer.

Kultusministerkonferenz (2015). *Förderstrategie für leistungsstarke Schülerinnen und Schüler.* Beschluss der Kultusministerkonferenz vom 11.06.2015. Verfügbar unter: https://www.kmk.org/fileadmin/Dateien/pdf/350-KMK-TOP-011-Fu-Leistungsstarke_-_neu.pdf [01.02.2018]

Lauer-Schmaltz, M. (2014). *Förderung der Leseflüssigkeit bei Kindern im Grundschulalter.* Frankfurt/M.: Dissertation.

Nix, D. (2010). Förderung der Lesekompetenz. In: M. Kämper-van den Boogart & K. H. Spinner (Hrsg.), *Lese- und Literaturunterricht. Teil 2* (S. 139-189). Baltmannsweiler: Schneider.

Nix, D. (2011). *Förderung der Leseflüssigkeit. Theoretische Fundierung und empirische Überprüfung eines kooperativen Lautleseverfahrens im Deutschunterricht.* Weinheim/München: Juventa.

Opitz, M. F. & Rasinski, T. (2008). *Good-bye round robin. Twenty-five effective oral reading strategies.* Portsmouth, NH: Heinemann.

Philipp, M. (2012a). *Motiviert lesen und schreiben: Dimensionen, Bedeutung, Förderung.* Seelze: Klett Kallmeyer.

Philipp, M. (2012b). *Besser lesen und schreiben. Wie Schüler effektiver mit Sachtexten umgehen lernen.* Stuttgart: Kohlhammer.

Philipp, M. (2013). Die feinen Unterschiede. Ein Forschungsüberblick zum Zusammenhang von Geschlecht und Lesemotivation sowie -verstehen. In B. Lundt & T. Tholen (Hrsg.), *»Geschlecht« in der Lehramtsausbildung. Die Beispiele Geschichte und Deutsch* (S. 297-321). Berlin: Lit.

Philipp, M. (2015). *Lesestrategien. Bedeutung, Formen und Vermittlung.* Weinheim/Basel: Beltz Juventa.

Philipp, M. & Schilcher, A. (2012). *Selbstreguliertes Lesen. Ein Überblick über wirksame Leseförderansätze.* Seelze: Klett Kallmeyer.

Philipp, M. & Souvignier, E. (Hrsg.) (2016). *Implementation von Lesefördermaßnahmen: Perspektiven auf Gelingensbedingungen und Hindernisse.* Münster; New York: Waxmann.

Pieper, I., Rosebrock, C., Wirthwein, H. & Volz, S. (2004). *Lesesozialisation in schriftfernen Lebenswelten. Lektüre und Mediengebrauch von HauptschülerInnen.* Weinheim/ München: Juventa.

Reiss, K., Sälzer, C., Schiepe-Tiska, A., Kleine, E. & Köller, O. (Hrsg.) (2016). *PISA 2015. Eine Studie zwischen Kontinuität und Innovation.* Münster: Waxmann.

Rieckmann, C. (2010). *Leseförderung in sechsten Hauptschulklassen. Zur Wirksamkeit eines Vielleseverfahrens.* Baltmannsweiler: Schneider Hohengehren.

Rieckmann, C. (2012). Chancen eines erweiterten Selbstkonzeptbegriffs für die Lese- und Literaturdidaktik. In D. Frickel, C. Kammler & G. Rupp (Hrsg.), *Literaturdidaktik im Zeichen von Kompetenzorientierung und Empirie. Perspektiven und Probleme* (S. 271-286). Freiburg im Breisgau: Fillibach.

Rieckmann, C. (2015). *Eigenständiges Lesen. Grundlagen der Lesedidaktik. Bd. 2.* Baltmannsweiler: Schneider Hohengehren.

Rosebrock, C. (2009). Lesekompetenz als Mehrebenenkonstrukt. In A. Bertschi-Kaufmann & C. Rosebrock (Hrsg.), *Literalität. Bildungsaufgabe und Forschungsfeld* (S. 59-72). Weinheim/München: Juventa.

Rosebrock, C. & Nix, D. (2006). Forschungsüberblick: Leseflüssigkeit (Fluency) in der amerikanischen Leseforschung und -didaktik. *Didaktik Deutsch, 20*, 90-112.

Rosebrock, C. & Nix, D. (2017). *Grundlagen der Lesedidaktik und der systematischen schulischen Leseförderung* (8. erw. Aufl.). Baltmannsweiler: Schneider Hohengehren.

Rosebrock, C., Nix, D., Rieckmann, C. & Gold, A. (2017). *Leseflüssigkeit fördern. Lautleseverfahren für die Primar- und Sekundarstufe* (5. Aufl.). Seelze: Klett Kallmeyer.

Rosebrock, C. & Wirthwein, H. (2014). *Standardorientierung im Lese- und Literaturunterricht der Sekundarstufe I.* Baltmannsweiler: Schneider Hohengehren.

Schneider, W., Baumert, J., Becker-Mrotzek, M., Hasselhorn, M., Kammermeyer, G., Rauschenbach, T., Roßbach, H.-G., Roth, H.-J., Rothweiler, M. & Stanat, P. (2012). *Expertise Bildung durch Sprache und Schrift (BiSS). Bund-Länder-Initiative zur Sprachförderung, Sprachdiagnostik und Leseförderung.* Verfügbar unter: http://www.biss-sprachbildung.de/pdf/BiSS-Expertise.pdf [01.02.2018]

Schneider, H. & Lindauer, T. (2016). Lesekompetenz ermitteln: Tests. In A. Bertschi-Kaufmann & Graber, T. (Hrsg.), *Lesekompetenz – Leseleistung – Leseförderung. Grundlagen, Modelle und Materialien* (S. 138-153). Seelze/Zug: Klett und Balmer.

Souvignier, E. & Trenk-Hinterberger, I. (2013). *Wir sind Textdetektive – Lehrermanual und Arbeitsheft.* Göttingen: Vandenhoeck & Ruprecht.

Spörer, N., Demmrich, A. & Brunstein, J. C. (2014). Förderung des Leseverständnisses durch »Reziprokes Lehren«. In G. W. Lauth, M. Grünke & J. C. Brunstein (Hrsg.), *Interventionen bei Lernstörungen: Förderung, Training und Therapie in der Praxis* (S. 162-175). Göttingen: Hogrefe.

Staatliches Studienseminar für das Lehramt an Gymnasien Koblenz (Hrsg.) (2009). *Sachtexte lesen im Fachunterricht der Sekundarstufe.* Seelze-Velber: Kallmeyer und Klett.

Stanat, P., Böhme, K., Schipolowski, S. & Haag, N. (Hrsg.) (2016). *IQB-Bildungstrend 2015: Sprachliche Kompetenzen am Ende der 9. Jahrgangsstufe im zweiten Ländervergleich.* Münster: Waxmann.

Kapitel 7: *Leseschule NRW* – Erste Ergebnisse zur Implementation eines umfassenden Leseförderprogramms

Marion Bönnighausen, Katharina Lammers & Dirk Reimann

Das Schreib-Lese-Zentrum der Westfälischen Wilhelms-Universität Münster (SLZ) initiiert, begleitet und evaluiert im Rahmen des Forschungs- und Entwicklungsprogramms *Bildung durch Sprache und Schrift* (BiSS) an insgesamt zehn Schulen unterschiedlicher Schulformen aus dem Primar- und Sekundarbereich die Implementation eines umfassenden und systematischen Leseförderkonzepts, der *Leseschule NRW*.

Der Prozess der Implementation findet in einer grundsätzlich kollaborativen Form statt, in der alle beteiligten Akteure im Rahmen von besonderen Kooperationsstrukturen ihre unterschiedlichen Perspektiven und Kompetenzen einbringen, um die nachhaltige Verankerung des Leseförderkonzepts in der Schule zu gewährleisten und durch die Zusammenarbeit neues Wissen über Leseförderung und Möglichkeiten ihrer curricularen Umsetzung zu erzeugen. Da isolierte Fortbildungen ohne Prozessbegleitung eine Implementation von Innovationen bzw. eine nachhaltige Professionalisierung von schulischen Lehrkräften erschweren (Guskey, 1985), wurde ein Implementationskonzept entwickelt, welches die inhaltliche Flankierung der Fortbildungen sowie Unterstützung in den Bereichen Leseförderung, Vernetzung, Organisation, Koordination, Projektmanagement und Schulprogrammarbeit vorsieht. Die Überprüfung der Wirksamkeit dieser Einflussfaktoren ist Teil der Evaluation durch das SLZ, die den gesamten Prozess der Implementation im Format der Praxisbegleitforschung erfasst. Als aktuelle Zwischenbilanz lässt sich festhalten, dass Implementation gelingt, wenn Fortbildung an Schulentwicklung gekoppelt ist, bedarfsgerecht zusätzliche Unterstützungsmaßnahmen angeboten sowie vorstrukturierte Lernumgebungen eingebracht werden und wenn eine Kooperationsstruktur mit definierten Rollen aller beteiligten Akteure aufgebaut wird.

Einleitung

Die *Leseschule NRW* als ein umfassendes und systematisches Gesamtkonzept zur Leseförderung, das im BiSS-Kontext an insgesamt zehn Schulen der Schulformen Grundschule, Hauptschule, Realschule, Sekundarschule, Gesamtschule und

Gymnasium im Münsterland umgesetzt wird, wurde am SLZ entwickelt und bildet seit vielen Jahren den Gegenstand von Lehrerfortbildungen. In unserem Beitrag wollen wir anhand der Schulen aus dem BiSS-Sekundarverbund den Prozess der Implementation dieses Leseförderprogramms darstellen. Nach der Erläuterung der inhaltlichen Bausteine der *Leseschule* werden die Kooperationsstrukturen sowie der Prozess der Implementierung mit dem Ziel einer nachhaltigen Verankerung an den Schulen aufgezeigt. Die Evaluation dieses Prozesses, dessen Gelingens-, aber auch Misslingensfaktoren identifiziert werden sollen, wird anschließend konzeptionell vorgestellt. Es werden Zwischenergebnisse formuliert und anhand eines Fallbeispiels illustriert.

1 Ziel der Verbundarbeit und Wege der Umsetzung

Ziel der Verbundarbeit ist zum einen die Entwicklung eines exemplarischen Konzepts zur nachhaltigen Verankerung eines komplexen Leseförderprogramms in den einzelnen Schulen, welches berücksichtigt, dass isolierte Fortbildungen ohne Prozessbegleitung eine Implementation von Innovationen bzw. eine nachhaltige Professionalisierung von schulischen Lehrkräften nicht ermöglichen (Guskey, 1985). Zum anderen wird auf dieser Grundlage der Prozess der Implementierung evaluiert.

Um ein gleichermaßen umfassendes wie komplexes Programm der Leseförderung in der Schule nachhaltig zu verankern, ist die Etablierung ausdifferenzierter Kooperationsstrukturen notwendig, die den Weg der Implementierung flankieren und die erfolgreiche Verstetigung gewährleisten.

1.1 Inhalt der Verbundarbeit

Im Zentrum der Verbundarbeit steht das Konzept einer umfassenden und systematischen Leseförderung, die *Leseschule NRW*.

Ziel des Programms ist es, mithilfe einzelner Bausteine hierarchieniedrige und hierarchiehöhere Prozesse des Lesens gleichermaßen systematisch zu fördern und diese Maßnahmen in ein umfassendes Angebot zur Leseförderung einzubetten.

Das Gesamtkonzept der *Leseschule NRW*, entwickelt von Prof. Bönnighausen als Leiterin des SLZ, basiert zum einen auf den Best-practice-Erfahrungen von Gütesiegel-Schulen aller Schulformen, die (in Kooperation mit dem Ministerium für Schule und Weiterbildung NRW und der Medienberatung NRW) im Rahmen des KMK-Programms *ProLesen* eruiert und systematisiert wurden. Zum anderen wurde als ein zentraler Baustein das Lesetraining *Lesen(d) lernen*[1] eingebracht, das theoriebezogen entwickelt und im Rahmen von studentischen Praxisprojekten

1 http://www.uni-muenster.de/LesendLernen/

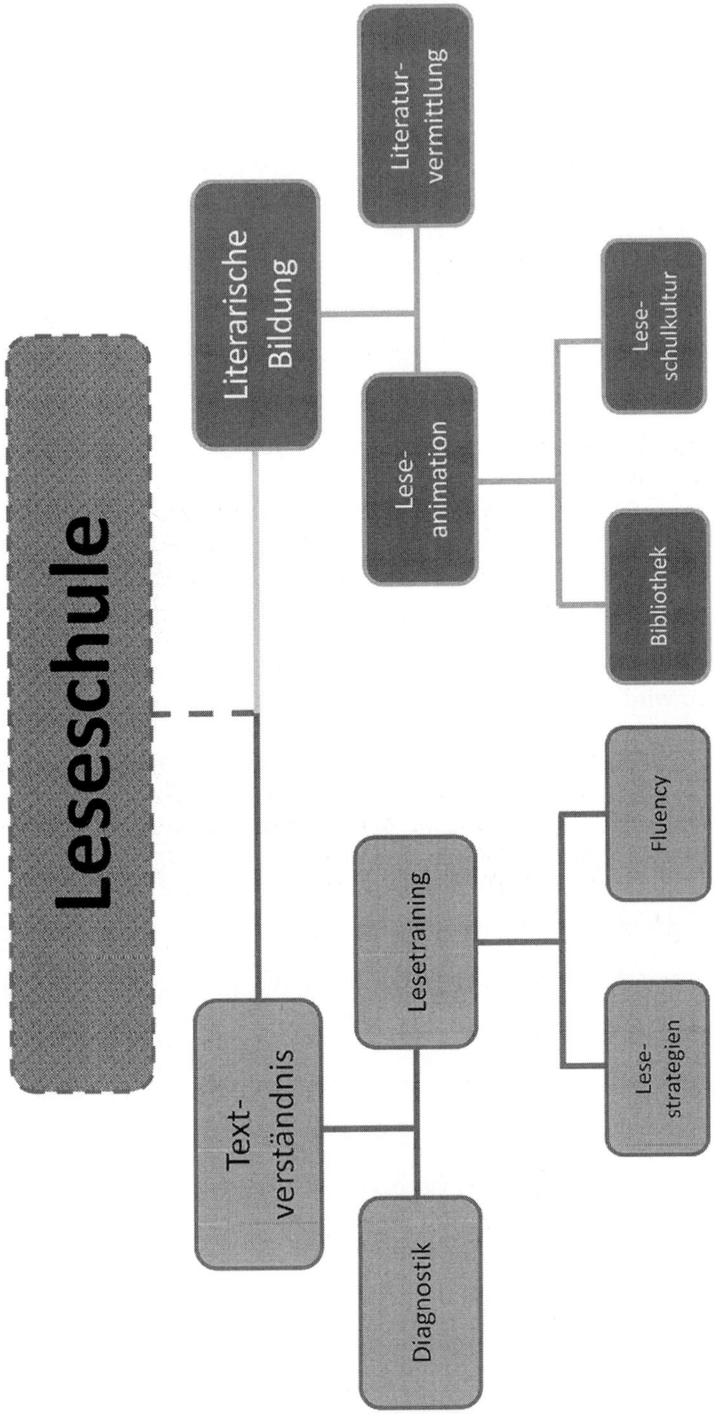

Abb. 7.1: Konzept der Leseschule NRW (eigene Darstellung)

im Verlauf von zehn Jahren in Haupt-, Gesamt- und Grundschulen in NRW im Sinne eines Theorie-Praxis-Transfers beständig erprobt, evaluiert und modifiziert wurde.

Das aus diesen beiden Pfeilern erwachsene Leseförderprogramm *Leseschule NRW* weist zwei Bereiche aus: *Textverständnis* und *Literarische Bildung*. Zu jedem Bereich gehören verschiedene Bausteine, welche die wichtigsten Facetten von Leseförderung vereinen und zusammen eine sogenannte *Leseschule* ausmachen.

Der Baustein *Textverständnis* fokussiert eine zielgerichtete, reflektierte Informationserfassung und -verarbeitung, die diagnostisch begleitet wird. Im Zentrum steht ein *Lesetraining*, das zum einen ein Repertoire an unterschiedlichen Lesestrategien und zum anderen verschiedene Maßnahmen im Bereich *Fluency* umfasst.

Auf der Grundlage eines kognitionstheoretischen Ansatzes (Kintsch, 1988) knüpft das Lesetraining *Lesen(d) lernen* an die Theorie des selbstregulierten Lernens an und sieht eine kognitive, metakognitive sowie motivationale Selbstregulation vor, indem die Vermittlung und Übung von kognitiven sowie metakognitiven Strategien, Maßnahmen zur Steigerung der Motivation und der Selbstwirksamkeit, Wissen über die Lesestrategien und die Anleitung zur Erstellung eines Leseplans miteinander verbunden werden. Bei der Vermittlung der Lesestrategien werden nach Grzesik (2005) die notwendigen Phasen der Akquisition, des Behaltens sowie der Reaktivierung durchlaufen, die methodisch im Modell des *Cognitive Apprenticeship* umgesetzt werden. Der Lernerfolg ist an ausgewiesene Einführungs- und Übungsphasen gebunden, welche die Organisation des Lesetrainings als eigenes Unterrichtsvorhaben im Umfang von vier bis sechs Wochen sowie nachfolgende Wiederholungsphasen erfordern.

Im Baustein *Fluency* werden mit dem Geschwisterlesen, dem Sichtwortschatz- sowie dem Lautlesetraining Verfahren vermittelt, die Lesegenauigkeit, Lesegeschwindigkeit und sinnbetontes Vorlesen fördern und damit auf der hierachieniedrigen Ebene die Fähigkeit zur »genauen, automatisierten, schnellen und sinnkonstituierenden« (Rosebrock & Nix, 2014, S. 15) Lektüre weiterentwickeln.

Im Bereich der *Literarischen Bildung* steht die Förderung von Leselust und Lesemotivation durch gezielte und systematisch verankerte Maßnahmen im Mittelpunkt, welche Schülerinnen und Schüler bei der Ausbildung eines aktiven Leseverhaltens unterstützen sollen. Das Ziel leseanimierender Maßnahmen ist die positive Beeinflussung der Einstellung zum (auch medial vermittelten) Lesen und damit langfristig des Leseverhaltens. Leseanimation kann als ein Prozess angesehen werden, der sich in mehreren Schritten bis zur Habitualisierung einer positiven Einstellung zum Lesen und der Verfestigung eines hohen positiven Selbstkonzepts vollzieht (Möller & Schiefele, 2004). Unterstützt wird dieser Prozess durch die regelmäßige Nutzung von Angeboten außerschulischer Lernorte und die Einbeziehung der Kompetenzen externer Fachkräfte, vor allem derjenigen der Bibliothek. Stadtbibliotheken als außerschulische Bildungspartner sollten in die Leseförderung eng eingebunden sein, denn sie bieten didaktisch und methodisch gut durchdachte Angebote, die Lesen für Schülerinnen und Schüler attraktiv machen, sowie eine Vielfalt an qualitativ hochwertigen Medien, die altersgemäße Lesevorlieben und thematische Interessen berücksichtigen. Im Kontext der Implementation der *Leseschule NRW* wird eine etablierte Kooperation zwischen Schule und Bibliothek angestrebt, die ihren Ausdruck in einem Kooperationsvertrag findet. In diesem können die jeweiligen Aufgabenbereiche und wechselseitigen Verpflichtungen vertraglich festgeschrieben werden.

1.2 Kooperationskonzept

Strukturen

Die Durchführung des Programms *Leseschule NRW* sowie die Maßnahmen zur Implementierung bedürfen einer beständig reflektierten Kooperation der Akteure, bei der die Rollen explizit zugewiesen sind. Im Einklang mit dem Design-based-research-Ansatz, der das Zusammenspiel zwischen theoretischer Fundierung und Anpassung an die Schulpraxis als einen iterativen Prozess versteht, und gemäß einer sogenannten symbiotischen Strategie der Implementation von Maßnahmen (Gräsel & Parchmann, 2004) wurde zunächst der Anstoß zu der Innovation von außen an die Schulen herangetragen. Gleichwohl sind alle Akteursgruppen, wenn auch in verschiedenen Rollen, gemeinsam an der Planung und Umsetzung des Konzepts *Leseschule NRW* beteiligt. Als zentrale Akteure sind zu nennen: Lehrkräfte, die das Programm im Unterricht umsetzen, Lehrkräfte, die als sogenannte Projektkoordinatorinnen und -koordinatoren verantwortlich für die Implementierung an ihrer Schule sind, Mitarbeiterinnen und Mitarbeiter von Stadtbüchereien, abgeordnete Lehrkräfte, die als sogenannte Verbundkoordinatoren die Moderatorenrolle einnehmen, sowie das SLZ der Universität Münster.

Für den BiSS-Verbund Leseschule NRW ergibt sich insgesamt folgende organisatorische Struktur:

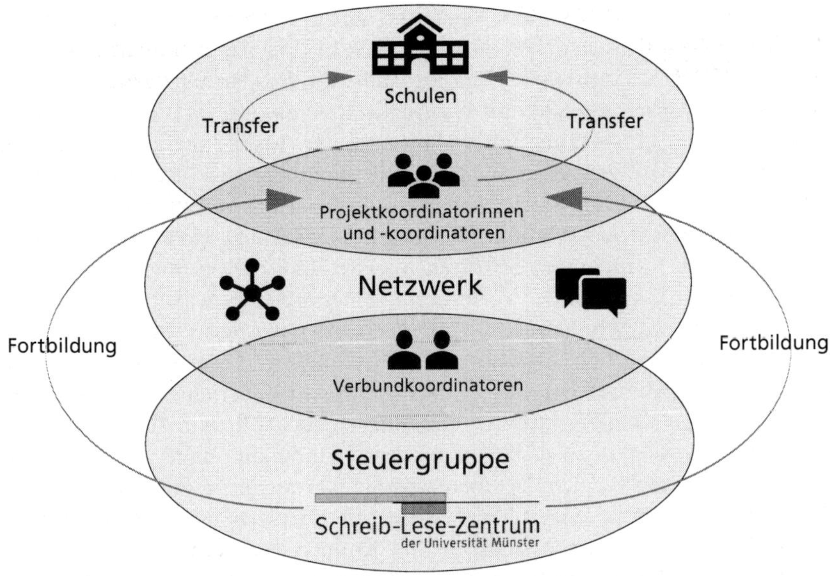

Abb. 7.2: Organisatorische Struktur des BiSS-Verbundes Leseschule NRW (eigene Darstellung)

Zwei verschiedene Akteursgruppen sind zu unterscheiden: die Steuergruppe und das Netzwerk. Der Austausch und die Kommunikation der Gruppen werden durch die vermittelnde Rolle der Verbundkoordinatoren gewährleistet.

Die *Steuergruppe*, die vom Schreib-Lese-Zentrum und den Verbundkoordinatoren gebildet wird, reguliert den Gesamtprozess der Implementierung. Das SLZ vermittelt den Projektkoordinatorinnen und Projektkoordinatoren in Abstimmung mit den Verbundkoordinatoren in der Rolle als »technischer Experte« die Fortbildungsinhalte und fungiert als »Trainer, Lösungsgeber und Anweiser« (Tajik, 2008, zit. n. Rauh & Dedering, 2013, S. 255). Zudem verantwortet es die Evaluation des Implementationsprozesses.

Zwei abgeordnete Lehrer als Verbundkoordinatoren gehören in einer Doppelrolle auch dem *Netzwerk* an, in dem die Projektkoordinatorinnen und -koordinatoren bzw. die einzelnen Schulen vertreten sind. Die Verbundkoordinatoren nehmen die Rolle als »Unterstützer« wahr, indem sie beratend die Projektkoordinatorinnen und -koordinatoren im Nachvollzug der Fortbildungsinhalte und in deren Umsetzung begleiten und sie befähigen, »den Wandel selbst zu gestalten« (Tajik, 2008, zit. n. Rauh & Dedering, 2013, S. 255). Da sie den kommunikativen Prozess zwischen allen Akteuren gewährleisten, nehmen sie die Position einer Schaltstelle ein. Als zentrales Format wird das Instrument *Coaching* eingesetzt, um die Haltungen und Einstellungen der Projektkoordinatorinnen und -koordinatoren weiterzuentwickeln und während der Phase des Erprobens und Übertragens von Fortbildungsinhalten in die eigene Schule Begleitung und Unterstützung gewährleisten zu können (Guskey, 1995). Bezugnehmend auf die drei maßgeblichen Handlungsebenen, die Coaching als Entwicklungsprozess bestimmen (Beucke-Galm, 2010), werden in der Netzwerkarbeit des Verbundes die professionelle Entwicklung der Projektkoordinatorinnen und -koordinatoren sowie der jeweiligen Schulen, die soziale Dynamik der Gruppe und die Gesamtorganisation des Implementationsprozesses in den Blick genommen. Die breitgefächerten Aktivitäten der beratenden Unterstützung durch die Verbundkoordinatoren fungieren als »Hilfe … bei der selbstständigen Erreichung der eigenen Projektziele« (Schönig, 2000, S. 137). Als Coaching-Formate und Maßnahmen sind u. a. regelmäßig stattfindende Netzwerktreffen, Unterrichtshospitationen, die Flankierung schulinterner Veranstaltungen (z. B. Fach- oder Lehrerkonferenzen) zur Weitergabe von Wissen durch die Projektkoordinatorinnen und -koordinatoren sowie die Unterstützung bei der redaktionellen Arbeit im Bereich Curriculum oder Schulprogramm zu nennen.

Die Trennung von Gruppen-Coachings und Einzel-Coachings spielt eine entscheidende Rolle: Während die Gruppen-Coachings ein Forum für die Nachbereitung von Fortbildungsinhalten und für gemeinsame Erarbeitungs- und Reflexionsmöglichkeiten auf der Ebene aller Projektkoordinatorinnen und -koordinatoren bieten, sind die Einzel-Coachings am speziellen Einzelfall einer Schule orientiert. Sie sind personenbezogen gestaltet und stellen die Situation an der jeweiligen Institution in den Mittelpunkt. Solche Formate der Begleitung werden bei Einzelfallberatungen an den Schulen selbst von den Verbundkoordinatoren eingesetzt, sind aber auch bezeichnend für den Kontakt zwischen SLZ und einzelnen Schulleitungen. In allen Fällen, in denen der Implementationsprozess aufgrund personeller Ausfälle bzw. Veränderungen oder innerschulischer organisatorischer Probleme deutlich ins

Stocken geriet, wurde das SLZ hinzugezogen. Beide Formen werden im Rahmen dieser Studie als Coaching bezeichnet, da die Lösungsorientierung und die Hilfe zur Selbsthilfe im Vordergrund stehen.

Auch die Projektkoordinatorinnen und -koordinatoren agieren in einer Doppelrolle: Als Lehrkräfte erproben sie Umsetzungsmöglichkeiten, als Moderatorinnen und Moderatoren geben sie inhaltliches und methodisches Wissen an ihre Kolleginnen und Kollegen weiter und bringen beständig über Rückmeldungen an die Verbundkoordinatoren und das SLZ innovative Ideen zur Umsetzung oder Nachsteuerung ein (Bottom-up-Prozess). Zudem müssen sie die organisatorischen Strukturen ihrer Schule reflektieren und für strukturelle Änderungen nutzen.

Im Sinne einer systemischen Intervention ist das Netzwerk als eine überinstitutionelle Einheit angelegt, die in einer horizontalen, vertikalen und/oder diagonalen Richtung Verbund- und Projektkoordinatorinnen und -koordinatoren zusammen mit den Bibliotheken als Netzwerkakteure in ihren unterschiedlichen Rollen bzw. Funktionen räumlich wie auch strukturell zusammenführt. So können auf der Zielebene durch Kooperations- und Austauschprozesse synergetische Effekte erzielt und damit die Professionalisierung von Lehrkräften wirkungsvoll gestaltet werden (Manitius & Berkemeyer, 2015).

Das Format *Collegial Sharing* erlaubt es den Projektkoordinatorinnen und -koordinatoren, ihr Vorgehen im Netzwerk zu diskutieren, sich über den jeweiligen Arbeitsstand zu verständigen, Ideen und Problemlösungsansätze einzubringen und ggf. abzustimmen (Guskey, 1985). Im Sinne von Collegial-Sharing-Maßnahmen fanden an einigen Schulen gegenseitige Unterrichtshospitationen statt, es wurden Formate der Wissensweitergabe etabliert oder gemeinsam Strategien entwickelt, mit deren Hilfe die Projektkoordinatorinnen und -koordinatoren eigenständiger in Gremien schulischer Systeme agieren konnten.

Konkrete Umsetzung

Die Netzwerkarbeit bildet zusammen mit den Fortbildungen beratende Unterstützungsformen (Rolff, 2000), die sich in Fachberatung und Prozessberatung trennen lassen (Schein, 2000).

Im Folgenden sollen konkrete Umsetzungen von Fortbildungen und Netzwerkarbeit als Unterstützungsformate für die an der Implementation der *Leseschule NRW* beteiligten Personen vorgestellt werden.

Fortbildungen

Die Inhalte aller Bausteine der *Leseschule NRW* wurden den Projektkoordinatorinnen und -koordinatoren im Rahmen von Fortbildungsmaßnahmen in ganztägigen Veranstaltungen im Workshop-Format vermittelt, die als methodisch unterschiedlich akzentuierte Phasen der Instruktion, Reflexion und praktischen Übung ausgestaltet waren.

Es fanden von 2014 bis 2016 insgesamt sieben ganztägige Fortbildungen zu den oben genannten Bausteinen der *Leseschule NRW* sowie zur Unterrichtsgestaltung und Materialentwicklung statt, wobei auf Wunsch der Projektkoordinatorinnen und Projektkoordinatoren zu den Bausteinen *Diagnostik* und *Lesestrategien* jeweils zwei Vertiefungen angeboten wurden.

Netzwerkarbeit

Das Konzept des Netzwerks realisiert sich in der Praxis auf unterschiedlichen Ebenen. Auf der Basis der Formate Collegial Sharing und Coaching werden die inhaltliche Flankierung der Fortbildungen, Foren des Austauschs sowie konkrete Hilfestellungen und Instrumente für bestehende oder sich entwickelnde Probleme in den Bereichen *Vernetzung*, *Organisation*, *Koordination*, *Projektmanagement* und *Schulprogrammarbeit* bereitgestellt. Das inhaltlich breite Spektrum lässt sich in den Themenschwerpunkten der einzelnen *Netzwerktreffen* wiederfinden. Diese leiten sich von dem durch die Projektkoordinatorinnen und -koordinatoren geäußerten oder dem von den Verbundkoordinatoren wahrgenommenen Bedarf her.

So ergaben sich von 2014 bis 2017 in sieben Netzwerktreffen folgende Schwerpunkte: Bedeutung und Funktion von Netzwerkarbeit und Netzwerktreffen/ Aufgaben der Projektkoordinatorinnen und Projektkoordinatoren; Schulorganisation und Maßnahmen der Projektplanung (SWOT-Analyse u. a.); regionale Netzwerkarbeit; Projektplanung – auf dem Weg zum Jahresplan; das Instrument des Jahresplanes; Curriculumarbeit; Schulprogrammarbeit.

Zentrale und von den Projektkoordinatorinnen und -koordinatoren stets eingeforderte Tagesordnungspunkte aller Netzwerktreffen beziehen sich auf den Austausch über den aktuellen Arbeitsstand, Probleme im Arbeitsprozess und Wünsche an das SLZ. Diese Tagesordnungspunkte ermöglichen allen Teilnehmerinnen und Teilnehmern einschließlich den Verbundkoordinatoren einen wechselseitigen Einblick in die z. T. sehr differenten Arbeitsstrukturen und -prozesse an den beteiligten Schulen.

Von besonderer Bedeutung war und ist für alle Schulen zudem die Materialentwicklung für den Unterricht. Ergänzend zu den entsprechenden Fortbildungen boten auch hier die Netzwerktreffen eine geeignete Plattform für gemeinsames Arbeiten an bzw. den Austausch von Unterrichtsmaterialien. Hierfür wurden daher insbesondere in der Anfangsphase des Projektes immer wieder Zeitfenster eingeräumt. Als Folge etablierten die Projektkoordinatorinnen und -koordinatoren eigenständig Collegial-Sharing-Formate wie bilaterale oder auch regionale Subnetzwerke, zu deren Treffen die Verbundkoordinatoren bei Bedarf hinzugeladen wurden.

2 Evaluation der Implementation

Die Bandbreite der beteiligten Schulen und die zeitlichen Rahmenbedingungen im BiSS-Verbund ermöglichen eine longitudinal angelegte Praxisbegleitforschung, die vom SLZ durchgeführt wird. Im Zuge derer werden die eingeschlagenen Implementationswege der Schulen fortlaufend dokumentiert und zu bestimmten Messzeitpunkten im Verlauf des Implementationsprozesses Interviewdaten erhoben. Das Format der Praxisbegleitforschung, deren Ergebnisse durch die Verbindung von formativer Evaluation und wissenschaftlicher Begleitung gemeinhin als nicht repräsentativ aufgefasst werden (Hasselhorn, Köller, Maaz & Zimmer, 2014), erweist sich im Kontext dieser Studie als zielführend. Denn so konnten im Rahmen des strukturierten Implementationskonzeptes im Prozessverlauf gezielte Unterstützungsmaßnahmen in Bezug auf Fachberatung und Prozessberatung eingesetzt werden, deren Wirksamkeit sich sowohl anhand der Veränderung von Haltungen und Einstellungen der Projektkoordinatorinnen und Projektkoordinatoren, der beteiligten Lehrkräfte sowie der Schulleitungen als auch anhand der optimierten Ausgestaltung und der Beschleunigung des Implementierungsprozesses nachweisen lässt.

Unser Forschungsansatz unterscheidet strikt Implementationsforschung von Interventionsforschung (auf diese Trennung verweisen bereits Souvignier & Philipp, 2016). Interventionsforschung hat die Überbrückung der Forschungs-Praxis-Lücke zum Ziel, das heißt, es wird versucht, evidenzbasierte Wissensbestände gewissermaßen »unbeschadet« in die Praxis zu übertragen (Petermann, 2014). Implementationsforschung hingegen geht nach unserem Verständnis davon aus, dass Implementation nicht (nach Yeaton & Sechrest, 1981) auf das Ausmaß beschränkt ist, in dem ein Treatment wie beabsichtigt umgesetzt wird, sondern dass die Beschreibung und Analyse des Umsetzungsprozesses in die Schulpraxis selbst im Mittelpunkt stehen. Ziel ist die Erforschung der Gelingens- und Misslingensfaktoren. Angestrebt wird im Prozess der Implementation dabei immer die *nachhaltige Verankerung* solcher Programme in allen Spielarten ihrer modifizierten Umsetzung an der jeweiligen Schule. Hierbei dürfen vorher festgelegte Parameter der Innovation nicht angetastet werden, so dass die Wirksamkeit der Innovation auch bei der jeweiligen schulspezifischen Adaption gewährleistet ist.

Dies ist mit einer Implementationsstrategie nicht vereinbar, die (nach Euler & Sloane, 1998) die Umsetzung von wissenschaftlichen Erkenntnissen top down in die Praxis versteht und hierbei lediglich den Grad der Adaption überprüft. Mit dem Ziel einer curricularen Verankerung der Innovation sollte Implementationsforschung in einer grundsätzlich kollaborativen Form stattfinden, damit alle beteiligten Akteure ihre unterschiedlichen Perspektiven und Kompetenzen einbringen können. Dadurch werden adaptive Prozesse und letztlich alltagstaugliche Formate ermöglicht, welche die Voraussetzung für eine nachhaltige Implementierung darstellen (Proctor, Landsverk, Aarons & Chambers, 2009). Das eindimensionale Verständnis eines Transfers theoretischen, universitären Wissens in die schulische Praxis wird damit zu einem wechselseitigen und interaktiven Zusammenwirken von Wissenschaft und Schule, das neues Wissen über komplexe Prozesse hervorbringt.

2.1 Evaluationsverfahren

Um in Anlehnung an die Schulentwicklungsdimensionen nach Rolff (2010) bzw. die Ergebnisebenen nach Proctor et al. (2009) Gelingens- und Misslingensbedingungen des Implementationsprozesses zu identifizieren, werden qualitative und quantitative Erhebungsverfahren zu drei Zeitpunkten im Rahmen der Initiation (t0), Implementation (t1) und Inkorporation/Institutionalisierung (t2) (Rolff, 2010) durchgeführt. Einem formativen Evaluationsdesign gemäß erfolgt dabei die Datenerhebung und -auswertung nach dem Triangulationsprinzip, dem zufolge verschiedene Datenquellen herangezogen und kombiniert werden (Flick, 2011; Mayring, 2016), um sich gerade bei der Evaluation von komplexen Schulentwicklungsprozessen je nach Fragestellung und Erkenntnisgegenstand des gesamten Methodenrepertoires zu bedienen. Dies ist in diesem Kontext von besonderer Bedeutung angesichts der vielfältigen Verschränkung verantwortlicher Faktoren auf unterschiedlichen Ebenen, aber auch angesichts der verschiedenen Rollen der Akteure in diesem Prozess (Brown, 2001).

Die Erhebung der Ausgangslage an den Schulen zum Erhebungszeitpunkt t0 (Initiation) erfolgte im ersten Schulhalbjahr 2013/14 über eine Dokumentenanalyse (z. B. von Curricula und Schulprogrammen) sowie einen Fragebogen (v. a. zu bisherigen Aktivitäten im Bereich Lesen und Leseförderung), der von den Projektkoordinatorinnen und -koordinatoren gemeinsam mit der Schulleitung ausgefüllt wurde. Die Implementation der einzelnen Bausteine des Leseförderprogramms und der Institutionalisierungsgrad werden über unterschiedliche Tools formativ (also prozessbegleitend) erhoben. Zu den qualitativen diagnostischen Werkzeugen (Tools) der Evaluation gehören dabei u. a. leitfadengestützte Interviews, Feedbackbögen zu Netzwerktreffen und Fortbildungen, Hospitationsbögen und Schulbesuchsprotokolle. Zudem fungieren Dokumentations-Tools wie beispielsweise Jahrespläne zur Vorstrukturierung der Programmrealisation und Klassenbücher zur Einsichtnahme in die unterrichtliche De-facto-Umsetzung der Programmbausteine.

Zentrales Werkzeug der Diagnostik sind leitfadengestützte Interviews, die mit Verbundkoordinatoren, Projektkoordinatorinnen und -koordinatoren, Schulleitungen, beteiligten und unbeteiligten Deutschlehrkräften sowie fachfremden Lehrkräften geführt werden. Diese Interviews beinhalten Fragen auf der Ebene von Organisation, Personal und Unterricht und dienen der Klärung, wann, wie und durch wen Leseförderung mit welcher Verbindlichkeit bzw. Kontinuität umgesetzt wird. Damit werden u. a. die systematische Durchführung des Programms, die Kooperation der Akteure auf Schul- und Netzwerkebene, der Wissenstransfer zwischen den Beteiligten sowie die Umsetzung der Bausteine der *Leseschule NRW* aus unterschiedlichen Perspektiven ermittelt. Die Datenauswertung erfolgt auf der Ebene eines deduktiv-induktiv entwickelten Kategoriensystems für eine gelungene Implementation, das an die Schulentwicklungsdimensionen von Rolff (2010) angebunden ist und sich auf das Rahmenmodell Proctors et al. (2009) beziehen lässt. Auf dieser Basis werden u. a. die Akzeptanz des Programms im schulischen Umfeld, der Stand der verbindlichen Verankerung der Bausteine der Leseförderung in den Curricula, die unterrichtspraktische Realisierung sowie die Haltungen und Überzeugungen der Akteure (Clarke & Hollingsworth, 2002) evaluiert.

Damit verbunden wird die Evaluation der Wirksamkeit strukturierter Unterstützungsmaßnahmen für eine gelungene Implementation mit dem Ziel, Erkenntnisse über die Effekte von Coaching-Maßnahmen im Rahmen der Programm-Implementation zu gewinnen. Beispielsweise wurde nach Verlauf von drei Jahren deutlich, dass einige Schulen noch Probleme hatten, die Bausteine der *Leseschule NRW* regelmäßig durchzuführen. Als Unterstützungsmaßnahmen zur Optimierung der strukturierten Programmdurchführung wurden daraufhin vom SLZ vorstrukturierte Jahrespläne konzipiert. Die Projektkoordinatorinnen und -koordinatoren bzw. die beteiligten Deutschlehrkräfte tragen hierbei den Zeitpunkt der Diagnostik, die Blöcke zur Einführung und Wiederholung der Lesestrategien, die regelmäßigen Fluency-Übungen sowie die Veranstaltungen der Leseanimation zu Beginn des Schuljahres ein und planen damit verbindlich die Durchführung des Programms mit Blick auf dessen curriculare Anbindung oder terminliche Organisation. Die Verbundkoordinatoren brachten diese Jahrespläne in die Netzwerksitzungen ein und unterstützten die einzelnen Projektkoordinatorinnen und -koordinatoren auf Anfrage wiederum in unterschiedlichem Maße darin, sie als effiziente Instrumente zu nutzen. Im Rahmen der Evaluation lässt sich zeigen, welchen Einfluss diese Maßnahme auf die regelmäßige und systematische Durchführung der Bausteine hatte, indem die Jahrespläne mit den Klassenbüchern und der darin dokumentierten De-facto-Realisierung des Programms vergleichend ausgewertet werden.

2.2 Bisherige Befunde – eine Zwischenbilanz

Betrachten wir den Stand nach dreieinhalbjähriger Programmlaufzeit, so können wir konstatieren, dass sich an allen fünf Schulen im Sekundarverbund zum jetzigen Zeitpunkt Hinweise auf den Erfolg der Implementierung eines Leseförderprogramms feststellen lassen. Diese werden in sichtbaren Strukturen der Verstetigung deutlich, die sich auf den Ebenen *Organisation* (u. a. Jahrespläne der Schulen, Integration von Leseschul-Stunden, Kooperationsverträge mit Standortbibliotheken), *Unterricht* (u. a. Integration der *Leseschule NRW* in die Curricula, selbstständige Materialentwicklung der beteiligten Deutschlehrkräfte) und *Personal* (u. a. regelmäßiger Wissenstransfer von Projektkoordinatorinnen und -koordinatoren zu Deutschlehrkräften und vice versa, kollegiale Hospitationen, Teamteaching) zeigen.

Es wird deutlich, dass die Akzeptanz des Programms unter den Lehrerinnen und Lehrern von großer Bedeutung ist. Auffallend ist dabei, dass die Akzeptanz des Programms bei den beteiligten Lehrkräften auch dann hoch ist, wenn sie nicht auf standardisierte Tests als methodisches Verfahren der Leistungserfassung zurückgreifen. Die bisherigen Befunde zeigen, dass die für den Implementationsprozess notwendige Veränderung der Einstellungen und Haltungen der Lehrkräfte (Guskey, 1985) sehr schnell und nachhaltig erfolgte, da die Inhalte der *Leseschule NRW* und die Notwendigkeit der Förderung grundsätzlich auf hohe Akzeptanz stießen. Im Implementationsprozess wurde diese grundsätzliche Überzeugung von der Wirksamkeit des Programms durch ein »regular feedback« in Form von »formative tests« (Guskey, 1985) flankiert, wobei in vielen Schulen keine standardisierten Tests eingesetzt wurden. Vielmehr wird von den Lehrerinnen und Lehrern als Rückmeldung über den Lernfortschritt eine große Bandbreite von »learning outcomes« (Guskey, 1985) einbezogen, die sich von Beobachtungen zu motivationalen Veränderungen oder zum Selbstkonzept der Schülerinnen und Schüler als »Leser«

bzw. »Leserin« bis zu alltäglichen schulischen Maßnahmen der Leistungserfassung wie Klassenarbeiten erstrecken.

Einschränkend muss jedoch festgehalten werden, dass Akzeptanz nicht der alleinig entscheidende Faktor ist, um den Prozess der Implementierung voranzubringen. Dies wird an einigen Schulen an der Diskrepanz zwischen hohen Zustimmungswerten zum Programm selbst und zwischenzeitlichen Stagnationen im Implementationsprozess deutlich. Als zentrale Gelingensfaktoren können die Bewältigung der konkreten unterrichtlichen Umsetzung des Programms und dessen Überführung in schulische Strukturen und Abläufe genannt werden, die sich an folgenden Indikatoren festmachen lassen: Tempo der Implementation, unterschiedliche Hürden und deren Bewältigung in diesem Prozess, die damit in Zusammenhang stehenden z. T. angeforderten, z. T. angebotenen Unterstützungsmaßnahmen in ihren Auswirkungen sowie die schulspezifische Adaption des inhaltlichen Programms. Gerade die im Sinne einer mutual adaption (Berman & McLaughlin, 1976) erfolgende Anpassung einer Neuerung an das eigene System und die damit verbundene Graduierung der Implementationstreue stellt eine wesentliche Gelingensbedingung für die Implementation einer Innovation dar (Holtappels, 2014). Indem das Programm hinsichtlich seiner zeitlichen, personellen und unterrichtlichen Strukturen schulspezifisch modifiziert und damit an die eigenen Bedingungen angepasst wurde und wird, wurde von den Schulen eine wesentliche Voraussetzung für eine gelingende Implementation geschaffen. Diejenigen Schulen, die diese Adaption nicht bzw. erst später vornahmen, zeigten sich ohne solche Modifizierungen nicht in der Lage, die einzelnen Bausteine regelmäßig durchzuführen bzw. sie im Curriculum zu verankern.

Als weiteres Zwischenergebnis lässt sich im Vergleich des Implementationsstatus eines Primar- und eines Sekundarverbundes festhalten, dass die strukturell komplexeren Systeme der weiterführenden Schulen den Prozess der Implementation deutlich langsamer und weniger effektiv vorantreiben. Bisherige Ergebnisse auf der Grundlage der Auswertung des von den Schulen eingeforderten bzw. des angebotenen Coachings im Verhältnis zur jeweiligen Prozessentwicklung lassen zudem den Rückschluss zu, dass ein kontinuierliches Coaching bei der Umsetzung von Lesefördermaßnahmen insbesondere in großen Schulsystemen unabdingbar ist. Kleinere Systeme wie Grundschulen können den Implementationsprozess durchaus eigenständig bewältigen, indem sie auch vielfach auf das Format des Collegial Sharing zurückgreifen.

3 Fallbeispiel: die Sekundarschule Beckum

Die oben dargelegten Ergebnisse in Bezug auf unterstützende und hemmende Faktoren bei der Implementierung eines Leseförderprogramms lassen sich anschaulich am Beispiel der Sekundarschule Beckum konkretisieren. Dazu werden im Folgenden die schulischen Rahmenbedingungen erläutert und der Implementationsprozess nachvollzogen.

3.1 Kontextbedingungen und Ausgangslage

Bei der Sekundarschule Beckum handelt es sich um eine inklusive Ganztagsschule im kleinstädtisch-ländlichen Raum des östlichen Münsterlandes. Die Schule wurde als neue Schulform der Sekundarstufe I (Klasse 5-10) zum Schuljahr 2013/14 gegründet und ersetzt seitdem sukzessiv die auslaufenden Haupt- und Realschulen Beckums. Die Sekundarschule Beckum ist räumlich und personell auf eine Vierzügigkeit mit 100-120 Schülerinnen und Schülern pro Jahrgang ausgelegt. Zur Aufnahme ihres Betriebes übernahm sie sowohl Teile des Gebäudes als auch des Personals der Beckumer Realschule.

Bereits in ihrer Gründungsphase 2013 bewarb sich die Schule für eine Teilnahme am BiSS-Sekundarverbund *Leseschule NRW*. Der Status als Schule im Aufbau bot die Chance, in allen Bereichen der Schulentwicklung (Personal, Unterricht und Organisation) die Voraussetzungen für eine erfolgreiche Umsetzung des Programms der *Leseschule NRW* zu schaffen. Dieser Status stellte die neue Schule aber gleichzeitig vor die große Herausforderung, die Implementation eines umfänglichen Leseförderprogramms zusätzlich zu anderen grundlegenden Aufgaben des Aufbauprozesses zu bewältigen.

3.2 Implementationsprozess

Bei allen umfangreicheren Maßnahmen in einer Schule, die sich im Aufbau befindet, ist die Personalentwicklung ein neuralgischer Bereich. Dies lässt sich auch im Implementationsprozess des Programms der *Leseschule NRW* an der Sekundarschule Beckum beobachten.

Um die notwendige Akzeptanz des Programms durch die Lehrerinnen und Lehrer in der Initiationsphase sicherzustellen, setzte die Schulleiterin eine Projektkoordinatorin ein, die zum einen als erfahrene Deutschkollegin persönlich und fachlich sehr anerkannt war, zum anderen als Mitglied der erweiterten Schulleitung bereits über die notwendige Erfahrung in der Koordination umfangreicherer schulischer Projekte verfügte. Ihr zur Seite wurde eine jüngere unerfahrenere Deutschlehrkraft gestellt. Die Schulleiterin, ebenfalls Deutschlehrerin, war eng in die Prozesse eingebunden und legte in ihrer Rolle als *Gatekeeper* durch die Bereitstellung von personellen und materiellen Ressourcen die notwendige Basis. Mit dieser personellen Besetzung wurde das Signal an das Kollegium gesandt, dass der Leseförderung schulintern eine vorrangige Bedeutung beigemessen wird.

Konnten in der ersten Phase der Arbeit mit dem Programm die wenigen beteiligten Lehrkräfte noch recht problemlos über regelmäßige Fachkonferenzarbeit in die Fortbildungsinhalte, die Materialarbeit etc. eingeführt werden, stellte der Wissenstransfer zu den neuen Lehrkräften der rasant wachsenden Schule[2] ein er-

2 Beim Start des Programmes 2014 arbeiteten an der Sekundarschule Beckum elf Lehrkräfte, von denen wiederum nur vier Deutschlehrkräfte waren. Zu Beginn des aktuellen Schuljahres 2017/18 sind es bereits 51 Lehrkräfte, wovon 13 eine Lehrberechtigung im Fach Deutsch haben.

hebliches Problem dar. Da die (erweiterte) Schulleitung personell die Implementation direkt verantwortete, wandte sie sich in der Folge an die Verbundkoordinatoren und das Schreib-Lese-Zentrum, um entsprechende Unterstützung zu bekommen.

Die Ergebnisse der Gespräche, in denen inhaltliche und strukturelle Maßnahmen/Modifikationen vorgeschlagen wurden, waren eine schulinterne Lehrerfortbildung (SchiLF) und zwei von den Projektkoordinatorinnen verantwortete schulinterne Qualifizierungsmaßnahmen. Die SchiLF (September 2014) wurde vom SLZ durchgeführt und richtete sich an die Lehrkräfte aller Fächer. Ziel war die Veränderung der Einstellungen und Haltungen der Lehrerschaft. Man wollte so eine Steigerung der Akzeptanz des Programms im Gesamtkollegium erreichen, um eine systematische Einführung des Programms durch die Deutschlehrkräfte zu erleichtern.

Die zwei schulinternen Qualifizierungsmaßnahmen zu Methodik und Materialien (halbtägig im November 2015 und ganztägig im Februar 2017), die von den beiden Projektkoordinatorinnen durchgeführt wurden, dienten der Wissensweitergabe bzw. -bewahrung und richteten sich allein an die Deutschlehrkräfte, deren Zahl von 2014 bis 2017 von 4 auf 16 angewachsen war. Im Sinne einer Coaching-Maßnahme wurden die Projektkoordinatorinnen und -koordinatoren von den Verbundkoordinatoren in der Vorbereitung und Durchführung begleitet.

Um das erlangte Wissen im Unterricht umzusetzen, mussten Anpassungen im Bereich der Organisation (v. a. Stundenpläne und Kursverteilung im Fach Deutsch) vorgenommen werden und eine Unterrichtsentwicklung stattfinden. In beiden Bereichen durchlief die Sekundarschule keine lineare Entwicklung.

Während der ersten Projektphase wurde z. B. der zentrale Baustein *Lesestrategien* parallel im Regelunterricht einzelner Klassen in den Jahrgängen fünf bis sieben eingeführt und anschließend im Förderunterricht eingeübt. Charakteristisch für die Umsetzung des Programms an der Sekundarschule war somit eine erhebliche Streckung der Inhalte auf die Curricula der besagten Jahrgänge und die teilweise Herausnahme aus dem Regelunterricht. Es gab im Unterschied zu den anderen Schulen im Sekundarverbund damit keine klar erkennbare Auftrennung in Intensivphase (Einführung und Übung der Lesestrategien im Block von vier bis sechs Wochen) und sich anschließende Vertiefungsphase (punktuell eingesetzte kurze Übungen / Wiederholungen) im regulären Deutschunterricht der nachfolgenden Wochen.

Diese fehlende Fokussierung zeigte sich auch in der Materialerstellung. So gelang es den Projektkoordinatorinnen zwar, eine umfangreiche Sammlung einzelner Materialien zusammenzustellen; eine inhaltliche Vernetzung war aufgrund der oben genannten Gegebenheiten in der Unterrichtsrealität aber kaum zu leisten. Wie in Feedback-Gesprächen mit den Verbundkoordinatoren sowie Vertreterinnen des SLZ deutlich wurde, schwächte all dies die Akzeptanz des Programms unter den Deutschlehrkräften und machte eine unterrichtliche und organisatorische Neuausrichtung notwendig.

Nach der eingeforderten Beratung durch die Steuergruppe erstellten die Projektkoordinatorinnen im Verlauf des Schuljahres 2016/17 in Zusammenarbeit mit den anderen Deutschlehrkräften ein neues Curriculum, das nun die bisher fehlende

Blockung der Inhalte aufweist. Um die Umsetzung zu gewährleisten, entstand kooperativ eine sechswöchige Unterrichtsreihe mit entsprechendem Material zum Thema *Einführung in die Lesestrategien*. Diese wird im aktuellen Schuljahr 2017/18 im Unterricht aller vier Klassen der fünften Jahrgangsstufe parallel durchgeführt.

Die intensive Einbindung aller Deutschlehrkräfte in Materialerstellung und Unterricht, die Verpflichtung durch die curriculare Fixierung, eine neue Materiallage sowie ein erfolgreicher Wissenstransfer durch die schulinterne Qualifizierungsmaßnahme erhöhte laut Rückmeldungen von Schulleitung und Projektkoordination bereits nach kurzer Zeit die Akzeptanz des Leseschule-Programms deutlich. Um diese Entwicklung weiter zu stützen und das Programm auf eine noch größere Basis zu stellen, wurde für Dezember 2017 ein weiterer schulinterner Qualifizierungsnachmittag für die neu eingestellten Lehrkräfte geplant.

4 Fazit

Die Steuerung von Implementationsprozessen bei insgesamt zehn Schulen verschiedenster Schulformen stellt eine große Herausforderung dar, da viele unterschiedliche Voraussetzungen und Bedingungen der schulischen Systeme, der konzeptuellen Aufstellung der einzelnen Schulen sowie vor allem der personellen Besetzung zu berücksichtigen sind. Alle diese verschiedenen Faktoren haben Auswirkungen auf den Implementationsprozess des Konzepts *Leseschule NRW*.

Als ausgesprochen entlastend, hilfreich und zielführend muss die Entscheidung des Ministeriums für Schule und Weiterbildung in NRW hervorgehoben werden, für die Projektkoordinatorinnen und -koordinatoren Entlastungsstunden bereitzustellen, damit sich die Lehrkräfte konstruktiv in den Implementationsprozess einbringen können. Trotzdem zeigen bisher die Evaluationsergebnisse, die die schulischen Rahmenbedingungen und Merkmale von Lehrkräften als Prädiktoren für den wirksamen Einsatz von Tools heranziehen, dass die Mitarbeit und das Engagement der beteiligten Projektkoordinatorinnen und -koordinatoren – durchaus auch in Abhängigkeit von unterschiedlichen Schulformen – sehr unterschiedlich ausfallen. Zu berücksichtigen ist hierbei, dass zu Beginn bei diesem Verbund viele verschiedene Akteure aus unterschiedlichen Systemen beteiligt waren und sich auch die Auswahl von Projektkoordinatorinnen und -koordinatoren an pragmatischen Gesichtspunkten orientierte und weniger an den Bedürfnissen des Programms (u. a. Fachkenntnisse von Deutschlehrkräften, Erfahrung im Bereich Organisationsentwicklung, Durchsetzungskraft und Einfluss im Kollegium). Diese personellen Voraussetzungen erweisen sich jedoch als nicht unerhebliche Einflussgrößen auf eine erfolgreiche Implementierung.

Koordinierte Strukturen konnten sich erst nach einiger Zeit auf der Grundlage eines Implementationskonzepts etablieren, das die strukturelle Vorgabe von Verbund- und Projektkoordinatorinnen und -koordinatoren im BiSS-Gesamtkontext integrierte und dessen strategische Ausrichtung eine der wesentlichen Voraussetzungen für ein Gelingen des Prozesses war. Entscheidend ist in diesem Konzept die Etablierung zweier miteinander kooperierender Akteursgruppen mit unterschiedlichen Funktionen und Aufgaben, wobei sich die Einrichtung einer Steuergruppe als unabdingbar erwiesen hat.

Dass die wesentlichen Bausteine des theoretisch fundierten Leseförderprogramms mittlerweile in den Schulen etabliert sind und sich nach Aussagen der Lehrkräfte als praktikabel und wirksam erwiesen haben, ist ein wichtiges Teilergebnis. Der großzügig bemessene Entwicklungszeitraum des BiSS-Projekts insgesamt war dabei für alle Entwicklungs- und Professionalisierungsprozesse von großer Bedeutung.

Literatur

Berman, P. & McLaughlin, M. (1976). Implementation of educational innovations. *Educational Forum, 40*(3), 345-370.

Beucke-Galm, M. (2010). Coaching als Entwicklungsprozess. *Organisationsberatung, Supervision, Coaching, 17*(2), 181-194.

Brown, J. D. (2001). *Using Surveys in Language Programs.* Cambridge: Cambridge University Press.

Clarke, D. & Hollingsworth, H. (2002). Elaborating a model of teacher professional growth. *Teaching and Teacher Education, 18*(8), 947-967.

Euler, D. & Sloane, P. F. E. (1998). Implementation als Problem der Modellversuchsforschung. *Unterrichtswissenschaft* 26(4), 312-326.

Flick, U. (2011). *Triangulation. Eine Einführung* (3., aktual. Aufl.). Wiesbaden: VS Verlag für Sozialwissenschaften (= Qualitative Sozialforschung 12).

Gräsel, C. & Parchmann, I. (2004). Implementationsforschung – oder: der steinige Weg, Unterricht zu verändern. *Unterrichtswissenschaft, 32*(3), 238-256.

Grzesik, J. (2005). *Texte verstehen lernen. Neurobiologie und Psychologie der Entwicklung von Lesekompetenzen durch den Erwerb von textverstehenden Operationen.* Münster u. a.: Waxmann.

Guskey, T. R. (1985). Staff Development and Teacher Change. *Educational Leadership, 42* (7), 57-60.

Guskey, T. R. (1995). Professional Development in Education: In Search of the Optimal Mix. In T. R. Guskey & M. Huberman (Hrsg.), *Professional Development in Education: New Paradigms and Practices* (S. 114-131). New York: Teachers College Press.

Hasselhorn, M., Köller, O., Maaz, K. & Zimmer, K. (2014). Implementation wirksamer Handlungskonzepte im Bildungsbereich als Forschungsaufgabe. *Psychologische Rundschau, 65*(3), 140-149.

Holtappels, H. G. (2014). Schulentwicklung und Schulwirksamkeit. Erkenntnisse aus der Schulentwicklungstheorie und -forschung. In H. G. Holtappels (Hrsg.), *Schulentwicklung und Schulwirksamkeit als Forschungsfeld. Theorieansätze und Forschungserkenntnisse zum schulischen Wandel* (S. 11-48). Münster: Waxmann.

Kintsch, W. (1988). The role of knowledge in discourse comprehension. A construction-integration-model. *Psychological Review, 95*(2), 163-182.

Mang, B. & Paulus, A. (2012). *Schulentwicklung mitgestalten. Methoden für die Praxis.* München: Oldenbourg.

Manitius, V. & Berkemeyer, N. (2015). Netzwerke als Schulentwicklungsstrategie. Theoretische Überlegungen und empirische Befunde zur Vernetzung von Schulen untereinander. *Pädagogik*, *67*(9), 6-9.

Mayring, P. (2016). *Einführung in die qualitative Sozialforschung. Eine Anleitung zum qualitativen Denken* (6. Aufl.). Weinheim u. Basel: Beltz.

Möller, J. & Schiefele, U. (2004). Motivationale Grundlagen der Lesekompetenz. In U. Schiefele, C. Artelt, P. Stanat & W. Schneider (Hrsg.), *Struktur, Entwicklung und Förderung von Lesekompetenz. Vertiefende Analysen im Rahmen von PISA 2000* (S. 101-124). Wiesbaden: Verlag für Sozialwissenschaften.

Petermann, F. (2014). Implementationsforschung: Grundbegriffe und Konzepte. *Psychologische Rundschau*, 65, 122-128.

Proctor, E. K., Landsverk, J., Aarons, G. & Chambers, D. (2009). Implementation research in mental health services: An emerging science with conceptual, methodological, and training challenges. *Administration and Policy in Mental Health and Mental Health Services Research*, 36, 24-34.

Rauh, M. & Dedering, K. (2013). Beratungstypen in der externen Schulentwicklungsberatung. *Zeitschrift für Bildungsforschung, 3*(3), 253-269.

Rolff, H.-G. (2010). Schulentwicklung als Trias von Organisations-, Unterrichts- und Personalentwicklung. In: T. Bohl, W. Helsper, H. G. Holtappels & C. Schelle (Hrsg.), *Handbuch Schulentwicklung. Theorie – Forschungsbefunde – Entwicklungsprozesse – Methodenrepertoire* (S. 29-36). Bad Heilbrunn: Julius Klinkhardt.

Rosebrock, C. & Nix, D. (2014). *Grundlagen der Lesedidaktik und der systematischen schulischen Leseförderung*. Baltmannsweiler: Schneider Verlag Hohengehren.

Schein, E. H. (2000). *Prozessberatung für die Organisation der Zukunft: Der Aufbau einer helfenden Beziehung* (3. unveränd. Aufl.). Köln: Edition Humanistische Psychologie.

Schönig, W. (2000). *Schulentwicklung beraten. Das Modell mehrdimensionaler Organisationsberatung der einzelnen Schule*. Weinheim: Juventa.

Souvignier, E. & Philipp, M. (2016). Implementation – Begrifflichkeiten, Befunde und Herausforderungen. In: Souvignier, E. & Philipp, M. (Hrsg.), *Implementation von Lesefördermaßnahmen. Perspektiven auf Gelingensbedingungen und Hindernisse* (S. 9-22). Münster: Waxmann.

Yeaton, W. H. & Sechrest, L. (1981). Critical dimensions in the choice and maintenance of successful treatments: Strength, integrity, and effectiveness. *Journal of Consulting and Clinical Psychology*, *49*(2), 156-167.

Die Autorinnen und Autoren

Prof. Dr. Marion Bönnighausen
Westfälische Wilhelms-Universität Münster
Germanistisches Institut
Abteilung Literatur- und Mediendidaktik
Stein-Haus
Schlossplatz 34
48143 Münster
marion.boennighausen@uni-muenster.de

Prof. Dr. Steffen Gailberger
Bergische Universität Wuppertal
Fakultät für Geistes- und Kulturwissenschaften
Germanistik – Literaturdidaktik
Gaußstraße 20
42119 Wuppertal
gailberger@uni-wuppertal.de

Sarah Girlich
Landeskompetenzzentrum zur Sprachförderung an
Kindertageseinrichtungen in Sachsen (LakoS)
Grimmaische Straße 10
04109 Leipzig
girlich@lakos-sachsen.de

Patricia Goebel
Universität Koblenz-Landau
August-Croissant-Str. 5
76829 Landau
goebel@uni-landau.de

Prof. Dr. Gisela Kammermeyer
Universität Koblenz-Landau
August-Croissant-Str. 5
76829 Landau
kammermeyer@uni-landau.de

Christa Kieferle
IFP Staatsinstitut für Frühpädagogik
Eckbau Süd
Winzererstraße 9
80797 München
christa.kieferle@ifp.bayern.de

Sarah King
Universität Koblenz-Landau
August-Croissant-Str. 5
76829 Landau
king@uni-landau.de

Alexandra Koch
Schulamt Duisburg
Ruhrorter Str. 187
47119 Duisburg
a.koch@stadt-duisburg.de

Ulrike Krug
Hessisches Kultusministerium
Walter-Hallstein-Straße 3-5
65195 Wiesbaden
ulrike.krug@kultus.hessen.de

Dr. Angie Lämmerhirt
Universität Koblenz-Landau
August-Croissant-Str. 5
76829 Landau
laemmerhirt@uni-landau.de

Katharina Lammers
Westfälische Wilhelms-Universität Münster
Germanistisches Institut
Abteilung Literatur- und Mediendidaktik
Stein-Haus
Schlossplatz 34
48143 Münster
katharina.lammers@uni-muenster.de

Anja Leber
Universität Koblenz-Landau
August-Croissant-Str. 5
76829 Landau
leber@uni-landau.de

Astrid Metz
Universität Koblenz-Landau
August-Croissant-Str. 5
76829 Landau
metz@uni-landau.de

Dr. Daniel Nix
Ulrich-von-Hutten-Gymnasium
Im Kloster 1
36381Schlüchtern
daniel.nix@web.de

Angelika Papillion-Piller
Universität Koblenz-Landau
August-Croissant-Str. 5
76829 Landau
piller@uni-landau.de

Eva Reichert-Garschhammer
IFP Staatsinstitut für Frühpädagogik
Eckbau Süd
Winzererstraße 9
80797 München
eva.reichert-garschhammer@ifp.bayern.de

Dirk Reimann
Westfälische Wilhelms-Universität Münster
Germanistisches Institut
Abteilung Literatur- und Mediendidaktik
Stein-Haus
Schlossplatz 34
48143 Münster
dirk.reimann@uni-muenster.de

Prof. Dr. Susanna Roux
Pädagogische Hochschule Weingarten
University of Education
Kirchplatz 2
88250 Weingarten
roux@ph-weingarten.de

Christine Steinmetzer
Landeskompetenzzentrum zur Sprachförderung an
Kindertageseinrichtungen in Sachsen (LakoS)
Grimmaische Straße 10

04109 Leipzig
steinmetzer@lakos-sachsen.de

Lilo Verboom
c/o Rainer Ott
Alte Landtsr. 230
40489 Düsseldorf
raiott@web.de